21世纪普通高等院校系列规划教材

经济法

JINGJIFA

（第二版）

主　编　黄建华

副主编　周光发　卢胜乾

西南财经大学出版社

中国·成都

图书在版编目(CIP)数据

经济法/黄建华主编 .—2 版.—成都:西南财经大学出版社,
2018.8

ISBN 978-7-5504-3575-9

Ⅰ.①经… Ⅱ.①黄… Ⅲ.①经济法 Ⅳ.①D912.29

中国版本图书馆 CIP 数据核字(2018)第 149702 号

经济法(第二版)

主　编:黄建华
副主编:周光发　卢胜乾

责任编辑:王青杰
封面设计:杨红鹰　张姗姗
责任印制:朱曼丽

出版发行	西南财经大学出版社(四川省成都市光华村街 55 号)
网　　址	http://www.bookcj.com
电子邮件	bookcj@foxmail.com
邮政编码	610074
电　　话	028-87353785　87352368
照　　排	四川胜翔数码印务设计有限公司
印　　刷	四川五洲彩印有限责任公司
成品尺寸	185mm×260mm
印　　张	16.25
字　　数	369 千字
版　　次	2018 年 8 月第 2 版
印　　次	2018 年 8 月第 1 次印刷
印　　数	1— 2000 册
书　　号	ISBN 978-7-5504-3575-9
定　　价	35.00 元

再版前言

经济法作为经济类、管理类核心课程之一，相关法律众多、内容丰富，要掌握全部理论是相当困难的。本教材第一版就抓住了其关键和精华，以够用、能用的思路编撰，得到了使用者的一致好评。

自本书第一版出版以来，陆续又有多部重要法律修改。编者根据新的法律，结合教学、研究、实践中对经济法的需要，对第一版进行了修订。本次修订保留了第一版的体系结构，包含市场主体法、市场秩序法、宏观调控法的最重要的内容，并单列了对外贸易法。

本书的编者，长期浸润于经济法领域，当教师或做律师、商事仲裁员，从事经济法的教学、研究和实务工作，既用理论指导分析处理所代理的实际案件，又将案件所涉及的理论进行升华，融会贯通，积累了丰富的实践经验，深知研修者需要什么、该学什么。相信研修者只要阅读和学习本书，都将有所收获。

本书由黄建华任主编，周光发、卢胜乾任副主编。参加本书修订的编写人员分工如下：周光发负责编写第一章、第二章、第九章、第十章、第十一章、第十七章，卢胜乾负责编写第十二章、第十三章，徐涛负责编写第十四章、第十五章、第十六章，章合运负责编写第三章，凌波负责编写第六章，黄建华负责编写第四章、第五章、第七章、第八章。

编　者

2018 年 6 月

目 录

第一章　个人独资企业法

第一节　概述

一、个人独资企业法概述

（一）个人独资企业法概念

个人独资企业法是指对个人独资企业的设立、运营、解散、清算及由此产生的相关法律关系进行调整的法律规范。

1999 年 8 月 30 日第九届全国人民代表大会常务委员会第十一次会议通过了《中华人民共和国个人独资企业法》（以下简称《个人独资企业法》），自 2000 年 1 月 1 日起实施，从此，个人独资企业的经营管理有了专门的法律依据。

（二）个人独资企业法的立法宗旨

《个人独资企业法》第一条规定："为了规范个人独资企业的行为，保护个人独资企业投资人和债权人的合法权益，维护社会经济秩序，促进社会主义市场经济的发展，根据宪法，制定本法"。这一条文的内容揭示了该法的立法宗旨：①规范个人独资企业的行为；②保护个人独资企业投资人和债权人的合法权益；③促进社会主义市场经济的发展。

（三）个人独资企业法的适用范围

根据《个人独资企业法》的规定，《个人独资企业法》只适用于个人独资企业，不适用于国有独资企业、外商独资企业、合伙制企业及其他公司类企业。

二、个人独资企业

（一）个人独资企业的概念

个人独资企业是指依照《个人独资企业法》的规定，在中国境内设立，由一个自然人投资，财产为投资人个人所有，投资人以其个人财产对企业债务承担无限责任的经营实体。

（二）个人独资企业的特征

在我国，与社会主义市场经济体制相适应的企业形态有公司、合伙企业和个人独资企业。这三类企业各具特色，相比而言，个人独资企业主要具有以下特征：

（1）出资人仅为一个自然人。在投资主体方面，根据《个人独资企业法》的规定，个人独资企业由一个自然人投资设立，并且投资人应当是具有完全民事行为能力的中国公民。

（2）独资企业的全部财产为投资人所有。在独资企业中，企业资产属投资者个人所有，企业财产与投资人的个人财产没有严格的区别。这与合伙企业和公司的财产制度存在明显的区别。

（3）不具有法人资格，投资人对企业债务承担无限责任。根据《个人独资企业法》的规定，个人独资企业是由自然人单独投资设立的，在经营管理上，企业主享有决定企业一切事项的权利，企业资产也属投资者个人所有。因此，投资者对企业债务承担比较大的责任，即投资者以其个人财产对企业债务负无限责任，而企业本身不能独立对外承担一切责任，这有利于保护独资企业债权人的利益。

（4）企业出资要求比较宽松。《个人独资企业法》对投资者的出资数额、方式以及企业注册资本金的数额都没有任何强制性规定。

（三）个人独资企业的权利义务

1. 个人独资企业的权利

《个人独资企业法》规定：国家依法保护个人独资企业的财产和其他合法权益；个人独资企业可以依法申请贷款、取得土地使用权，并享有法律、行政法规规定的其他权利；任何单位和个人不得违反法律、行政法规的规定，以任何方式强制个人独资企业提供财力、物力、人力，对于违法强制提供财力、物力、人力的行为，个人独资企业有权拒绝。

2. 个人独资企业的义务

《个人独资企业法》规定：个人独资企业从事经营活动必须遵守法律、行政法规，遵守诚实信用原则，不得损害社会公共利益。个人独资企业应当依法履行纳税义务。个人独资企业应当依法设置会计账簿，进行会计核算。个人独资企业应当依法保障职工权益，依法招工，依法与职工签订劳动合同，保障职工的劳动安全，按时、足额发放职工工资，应当按照国家规定参加社会保险，为职工缴纳社会保险费。

第二节　个人独资企业的设立

一、个人独资企业的设立条件

根据《个人独资企业法》的规定，我国对个人独资企业的设立一般采取准则主义原则，即只要符合设立条件，企业即可登记成立。如果个别独资企业拟从事法律、行政法规规定须报经有关部门审批的业务，应当在申请设立登记时提交有关部门的批准文件。

《个人独资企业法》第八条规定了设立个人独资企业应当具备的条件：

（一）投资人为一个自然人

个人独资企业属于自然人企业，即投资者只能是自然人，且仅能是一个自然人。法人或其他组织不能投资设立个人独资企业。这一点，与公司、合伙制企业不同。同时，法律、行政法规禁止从事营利活动的人，不得作为投资人申请设立独资企业，比如国家公务人员。

（二）有合法的企业名称

个人独资企业的名称应当符合法律、行政法规的规定，应当真实表现企业的性质、组织形式等特征。如个人独资企业名称中不得出现有限、合伙、公司等字样。

（三）有投资人申报的出资

虽然《个人独资企业法》并没有对投资者设立个人独资企业规定最低出资限额，但并不等于设立个人独资企业不需要出资，投资者应当根据企业经营的类别、规模等申报出资。个人独资企业在设立登记时，投资者必须提交申报出资的出资证明，且投资者必须依据申报的出资额、出资方式如实履行出资义务，不得虚假出资。

（四）有固定的生产经营场所和必要的生产经营条件

无论是何种类型的企业，固定的生产经营场所和必要的生产经营条件都是企业开展经营活动的物质基础。

（五）有必要的从业人员

从业人员是企业开展经营活动必不可少的要素和条件。《个人独资企业法》对个人独资企业从业人员的数量并没有具体规定，由企业视经营情况而定。

二、个人独资企业的设立程序

个人独资企业只有依法设立，才能从事生产经营活动，其合法权益才能得到法律的保护。个人独资企业的设立必须经过法定程序，违背了法定程序就要承担相应的法律责任。概括地讲，个人独资企业的设立程序主要包括：申请、受理和审查、登记。

根据《个人独资企业法》的规定，申请设立个人独资企业，应当由投资人或者其委托的代理人向个人独资企业所在地的登记机关提交设立申请书、投资人的身份证明、生产经营场所使用证明、出资证明等文件。如果是委托代理人申请设立登记时，应当出具投资人的委托书和代理人的合法身份证明。个人独资企业设立申请书应当载明下列事项：企业的名称和住所；投资人的姓名和住所、投资人的出资额和出资方式；经营范围等。

登记机关在收到设立申请文件之日起15日内，对符合《个人独资企业法》规定条件的，予以登记，发给营业执照；对不符合条件的，不予登记，并给予书面答复，说明理由。个人独资企业营业执照签发日期，即为个人独资企业成立日期。

当然，依据有关法律、法规的规定，对经营特殊行业的个人独资企业的设立需要审批或许可的，在设立登记前应该依据有关规定向有关行政管理部门办理行政审批或许可手续。

第三节　个人独资企业的投资人及事务管理

一、投资人的权利和责任

根据《个人独资企业法》的规定，个人独资企业投资人对本企业的财产依法享有所有权，其有关权利可以依法进行转让和继承。

在债务承担方面，《个人独资企业法》规定，个人独资企业财产不足以清偿债务的，投资人应当以其个人的其他财产予以清偿。如果个人独资企业投资人在申请企业设立登记时明确以其家庭共有财产作为个人出资的，应当依法以其家庭共有财产对企业债务承担无限责任。

二、个人独资企业的事务管理

《个人独资企业法》第十九条规定，个人独资企业投资人可以自行管理企业事务，也可以委托或者聘请其他具有民事行为能力的人负责企业的事务管理。为了保护投资人、受托人和第三方的正当权益，投资人委托或者聘请他人管理个人独资企业事务，应当签订书面合同，明确委托的具体内容和授予的权利范围。但投资人对受托人或者被聘用的人员职权的限制，不得对抗善意第三人。

为了保护投资人的合法权益，《个人独资企业法》详细规定了受托人或者被聘用人员的义务和责任。首先，受托人或者被聘用人员应当履行诚信、勤勉义务，按照与投资人签订的合同负责个人独资企业的事务管理，如违反合同，给投资人造成损害的，承担民事赔偿责任。其次，受托人或者被聘用人员不得有下列行为：①利用职务上的便利，索取或者收受贿赂；②利用职务和工作上的便利侵占企业财产；③挪用企业的资金归个人使用或者借贷给他人；④擅自将企业资金以个人名义或者以他人名义开立账户储存；⑤擅自以企业财产提供担保；⑥未经投资人同意，从事与本企业相竞争的业务；⑦未经投资人同意，同本企业订立合同或者进行交易；⑧未经投资人同意，擅自将企业商标或者其他知识产权转让给他人使用；⑨泄露本企业的商业秘密；⑩法律、行政法规禁止的其他行为。受托人或者被聘用人员违反规定从事上述行为，侵犯个人独资企业财产权益的，责令退还侵占的财产；给企业造成损失的，依法承担赔偿责任；有违法所得的，没收违法所得；构成犯罪的，依法追究刑事责任。

第四节　个人独资企业的解散与清算

一、个人独资企业的解散

个人独资企业的解散即个人独资企业的终止。根据《个人独资企业法》第二十六条的规定，个人独资企业应当解散的情形包括：投资人决定解散；投资人死亡或者被宣告死亡，无继承人或者继承人决定放弃继承；被依法吊销营业执照；法律、行政法规规定的其他情形。

二、个人独资企业的清算

企业清算制度的设立目的是规范企业的清算行为，保护债权人、投资人和其他利害关系人的合法权益。因此，应当坚持公开、公正的原则进行清算。清算工作主要包括：通知或者向债权人公告；接受债权人的债权申报；对债权进行审查；对债务人主张债权；财产清理；财产分配等。

根据《个人独资企业法》的规定，个人独资企业解散，由投资人自行清算或者债权人申请人民法院指定清算人进行清算。投资人自行清算，应当在清算前15日内书面通知债权人，无法通知的，应当予以公告。债权人应当在接到通知之日起30日内，未接到通知的应当在公告之日起60日内，向投资人申报其债权。个人独资企业解散后，原投资人对个人独资企业存续期间的债务仍应承担偿还责任，但债权人5年内未向债务人提出偿还请求的，该责任消灭。

清算期间，个人独资企业不得开展与清算目的无关的经营活动。

在清算工作中，财产的清偿与分配是一项重要内容。根据《个人独资企业法》的规定，个人独资企业解散的，财产应当按照下列顺序清偿：所欠职工工资和社会保险费用；所欠税款；其他债务。在按以上规定清偿债务前，投资人不得转移、隐匿财产。个人独资企业财产不足以清偿债务的，投资人应当以其个人的其他财产予以清偿。

个人独资企业清算结束后，投资人或者人民法院指定的清算人应当编制清算报告，并于15日内到登记机关办理注销登记。

第二章　合伙企业法

第一节　概述

一、合伙企业的定义、类型及合伙企业法

《中华人民共和国合伙企业法》（以下简称《合伙企业法》）1997 年 2 月 23 日通过，后中华人民共和国第十届全国人民代表大会常务委员会第二十三次会议于 2006 年 8 月 27 日对该法进行了修订，自 2007 年 6 月 1 日起施行。

合伙企业，是指自然人、法人和其他组织依照《合伙企业法》在中国境内设立的普通合伙企业和有限合伙企业。

（一）普通合伙企业

它指由普通合伙人组成，合伙人对合伙企业债务承担无限连带责任的合伙企业。法律对普通合伙人承担责任的形式有特别规定的，从其规定。

（二）有限合伙企业

它是指由普通合伙人和有限合伙人组成，普通合伙人对合伙企业债务承担无限连带责任，有限合伙人以其认缴的出资额为限对合伙企业债务承担责任的合伙企业。

二、合伙企业的法律特征

（一）投资主体为两个人以上

合伙企业的投资人可以是自然人，也可以是法人或其他组织，但必须为两人或两人以上。其中自然人必须具有完全民事行为能力，且不能为法律、法规所禁止从事经营者。法人或其他组织作为合伙企业的投资人也必须符合有关法律的规定。

（二）合伙协议是合伙企业设立、运营的法律基础

合伙人以书面合伙协议确定各方出资、分享利润和亏损分担等。但合伙协议是处理合伙人相互之间的权利义务关系的内部法律文件，仅具有对内的效力，即只约束合伙人。

（三）合伙企业不具有法人资格

合伙企业与公司不同，不具有法人资格，当合伙企业财产不够偿还企业债务时，普通合伙人须对合伙企业债务承担无限连带责任，有限合伙人对合伙企业债务以其认

缴的出资额为限承担有限责任。

（四）合伙企业属于人合型企业

合伙企业的设立在很大程度上是基于合伙人之间的相互信赖，合伙企业的合伙人共同参与企业的经营管理，合伙人对执行合伙事务享有同等的权利，不过有限合伙人不执行合伙事务，不对外代表有限合伙企业。合伙企业吸收新的合伙人必须经全体合伙人一致同意。

第二节　普通合伙企业

一、合伙企业的设立

（一）设立条件

（1）有两个以上合伙人。自然人、法人和其他组织都可成为合伙人。但并非所有的自然人都可以成为合伙人，自然人为合伙人的须具备完全民事行为能力。此外，国有独资公司、国有企业、上市公司以及公益性的事业单位、社会团体不得成为普通合伙人。

（2）有书面合伙协议。合伙协议是依法由全体合伙人协商一致、以书面形式订立的对合伙企业以及全体合伙人都具有约束力的法律性文件，合伙协议相当于公司的章程，或者说就是合伙企业的章程。合伙协议应当记载合伙企业的名称和主要经营场所的地点；合伙目的和合伙经营范围；合伙人的姓名或者名称、住所；合伙人的出资方式、数额和缴付期限；利润分配、亏损分担方式；合伙事务的执行；入伙与退伙；争议解决办法；合伙企业的解散与清算；违约责任等事项。

（3）有合伙人认缴或实际缴付的出资。合伙人必须按照合伙协议约定的出资方式、数额和缴付期限，履行出资义务。合伙人可以用货币、实物、土地使用权、知识产权或者其他财产权利，也可以用劳务出资。合伙人的出资是设立合伙企业的基本物质条件，也是合伙人资格取得的必备条件。

（4）有合伙企业的名称和生产经营场所。合伙企业名称是合伙企业参与经济法律关系，从事经济活动，享有民事权利，承担民事义务的重要前提条件之一。合伙企业享有名称权，即合伙企业对其登记的名称享有专有使用的权利，其他人未经许可，不得使用合伙企业的名称，否则构成民事侵权行为，合伙企业有权要求侵权行为人停止侵害，消除影响，赔礼道歉，并可以要求赔偿损失。

普通合伙企业的名称应当符合企业名称登记管理规定的要求，合伙企业名称中不得有“有限”和“公司”字样，合伙企业名称中应当标明“普通合伙”字样。

经营场所是指合伙企业从事生产经营活动的所在地，合伙企业一般只有一个经营场所，即在企业登记机关登记的营业地点。经营场所的法律意义在于确定债务履行地、诉讼管辖、法律文书送达等。

（5）法律、行政法规规定的其他条件。其他条件是指根据合伙企业的业务性质、规模等因素而需具备的设施、设备、人员等方面的必备条件。

（二）合伙企业的设立程序

（1）订立书面合伙协议。合伙协议依法由全体合伙人协商一致、以书面形式订立。合伙协议经全体合伙人签名、盖章后生效。订立合伙协议、设立合伙企业，应当遵循自愿、平等、公平、诚实信用的原则。修改或者补充合伙协议，应当经全体合伙人一致同意；但是，合伙协议另有约定的除外。合伙协议未约定或者约定不明确的事项，由合伙人协商决定；协商不成的，依照本法和其他有关法律、行政法规的规定处理。

（2）认缴出资。合伙人订立书面合伙协议后必须按照协议约定履行出资义务。合伙人以货币出资的，应当将货币存入合伙企业账户；以实物、知识产权、土地使用权或者其他财产权利出资，需要评估作价的，可以由全体合伙人协商确定，也可以由全体合伙人委托法定评估机构评估。合伙人以劳务出资的，其评估办法由全体合伙人协商确定，并在合伙协议中载明。以非货币财产出资的，依照法律、行政法规的规定，需要办理财产权转移手续的，应当依法办理。

（3）申请。设立合伙企业，应当向企业登记机关（企业所在地的工商行政管理部门）申请设立登记，并由全体合伙人指定的代表或者共同委托的代理人向企业登记机关提交登记申请书、合伙协议书、合伙人身份证明、出资权属证明、经营场所证明等文件。委托代理人申请设立的，还必须提交由全体合伙人签名的委托书。合伙企业的经营范围中有属于法律、行政法规规定在登记前须经批准的项目的，该项经营业务应当依法经过批准，并在登记时提交批准文件。

（4）登记。申请人提交的登记申请材料齐全、符合法定形式，企业登记机关能够当场登记的，应予当场登记，发给营业执照；不能当场登记的，企业登记机关应当自受理申请之日起20日内，做出是否登记的决定。予以登记的，发给营业执照；不予登记的，应当给予书面答复，并说明理由。合伙企业的营业执照签发日期，为合伙企业成立日期。合伙企业领取营业执照前，合伙人不得以合伙企业名义从事合伙业务。

合伙企业设立分支机构，应当向分支机构所在地的企业登记机关申请登记，领取营业执照。

二、合伙企业财产

（一）合伙企业财产的概念

合伙企业财产指合伙企业存续期间，合伙人的出资和所有以合伙企业名义取得的收益和依法取得的其他财产。合伙企业财产是合伙企业从事经营活动，承担民事责任的重要前提或保障。

（二）合伙财产的范围

合伙财产包括三部分：一是全体合伙人的出资。合伙人对合伙企业的出资是指各合伙人按照合伙协议实际缴付的出资。二是合伙企业成立后解散前，以合伙企业名义取得的全部收益。三是合伙企业依法取得的其他财产。

（三）合伙企业财产的管理与处分

普通合伙企业的财产在合伙企业存续期间具有统一性和完整性，其中共有部分属于全体合伙人共同共有，共用部分也为全体合伙人共同管理和使用。具体表现为：

（1）合伙人在合伙企业清算前，不得请求分割合伙企业的财产。合伙人在合伙企业清算前私自转移或者处分合伙企业财产的，合伙企业不得以此对抗善意第三人。

（2）合伙人向合伙人以外的人转让其在合伙企业中的全部或者部分财产份额时，须经其他合伙人一致同意，在同等条件下，其他合伙人有优先购买权；但是，合伙协议另有约定的除外。合伙人以外的人依法受让合伙人在合伙企业中的财产份额的，经修改合伙协议即成为合伙企业的合伙人，依照本法和修改后的合伙协议享有权利，履行义务。

（3）在合伙企业存续期间，合伙人之间可以转让在合伙企业中的全部或部分财产份额，但应通知其他合伙人。

（4）在合伙企业存续期间，合伙人以其在合伙企业中的财产份额出质的，须经其他合伙人一致同意。否则，出质行为无效，因此给其他合伙人造成损失的，应依法承担赔偿责任。

三、合伙事务的执行

（一）合伙事务的执行方式

合伙事务可以委托执行或者由合伙人分别执行。

（1）委托执行。合伙人无论出资多少对合伙事务的执行享有同等的权利。按照合伙协议的约定或者经全体合伙人决定，合伙企业可以委托一个或者数个合伙人对外代表合伙企业，执行合伙事务。作为合伙人的法人、其他组织执行合伙事务的，由其委派的代表执行。委托一个或者数个合伙人执行合伙事务的，其他合伙人不再执行合伙事务。不执行合伙事务的合伙人有权监督执行事务合伙人执行合伙事务的情况。由一个或者数个合伙人执行合伙事务的，执行事务合伙人应当定期向其他合伙人报告事务执行情况以及合伙企业的经营和财务状况，其执行合伙事务所产生的收益归合伙企业，所产生的费用和亏损由合伙企业承担。合伙人为了解合伙企业的经营状况和财务状况，有权查阅合伙企业的会计账簿等财务资料。受委托执行合伙事务的合伙人不按照合伙协议或者全体合伙人的决定执行事务的，其他合伙人可以决定撤销该委托。

（2）分别执行。合伙人分别执行合伙事务的，执行事务合伙人可以对其他合伙人执行的事务提出异议。提出异议时，应当暂停该项事务的执行。如果发生争议，依照合伙企业法第三十条的规定做出决定。

（二）合伙企业事务执行后果的承担

执行合伙事务的合伙人，对外代表合伙组织，其执行合伙事务所产生的收益归合伙企业，所产生的亏损或民事责任，由合伙企业承担。但合伙事务执行人违法执行合伙事务，给合伙企业或其他合伙人导致损失的，应当依法承担赔偿责任。

（三）合伙事务的决定

合伙事务的决定只能由合伙人依法做出，不得委托其他合伙人或合伙人以外的人进行。

（1）重大事务的决定。《合伙企业法》规定，合伙企业以下事务应当经全体合伙人一致同意：改变合伙企业的名称；增加或者减少对合伙企业的出资；改变合伙企业的经营范围、主要经营场所的地点；处分合伙企业的不动产；转让或者处分合伙企业的知识产权和其他财产权利；以合伙企业名义为他人提供担保；聘任合伙人以外的人担任合伙企业的经营管理人员。但是，合伙协议另有约定的除外。

（2）一般事务的决定。除重大事务以外的其他合伙事务的决定按照合伙协议约定的表决办法办理。合伙协议未约定或者约定不明确的，实行合伙人一人一票并经全体合伙人过半数通过的表决办法。

（四）竞业禁止

合伙人不得自营或者同他人合作经营与本合伙企业相竞争的业务。除合伙协议另有约定或者经全体合伙人一致同意外，合伙人不得同本合伙企业进行交易。合伙人不得从事损害本合伙企业利益的活动。

（五）其他事务执行

（1）利润与亏损的处理。合伙企业的利润分配、亏损分担，按照合伙协议的约定办理；合伙协议未约定或者约定不明确的，由合伙人协商决定；协商不成的，由合伙人按照实缴出资比例分配、分担；无法确定出资比例的，由合伙人平均分配、分担。

（2）企业财务管理。合伙企业应当依照有关法律、行政法规的规定建立企业财务、会计制度。

四、合伙企业与第三人的关系

（一）合伙企业与善意第三人的关系

善意第三人是指与合伙企业善意进行民事行为的人，包括善意取得合伙财产和善意与合伙企业设定其他法律关系的人。合伙企业对合伙人执行合伙事务以及对外代表合伙企业权利的限制，不得对抗善意第三人。

（二）合伙人与合伙企业的债权人的关系

（1）合伙企业债务的性质。《合伙企业法》规定：合伙企业对其债务，应先以其全部财产进行清偿；合伙企业财产不足清期债务的，各合伙人应当承担无限连带清偿责任。根据上述规定，合伙人对于合伙企业债务的清偿责任的性质属于补充性责任。

（2）合伙人就合伙企业债务向债权人承担无限连带责任。首先，各合伙人对于合伙企业财产不足以清偿的债务，负无限清偿责任，而不以出资额为限。此即合伙人的无限责任。其次，合伙人对合伙企业的债务承担连带责任。连带责任意味着：其一，每个合伙人均须对全部合伙债务负责，债权人可以依其选择，请求全体、部分或者个别合伙人清偿债务，被请求的合伙人即须清偿全部的合伙债务，不得以自己承担的份额为由拒绝；其二，每个合伙人对合伙债务的清偿，均对其他合伙人发生清偿的效力；其三，合伙人由于承担连带责任所清偿债务数额超过其应当承担的数额时，有权向其他合伙人追偿。

（三）合伙企业与合伙人的债权人的关系

虽然，合伙企业与公司不同，不具有法人资格，合伙人对企业债务须承担无限连带责任，但是，合伙企业与合伙人自身的债务却有严格的界限，即合伙人发生与合伙企业无关的债务，相关债权人不得以其债权抵销其对合伙企业的债务；也不得代位行使合伙人在合伙企业中的权利。合伙人的自有财产不足清偿其与合伙企业无关的债务的，该合伙人可以以其从合伙企业中分取的收益用于清偿；债权人也可以依法请求人民法院强制执行该合伙人在合伙企业中的财产份额用于清偿。人民法院强制执行合伙人的财产份额时，应当通知全体合伙人，其他合伙人有优先购买权；其他合伙人未购买，又不同意将该财产份额转让给他人的，依照有关规定为该合伙人办理退伙结算，或者办理削减该合伙人相应财产份额的结算。

五、入伙与退伙

（一）入伙

入伙是指在合伙企业存续期间，合伙人以外的第三人加入合伙企业并取得合伙人资格的行为。

（1）入伙的条件。入伙是一种民事法律行为，会导致一种新的民事法律关系的产生，也会产生一定的法律后果。因此，入伙应具备一定的条件。首先，须经全体合伙人的同意。入伙无论是对合伙企业还是原合伙人的利益都会产生重大影响，因此，《合伙企业法》规定新合伙人入伙应当经全体合伙人一致同意。其次，新入伙人与原合伙人订立书面入伙协议。订立入伙协议时，原合伙人应当向新合伙人如实告知原合伙企业的经营状况和财务状况。但是，如果合伙企业协议对入伙条件与程序另有规定的除外。此外，法律规定合伙人死亡或者被依法宣告死亡的，对该合伙人在合伙企业中的财产份额享有合法继承权的继承人，按照合伙协议的约定或者经全体合伙人一致同意，从继承开始之日起，取得该合伙企业的合伙人资格。

（2）入伙的后果。入伙的后果是入伙人取得合伙人的资格；入伙人对入伙前合伙企业的债务承担无限连带责任；除入伙协议另有约定外，入伙人与合伙人享有同等权利，承担同等责任。

（二）退伙

退伙是在合伙企业存续期间，由于约定或法定事由导致部分合伙人资格的消灭。

1. 退伙的形式

根据合伙企业法的规定，退伙可分为以下三种情况：

（1）约定退伙。约定退伙有两种情况。一是在合伙协议约定合伙期限的情况下，约定退伙是指合伙人在合伙企业存续期间，因合伙协议约定的退伙事由出现、经全体合伙人一致同意、发生合伙人难以继续参加合伙的事由或其他合伙人严重违反合伙协议约定的义务而提出退伙。二是合伙协议未约定合伙期限的，约定退伙是指合伙人在不给合伙企业事务执行造成不利影响的情况下，提前30日通知其他合伙人，而宣布退伙。

（2）法定退伙。法定退伙是指直接根据法律的规定而退伙，如作为合伙人的自然人死亡或者被依法宣告死亡；个人丧失偿债能力；作为合伙人的法人或者其他组织依法被吊销营业执照、责令关闭、撤销，或者被宣告破产；法律规定或者合伙协议约定合伙人必须具有相关资格而丧失该资格；合伙人在合伙企业中的全部财产份额被人民法院强制执行。此外，合伙人被依法认定为无民事行为能力人或者限制民事行为能力人的，经其他合伙人一致同意，可以依法转为有限合伙人，普通合伙企业依法转为有限合伙企业。其他合伙人未能一致同意的，该无民事行为能力或者限制民事行为能力的合伙人退伙。

（3）除名退伙。除名退伙是指出现法律规定的事由，经其他合伙人一致同意，将某一或某几个合伙人除名。如合伙人未履行出资义务；因故意或者重大过失给合伙企业造成损失；执行合伙事务时有不正当行为或者发生合伙协议约定的事由，合伙人可以被除名。

但是，为保障合伙人的合法权益，对合伙人的除名决议应当书面通知被除名人。被除名人接到除名通知之日，除名生效，被除名人退伙。被除名人对除名决议有异议的，可以自接到除名通知之日起30日内，向人民法院起诉。

2. 退伙的效力

（1）退伙人丧失合伙人身份，脱离原合伙协议约定的权利义务关系。

（2）对合伙财产进行清理与结算，退还退伙人的财产份额。退伙人对给合伙企业造成的损失负有赔偿责任的，相应扣减其应当赔偿的数额。合伙人退伙时，合伙企业财产少于合伙企业债务的，退伙人还应当依照规定分担亏损。

（3）退伙人对基于其退伙前的原因发生的合伙企业债务，承担无限连带责任。

（4）合伙人死亡或者被依法宣告死亡的，对该合伙人在合伙企业中的财产份额享有合法继承权的继承人，按照合伙协议的约定或者经全体合伙人一致同意，从继承开始之日起，取得该合伙企业的合伙人资格。当出现继承人不愿意成为合伙人，法律规定或者合伙协议约定合伙人必须具有相关资格，而该继承人未取得该资格，合伙协议约定不能成为合伙人的其他情形时，合伙企业应当向合伙人的继承人退还被继承合伙人的财产份额。合伙人的继承人为无民事行为能力人或者限制民事行为能力人的，经全体合伙人一致同意，可以依法成为有限合伙人，普通合伙企业依法转为有限合伙企业。全体合伙人未能一致同意的，合伙企业应当将被继承合伙人的财产份额退还该继承人。

六、特殊普通合伙企业

《合伙企业法》规定，以专业知识和专门技能为客户提供有偿服务的专业服务机构，可以设立为特殊的普通合伙企业。目前，普华永道、毕马威、德勤和安永四大国际性会计师事务所均采用该类合伙形式。特殊的普通合伙企业名称中应当标明“特殊普通合伙”字样。

特殊的普通合伙企业之所以“特殊”，主要在于因合伙人执业活动发生合伙企业债务的主观因素不同，合伙人承担责任的方式也不同。具体而言，一个合伙人或者数个合伙人在执业活动中因故意或者重大过失造成合伙企业债务的，应当承担无限责任或者无限连带责任，其他合伙人以其在合伙企业中的财产份额为限承担责任。合伙人在执业活动中非因故意或者重大过失造成的合伙企业债务以及合伙企业的其他债务，由全体合伙人承担无限连带责任。

第三节　有限合伙企业

一、合伙人的限制

有限合伙企业由 2 个以上 50 个以下合伙人设立；但是，法律另有规定的除外。有限合伙企业至少应当有 1 个普通合伙人。

二、有限合伙企业名称的限制

有限合伙企业名称中应当标明“有限合伙”字样。

三、有限合伙人的出资

有限合伙人可以用货币、实物、知识产权、土地使用权或者其他财产权利作价出资，但不得以劳务出资。有限合伙人应当按照合伙协议的约定按期足额缴纳出资；未按期足额缴纳的，应当承担补缴义务，并对其他合伙人承担违约责任。

四、有限合伙企业的合伙协议

有限合伙企业的合伙协议处理需要记载普通合伙企业的合伙协议应当记载的内容外，还应当记载以下事项：

（1）普通合伙人和有限合伙人的姓名或者名称、住所；

（2）执行事务合伙人应具备的条件和选择程序；

（3）执行事务合伙人权限与违约处理办法；

（4）执行事务合伙人的除名条件和更换程序；

（5）有限合伙人入伙、退伙的条件、程序以及相关责任；

（6）有限合伙人和普通合伙人相互转变程序。

五、有限合伙企业事务的执行

有限合伙企业由普通合伙人执行合伙事务。执行事务合伙人可以要求在合伙协议中确定执行事务的报酬及报酬提取方式。有限合伙人不执行合伙事务，不得对外代表有限合伙企业。但有限合伙人的下列行为，不视为执行合伙事务：

（1）参与决定普通合伙人入伙、退伙；

（2）对企业的经营管理提出建议；

（3）参与选择承办有限合伙企业审计业务的会计师事务所；

（4）获取经审计的有限合伙企业财务会计报告；

（5）对涉及自身利益的情况，查阅有限合伙企业财务会计账簿等财务资料；

（6）在有限合伙企业中的利益受到侵害时，向有责任的合伙人主张权利或者提起诉讼；

（7）执行事务合伙人怠于行使权利时，督促其行使权利或者为了本企业的利益以自己的名义提起诉讼；

（8）依法为本企业提供担保。

六、有限合伙人的特殊权利

有限合伙人与普通合伙人相比，虽然在出资方式、企业事务执行权等方面受到许多限制，但是，也有许多特殊的权利。

（一）与合伙企业的交易权

除非合伙协议另有约定，有限合伙人可以同合伙企业进行交易，而普通合伙人通常是不可以的，除非合伙协议另有约定或者经过全体合伙人同意。

（二）竞争业务的经营权

通常情况下，有限合伙人可以自营或者同他人合作经营与本有限合伙企业相竞争的业务；而普通合伙人则不可以的。但是，合伙协议另有约定的除外。

（三）企业中的财产份额的出质权

通常情况下，有限合伙人可以将其在有限合伙企业中的财产份额出质；而普通合伙人则不可以。但是，合伙协议另有约定的除外。

（四）企业中的财产份额的对外转让权

有限合伙人可以按照合伙协议的约定向合伙人以外的人转让其在有限合伙企业中的财产份额，但应当提前30日通知其他合伙人。而普通合伙人通常是不可以的。

第四节 合伙企业的解散与清算

一、合伙企业的解散

（一）解散的概念

合伙企业的解散是指因法律或合伙企业协议规定的解散事由出现而停止营业活动并逐渐终止其企业主体资格的行为。

（二）解散事由

根据《合伙企业法》的规定，合伙企业解散的情形有：第一，合伙期限届满，合伙人决定不再经营；第二，合伙协议约定的解散事由出现；第三，全体合伙人决定解散；第四，合伙人已不具备法定人数满30天；第五，合伙协议约定的合伙目的已经实现或者无法实现；第六，依法被吊销营业执照、责令关闭或者被撤销；第七，法律、行政法规规定的其他原因。

二、合伙企业的清算

（一）清算的概念

合伙企业的清算指了结已解散企业的一切法律关系，并分配处理企业财产的法定程序。清算期间，合伙企业存续，但不得开展与清算无关的经营活动。合伙企业不能清偿到期债务的，债权人可以依法向人民法院提出破产清算申请。

（二）清算的程序及要求

（1）确定清算人。合伙企业解散，应当由清算人进行清算。清算人由全体合伙人担任；经全体合伙人过半数同意，可以自合伙企业解散事由出现后15日内指定一个或者数个合伙人，或者委托第三人，担任清算人。自合伙企业解散事由出现之日起15日内未确定清算人的，合伙人或者其他利害关系人可以申请人民法院指定清算人。

清算人在清算期间执行下列事务：清理合伙企业财产，分别编制资产负债表和财产清单；处理与清算有关的合伙企业未了结事务；清缴所欠税款；清理债权、债务；处理合伙企业清偿债务后的剩余财产；代表合伙企业参加诉讼或者仲裁活动。

（2）通知并公告。清算人自被确定之日起10日内将合伙企业解散事项通知债权人，并于60日内在报纸上公告。

（3）债权申报。债权人应当自接到通知书之日起30日内，未接到通知书的自公告之日起45日内，向清算人申报债权。债权人申报债权，应当说明债权的有关事项，并提供证明材料。清算人应当对债权进行登记。

（4）处理和分配企业财产。合伙企业财产在支付清算费用和职工工资、社会保险费用、法定补偿金以及缴纳所欠税款、清偿债务后的剩余财产，按照合伙协议的约定办理；合伙协议未约定或者约定不明确的，由合伙人协商决定；协商不成的，由合伙人按照实缴出资比例分配、分担；无法确定出资比例的，由合伙人平均分配、分担。

（5）编制清算报告。清算结束，清算人应当编制清算报告，经全体合伙人签名、盖章后，在 15 日内向企业登记机关报送清算报告，申请办理合伙企业注销登记。

（6）注销登记。合伙企业依照合伙企业法的规定解散的，清算人应当自清算结束之日起 15 日内，向原企业登记机关办理注销登记。合伙企业办理注销登记，应当提交下列文件：清算人签署的注销登记申请书；人民法院的破产裁定，合伙企业依照合伙企业法做出的决定，行政机关责令关闭、合伙企业依法被吊销营业执照或者被撤销的文件；全体合伙人签名、盖章的清算报告；国务院工商行政管理部门规定提交的其他文件。经企业登记机关注销登记，合伙企业终止。

（7）合伙企业的债务。合伙企业注销后，原普通合伙人对合伙企业存续期间的债务仍应承担无限连带责任。合伙企业依法被宣告破产的，普通合伙人对合伙企业债务仍应承担无限连带责任。

第三章　公司法

第一节　公司人格

公司人格是指公司作为民事权利主体的资格。所谓人格者，民事权利主体资格之称谓也。公司具有人格即意味着公司具有民事权利能力和民事行为能力，可以以自己的名义独立地从事经营活动，独立地享有民事权利、承担民事义务。

一、公司的含义

《中华人民共和国公司法》（以下简称《公司法》）第二条规定，本法所称公司是指依照本法在中国境内设立的有限责任公司和股份有限公司。第三条规定，公司是企业法人，有独立的法人财产，享有法人财产权。公司以其全部财产对公司的债务承担责任。有限责任公司的股东以其认缴的出资额为限对公司承担责任；股份有限公司的股东以其认购的股份为限对公司承担责任。根据上述规定，在我国，公司是指股东依法设立的，以营利为目的，股东以出资额或所持的股份为限对其承担有限责任的企业法人。

二、公司的法律特征

根据上述公司的定义，在我国，公司具有以下法律特征：

（一）法人性

我国《公司法》仅规定了有限责任公司和股份有限公司两种公司形式。这两种公司形式，世界各国无不承认它们具有法人资格。我国也规定公司是企业法人。可见，在我国，公司是法人的一种，具有独立的法律人格。公司成立便意味着对公司财产主张支配权。同时，公司人格独立也意味着公司获得了存续上的独立性，股东的变更、消亡、破产和解散均不影响公司人格的独立存在，除非股东（大）会决定终止公司的人格。

对法人的本质，学说上向来存有争议，有代表性的是拟制说和实在说。近来，英美学者又主张公司合同理论，从而为我们认识公司的本质提供了新的视角。

（二）有限责任性

股东有限责任，是指股东仅以其出资额或所持股份为限对公司承担责任，股东不直接对公司债权人承担责任。股东有限责任和公司独立责任是同一现象的两种表述。

前者是从股东的立场出发，后者则是从公司的立场出发。但这两个术语的本质是相同的，即都意味着公司以其全部财产对公司债务独立承担民事责任，而股东则不对公司承担出资额或所持股份以外的其他责任。

（三）营利性

公司是由股东投资设立，而股东投资设立公司的直接目的就是利用公司来获取经营利润。公司为实现股东的投资目的，就必须最大限度地追求经营利润。就此而言，公司不过是股东获取投资利润的法律工具。因此，营利性是公司的本质属性。

（四）合法性

首先，公司是严格依《公司法》成立和运作的企业。公司法是实体法和程序法的结合。从条文上看，《公司法》共219条，大大超过我国任何一部企业法。

其次，公司是严格依公司章程运作的企业。《公司法》第十一条规定，设立公司必须依法制定公司章程。公司章程对公司、股东、董事、监事、高级管理人员具有约束力。

三、公司与合伙企业的比较

公司和合伙企业是现代社会两种最基本的企业组织形式。研究这两种企业形式之间的异同，有助于更深刻地认识公司的人格。同时，实践中，投资者在选择企业形式时，也需要考虑不同企业形式的特点和差异。因此，对公司与合伙企业进行比较，具有理论和实践的意义。公司与合伙企业的区别主要表现在以下几个方面：

（1）成立的基础不同。公司是以章程为基础成立的，而合伙企业则是以合伙协议（合同）为基础成立的。公司章程和合伙协议是两个性质不同的法律文件，公司章程的本质是公司的宪章，公司、股东都受其约束，而合伙协议本质上只是合伙人之间的合同。因此，法律对两者的规范也存在较大的不同。首先，就文件的制定和修改而言，除了有限责任公司的章程制定需要全体股东同意之外，公司成立后章程的修改以及股份有限公司章程的制定及修改，只需多数股东同意即可，无须全部股东的同意。其次，法律对两者管制的程度也存在较大差异。各国公司法对公司章程的管制较为严格，通常会对章程内容设置大量的强制性规范。而合伙协议，各国法律原则上坚持合同自由原则，协议的内容由当事人自由约定，法律上很少设有强制性规范。

（2）法律地位不尽相同。虽然公司与合伙企业都具有民商事主体资格，但是，具体而言，两者的地位又不尽相同。公司法明确规定公司属于企业法人。而合伙企业不具有法人资格，《中华人民共和国合同法》（以下简称《合同法》）将其定位为“其他组织”。合伙企业的这一特点在合伙企业的财产权以及合伙人的责任承担上都有所体现。

（3）财产权的独立程度不同。虽然，公司与合伙企业都对各自企业的财产享有财产权，但公司的法人财产权和合伙企业的财产权是有本质区别的。公司法人财产权是完全独立的财产权，股东在公司存续期间不得退股取回公司财产。而合伙企业的财产权，在不承认合伙企业主体资格的立法和理论中，合伙企业连主体资格都不存在，更不用说财产权了，因此合伙企业的财产就是合伙人的共有财产，《中华人民共和国民法通则》第三十二条就规定，合伙经营积累的财产，归合伙人共有。《合伙企业法》虽然明确了合伙企业的民商事主体地位，承认了合伙企业享有财产权，但规定了合伙人在一定条件下，可以退伙取回财产，所以合伙企业只享有相对独立的财产权。

（4）投资者的责任不同。股东有限责任是股份有限公司和有限责任公司的基本特征。但在合伙企业中，合伙人应该对合伙企业的债务承担无限连带责任，此系合伙企业法的基本原理。须注意的是，因为合伙企业具有民商事主体的地位，所以合伙企业的债务并不完全等同于合伙人个人的债务。有鉴于此，我国法律和司法解释规定，合伙人对合伙企业债务的承担，应该先用合伙企业的财产清偿，只有在合伙企业的财产不足以清偿到期债务的，各合伙人才承担无限连带清偿责任。所谓双重优先原则，是指合伙人个人的债权人优先于合伙企业的债权人从合伙人的个人财产中得到清偿，合伙企业的债权人优先于合伙人个人的债权人从合伙企业的财产中得到清偿。补充连带主义和双重优先原则说明，尽管合伙人对合伙企业债务承担无限连带责任，但是，合伙企业的债务和合伙人的债务仍具有相对的独立性。

（5）企业的信用基础不同。尽管有限责任公司在内部关系上具有一定的人合性，但相对合伙而言，仍属于资合性质的企业，股份有限公司和有限责任公司两种公司的对外信用基础都取决于公司本身的财务状况，而与股东个人的财产状况没有多大关系。股份有限公司的股东可以自由转让股份，有限责任公司的股东向股东以外的人转让出资的，经其他股东过半数同意即可。说明公司的存续不受个别股东变动的影响，在理论上称为公司的永续性。而合伙企业则是典型的人合企业，合伙人之间存在密切的人身信赖关系，企业的信用基础主要在于各合伙人个人的资信状况。通常情况下，合伙人的入伙、退伙或向合伙人以外的人转让合伙份额的，都须经全体合伙人的一致同意。甚至个别合伙人的死亡或退出都有可能导致合伙企业的解散，也就是说，合伙企业在存续上比较脆弱，随时可能因为一些不确定的因素而导致解散。

（6）企业管理上的不同。公司的特点之一是集中管理：公司事务的管理权被授予董事和高级管理人员，这些人既可以是全部或部分股东，也可以是对公司没有任何所有权的人。但是，不担任公司董事或高级管理人员的股东不得直接参与公司经营，而只能通过股东（大）会行使股东权利。公司管理上的这一特点，有利于职业经理人参与公司的管理，实现公司经营的专业化，从而有助于公司效益的提升。而在合伙企业中，各合伙人对执行合伙企业事务享有同等的权利。虽然全体合伙人也可以约定合伙事务的执行方式，但是，依据《合伙企业法》第三十八条的规定，合伙企业对合伙人执行合伙企业事务以及对人对合伙企业享有法定的业务执行权。实践中，合伙企业也主要是由合伙人自己管理的。

四、公司人格要素

（一）公司法人财产

所谓公司法人财产，又称公司财产或公司法人的独立财产，是指由公司享有的、独立于公司股东和其他社会组织的财产。《公司法》第三条规定："公司是企业法人，有独立的法人财产，享有法人财产权。"公司财产包括两个组成部分：一是由股东投资而形成的财产，二是公司经营过程中积累的财产。公司财产就其具体的权利类型而言，包括物权、债权、股权、知识产权等各种财产权利和利益。

（二）公司名称

公司名称，是指公司在营业活动中用来彰显自己的标识。公司名称使得不同的公司之间得以相互区别，是公司人格独立和特定化的具体体现。因此，《公司法》规定公司名称是公司的成立要件之一，同时也是公司章程的必备条款。公司名称自公司成立之日起即具有法律效力。企业的名称不得与同一登记机关已登记注册、核准的同行业企业名称相同。原国家工商行政管理总局于 2017 年 7 月 31 日发布了《关于印发〈企业名称禁限用规则〉〈企业名称相同相近比对规则〉的通知》，进一步规范了企业企业名称的登记和核准。

（三）公司住所

公司住所是管理和统辖公司全部营业场所和办公场所的总机关所在地。公司住所是民事主体发生各种法律关系之中心地域。公司要对外从事民事活动和其他活动，必须要有固定的住所。住所是公司的人格要素之一，是公司章程的绝对必要记载事项，也是公司设立时的必备条件。公司在设立阶段就必须确定住所，经登记注册后，该住所就具有法律效力。公司以其主要办事机构所在地为住所。

（四）公司国籍

公司作为法律上的主体，自然应该有其国籍。公司有其国籍，与自然人有国籍具有相同的法律意义。在涉外民商事法律关系中，公司国籍是确定管辖法院和准据法的重要依据。因此，各国公司法普遍重视公司国籍的确定。按照我国《公司法》第一百九十二条关于"外国公司是指依照外国法律在中国境外设立的公司"的规定来推定，我国关于公司国籍的确定，兼采准据法主义和设立行为地主义的做法。也就是说，在我国境内依照我国法律设立的公司，无论是内资公司，还是外商投资公司，都是中华人民共和国的公司，即本国公司。

（五）公司机关

公司人格与自然人人格最大的不同就在于它是一种团体人格，公司意思的形成和事务的执行都有赖于公司机关来完成。因此，公司机关是公司人格不可缺少的一部分，各国公司法都要求公司在设立时即具备相应的公司机关。公司机关有狭义和广义之分。狭义的公司机关，是指公司的管理机构，包括股东（大）会、董事会、监事会、经理四个主要机关；广义的公司机关还包括公司的其他业务活动机构，如公司的科室、会计、审计、销售机构等。公司的其他业务活动机构对公司的运行来说是必不可少的，但是，公司法上所称的公司机关一般仅指狭义的公司机关。

五、公司能力

（一）公司权利能力

公司的权利能力是法律赋予公司享有权利，承担义务的资格。理论上认为，公司的权利能力包括两层含义：一为抽象意义上的权利能力，指公司成为民事主体的资格，即公司具备法律上的人格。公司人格一律平等，不因其所有制性质、隶属关系、经济实力的不同而在法律地位上有任何差异。二为具体意义上的权利能力，又称权利能力的范围，是指公司享有权利，承担义务的范围。公司人格的平等并不意味着公司权利能力范围的绝对相同，同样，公司权利能力范围的限制，并不影响公司人格的平等。公司权利能力具有如下几个法律特点：

（1）公司权利能力从公司营业执照签发之日起开始，至公司注销登记并公告之日终止。

（2）公司权利能力的取得必须具备法定的要素，包括人的要素、物的要素和行为的要素，并经国家有关机关的确认。

（3）不同公司之间权利能力的范围各不相同。有的公司权利能力大些，有的小些。例如，非金融公司不得从事金融业务；注册资本低于人民币 1 亿元的证券公司不得从事证券承销与保荐、证券自营、证券资产管理等业务。

（4）公司权利能力的范围受到公司性质和法律的限制。

公司是法律规定的一种团体人格，而非血肉之躯。因此，公司不能享有自然人以自然性质为前提的权利，如生命权、健康权、肖像权、继承权、婚姻权等人身权。另外，通常认为，公司不得担任董事、监事、经理和其他以提供劳务为前提的商业使用人。除此之外，公司不仅可以享有财产权，包括物权、债权、股权、知识产权等，也可以享有不以自然性质为前提的其他人格权，如名称权、名誉权、荣誉权等。

（二）公司行为能力

公司行为能力是指公司通过自己的意思表示，取得权利、承担义务的能力。公司行为能力具有以下特征：

（1）公司行为能力与权利能力同时产生，同时消灭；而且，公司行为能力的范围与权利能力的范围完全一致，公司不存在无行为能力或限制行为能力的情况。

（2）公司作为一种社会组织，其行为能力必须通过公司机关来实现。公司机关是公司的组成部分，公司机关以公司名义实施的行为就是公司本身的行为。

1. 公司代表人制度

公司的行为能力，必须通过公司机关的行为来实现。但是，并不是任何公司机关都具有代表公司对外实施法律行为的权力。股东（大）会是公司的权力机关，负责公司的大事项的决策；监事会是公司的监督机关，两者通常都不直接对外代表公司。董事和董事会作为公司的业务执行机关，也并不是当然具有对外代表公司的资格。

我国《公司法》第十三条规定："公司法定代表人依照公司章程的规定，由董事长、执行董事或者经理担任，并依法登记。公司法定代表人变更，应当办理变更登记”。《公司法》允许公司根据实际情况，在董事长（执行董事）和经理之间，自由决定法定代表人的人选，这体现了法律对公司自治理念的尊重。

2. 公司意思表示的外在推定形式

公司意思表示必须有外部可推定的形式。如果一项意思表示具备以下的表现形式，即可以推定为公司的意思表示，除非有相反的证据可以推翻该推定。

（1）公司法定代表人签章。公司法定代表人代表公司所做的行为，是公司本身的行为。因此，公司法定代表人的签章当然构成公司意思表示的外在推定形式。实践中，通常要求公司对外为法律行为时，必须有法定代表人的签章和公司的盖章。实际上，依据代表理论，只要有公司代表人的签章，即可认定法律行为成立，不要求必须有公司的盖章，但是法律有特别规定的除外。须注意的是，如有证据证明董事长签约行为越权，且相对人知道或应当知道，则可以推翻前述推定，而确认为公司代表行为无效，该合同并非公司的合同。

（2）公司印章。在我国《公司法》中，公司印章的性质并没有明确规定。《合同法》第三十二条作了规定：“当事人采用合同书形式订立合同的，自双方当事人签字或盖章时合同成立。”可见，我国法律认为，印章是公司的意思表示的外在推定形式。须注意的是，公司对外从事法律行为时，只要有公司盖章即可认定法律行为成立，不要求必须有法定代表人的签章。但法律有特别规定的除外，例如，《中华人民共和国票据法》（以下简称《票据法》）第七条第二款就规定，法人和其他使用票据的单位在票据上的签章，为该法人或者该单位的盖章加其法定代表人或者授权的代理人的签章。公司在进行票据行为时，须遵守该条款的规定。

六、公司人格否认

公司人格否认，又称公司法人人格否认，是指当公司股东滥用公司法人独立地位和股东有限责任来逃避债务，严重损害债权人利益时，债权人可以越过公司的法人资格，直接请求滥用公司人格的股东对公司债务承担连带责任的法律制度。

从《公司法》规定的内容看，公司人格否认的法律后果是由股东来承担公司债务责任，根据民事责任承担的一般原则，公司人格否认的法律适用应当符合以下一些构成条件：

1. 主体要件

主体要件需要讨论两个方面问题：一是关于公司人格否认的责任承担者的问题；二是公司人格否认的责任的相对人问题。

（1）公司人格否认的责任承担者即公司人格的滥用者。其中也涉及两个方面的问题：

第一，按照《公司法》的规定，滥用公司人格的行为人是公司股东，其责任承担者也只能是公司股东。而在公司实践中，滥用公司人格的行为往往可能是由公司董事、经理或其他高级管理人员来具体实施的。如果董事、经理或其他高级管理人员具有公司股东身份，一旦实施滥用公司人格行为，在法律适用时责任主体似乎不存在问题，即可以以其具有的股东身份让其承担责任；但如果董事、经理或其他高级管理人员不具有股东身份（实践中完全可能如此），一旦其实施滥用公司人格的行为，在法律适用时就会出现责任主体不适格的问题。对此，编者认为应当把握的要点是严格按照《公司法》的规定来适用，即公司人格否认的责任承担者只能是针对股东而言的；公司董事、经理或其他高级管理人员实施滥用公司人格行为的，无论其是否具有股东身份，对其个人责任的追究只能适用《公司法》关于董事、经理或其他高级、管理人员的义务和责任的具体规定，或者说即使其具有股东身份，在承担公司人格否认责任的同时，并不能免除其作为董事、经理或其他高级管理人员应当承担的法律责任。

第二，作为承担公司人格否认责任的股东，按照编者前述观点，只要参与滥用公司人格的公司决策并表示同意（或没有表示反对意见）的股东，无论是控股股东，还是非控股股东，都应当对公司人格否认的后果承担民事责任。但是在公司实践中，编者认为有必要区别积极股东和消极股东。所谓积极股东，即参与公司决策的股东；所谓消极股东，主要是指股东人数众多的股份有限公司中完全不参与公司决策的股东。例如，在上市公司中，持有流通股的广大股东，对公司经营情况不了解，也不参与公司经营管理和投票，或者说其根本没承担责任，将会明显导致不公平的结果。因此，对公司的积极股东和消极股东做出必要的区别，对于法律的适用是有现实意义的。

（2）公司人格否认的责任的相对人即因公司人格被滥用而受到损害并有权要求股东对公司债务承担连带责任的当事人。这一主体是滥用公司格行为的受害者，《公司法》第二十条将其明确界定为“公司债权人”。这一界定排除了某些公司股东为排除某种不利后果来提起公司人格否认请求的可能。

2. 行为要件

行为要件涉及滥用公司人格的行为的有关问题。概括而言，只有在股东滥用公司人格的情况下，才会导致否认公司人格的责任。根据《公司法》规定，行为要件涉及的问题包括两方面。

（1）滥用公司人格的行为表现方式。常见的有：第一，公司与其股东在财产、业务、人员等方面“混同”，事实上无从区分。第二，公司清偿能力不正常降低。如：股东不履行出资义务、抽逃出资、转移资产导致公司丧失清偿能力，或者拒不履行清算义务致使债权人丧失机会。第三，受同一母公司或者控制人控制的数个公司在财产、业务、人员等方面“混同”、重叠，事实上无从区别。

判断公司是否与其他公司构成人格混同，主要从公司之间是否存在财产混同、组织机构混同以及业务混同等方面进行综合分析判断，至公司丧失独立意志表示能力。两公司股东构成完全一致、控股股东相同、注册经营场所一致、财务人员及管理人员有混同为两公司办理相关业务的情况、两公司的资金有混同使用的情况，可以认定两公司人格混同。主张存在人格混同的当事人，应当对存在资产混同、人员混同、业务混同以及滥用公司法人独立地位和股东有限责任，逃避债务，严重损害债权人利益的情形承担举证责任。

《公司法》对滥用公司人格行为采取了概括式的立法表述，具体为：

首先，《公司法》第二十条将一般有限责任公司的股东滥用公司人格的行为表述为：滥用公司法人独立地位和股东有限责任来逃避债务的行为。在实务中，认定这一行为具体需把握两点：第一，行为人须有逃避债务的行为，这里的“债务”是指公司对外所负债务，它直接与股东利益相关；这里的“逃避”尽管可能表现为欺骗债权人、抽逃出资、逃避法律等方式，但就其实质来看，是一种不履行法定或约定义务的义务。第二，行为人逃避债务的行为是通过滥用公司法人独立地位和股东有限责任来实现的。实践中公司逃避债务可能有多种表现形式，如果行为人采取了滥用公司人格以外的方式，那就应当适用《合同法》或其他相关法律来处理，而不能适用《公司法》第二十条的规定来追究行为人责任。

其次，《公司法》第六十三条将一人有限责任公司股东滥用公司人格的行为表述为：将公司财产与股东自己财产相混同。这在公司法理上也被称之为公司股东与公司的人格的混同。公司与股东在法律上之所以是两个具有独立人格的民事主体，其基础就在于二者的财产是彼此独立的。倘若公司与股东的财产混同，公司的财产即股东的财产，公司与股东在资产、财务、收益、人员、管理方面出现混淆和同一，不分彼此，就意味着公司的独立人格实际上已经不再存在，也意味着与独资企业无异，股东就应当像独资企业的出资人那样，承担企业财产上的无限责任。这时，就可以适用公司人格否认的法律规定来追究股东的财产责任。

（2）认定股东具有滥用公司人格行为是否需要以行为人的主观意图为条件？这实际上也就是关于股东承担公司人格否认的法律责任是否需要主观要件的问题。从《公司法》的有关规定看，法律并没有这样的要求，自然也应排除将主观意图作为认定行为人是否存在滥用公司人格行为的标准。但编者也注意到，在大陆法系的公司法理论中，对此一直存在主观滥用论和客观滥用论之争。主观滥用论者主张，为保持公司独立人格和股东有限责任的安定性和可预测性，以避免公司人格否认制度被任意扩张。客观滥用论者认为，如果以主观上的滥用意图作为构成要件，那么其举证的难度会使公司人格否认制度具有主观意图，都应该承担责任。

3. 结果要件

结果要件即滥用公司人格的行为必须给债权人造成一定的法律后果，否则就不产生否认公司人格的法律适用。由于公司人格否认涉及的是财产性质的民事责任，因此，如果仅有滥用公司人格的行为而未达到法律规定的情形，不符合对行为人追究财产责任的构成要件。我国《公司法》针对一般有限责任公司和一人有限责任公司的情况，对公司人格否认做出了不同的规定。具体来讲，一般有限责任公司适用公司人格否认须有结果要件，即股东滥用公司人格的行为必须达到《公司法》第二十条规定的“严重损害公司债权人利益”的程度，否则就不产生适用该条来否认公司人格的法律后果。一人有限责任公司适用公司人格否认无须结果要件，只要具有《公司法》第六十三条规定的股东财产与公司财产混同的行为，就可能产生适用该条来否认公司人格的法律后果。

第二节　公司设立

一、公司设立的含义

公司设立是指创办公司的一系列法律行为的总称。法律规定中涉及设立的内容包括设立的方式、条件、程序以及设立的发起人等。公司设立具有两个重要的特点：首先，设立是一种法律行为，是由包括订立出资协议、缴纳出资、制定公司章程、组建公司机构、办理公司登记等一系列法律行为构成的过程。其次，设立是一个期间，在这一时间过程中，设立人由于要从事若干法律行为，必然与相关主体发生一系列的法律关系，包括设立人相互之间、设立人与日后成立的公司之间、设立人与第三人之间所发生的关系，由于这一期间公司尚未成立，这些法律关系必然带有设立阶段的特点。

公司的设立和公司的成立不是同一概念，它们是同一连续行为的两个不同阶段。公司的设立和公司的成立的区别在于：

（1）时间不同。设立行为发生在公司成立之前，但设立行为并不必然导致公司成立的后果。如果设立行为违反了法律规定的条件和程序，就可能不为法律所认可，公司也就不能成立。

（2）性质不同。设立是一种行为，成立是设立行为产生的法律后果和事实状态。行为包括了合法行为和非法行为，公司的成立则表明合法事实状态的存在，公司已取得了法人资格，并具有相应的民事权利能力和民事行为能力。

（3）法律主体和法律关系不同。公司设立与公司成立作为两个不同的阶段，不仅在于时间上的差异，更重要的在于法律主体和法律关系的不同。设立阶段的法律关系主要体现为设立人彼此间的合伙合同关系以及设立人与第三人的关系。公司成立后，随着公司作为新的法律主体的产生，设立人转化为公司的股东。此时的法律关系已经发生性质上的变化，主要体现为公司内部股东间的相互关系、股东与公司间的关系以及公司法人与第三人的关系。

辨析公司设立与公司成立不同的法律主体和不同的法律关系，有着很强的实践意义：如在设立阶段，设立人不得以公司法人的名义对外从事经营业务和其他民事法律行为；公司一旦不能成立，因设立公司而负的债务，由设立人负责连带偿还。公司成立后，设立人由于身份的转化（成为公司股东），其设立行为转变成公司法人的行为，设立债务也就转化成为公司法人的债务。当公司发生与设立有关的纠纷时，将当事人的行为对照两个不同阶段做出界定，即明确其空间是发生于设立阶段还是发生于公司成立后的存续阶段，有助于正确地认定行为性质，准确适用法律。

二、公司设立的条件

（一）股东或发起人符合法定人数

《公司法》第二十四条规定："有限责任公司有五十个以下股东出资设立。"《公司法》第七十八条规定："设立股份有限公司，应当有二人以上二百人以下为发起人。"

（二）制定公司章程

公司章程是公司存在和活动的基本依据，是公司行为的根本准则。公司实践中容易出现将公司章程与设立协议等同的情况。应当看到，二者虽然都是由公司股东来制定的，都反映了股东的意志，都涉及公司成立和运作的一些问题，但二者也有明显的区别：首先，对有限责任公司而言，设立协议是任意性文件，法律并不强求当事人一定要设立协议；作为设立人之间的合同，设立协议主要根据设立人的意思表示形成，其内容更多地体现了设立人的意志和要求。而公司章程则是必备性文件，任何公司成立都必须以提交章程为法定要件，因此，公司章程是要式法律文件，它除了反映当事人的主观要求之外，还必须反映和体现法律对公司内外关系的强制性要求，如公司章程必须按《公司法》的规定制定，应当包含法定的记载事项。其次，公司设立协议与公司章程的效力不同。设立协议作为合同，只在设立人之间具有法律约束力，根据合同相对性原理，并不对第三人产生约束力；而公司章程调整的则是公司存续期间所有股东之间、股东与公司之间、公司的管理机构与公司之间的法律关系，制定章程时的股东（设立人）和章程制定后加入公司的新股东，都得受章程的约束。

正是因为上述区别，当公司成立后，在处理与公司有关的事务时，必须以章程的规定为准，如果出现设立协议与公司章程对相同事项有不一致的情况，从效力上公司章程无疑应当优于设立协议。

（三）股东出资方式合法

我国《公司法》第二十七条和第八十三条分别规定了有限责任公司和股份有限公司的出资方式，即"股东可以用货币出资，也可以用实物、知识产权、土地使用权等可以用货币估价并可以依法转让的非货币财产作价出资；但是，法律、行政法规规定不得作为出资的财产除外。"《中华人民共和国公司登记管理条例》第十四条规定"股东的出资方式应当符合《公司法》第二十七条的规定，但股东不得以劳务、信用、自然人姓名、商誉、特许经营权或者设定担保的财产等作价出资。"可见，我国《公司法》关于公司股东的出资的规定有两个特点：第一，出资方式采取了立法列举式和概括式相结合的规定，第二，列举的方式可分为货币出资和非货币出资两种类型。其中非货币出资也称之为"现物出资"。

1. 股东出资方式

（1）现物出资。

《公司法》第二十七条列举的现物出资包括实物、知识产权、土地使用权三种形式。

（1）实物。实物是指有形财产，包括通常所说的动产和不动产。实物作价入股后，依照《公司法》规定就具有不可抽回的性质，应当由公司支配。因此，设立担保的实物、租赁给他人的实物，不能作为出资。例如出资人以租赁给他人的实物出资，尽管也可根据《公司法》规定办理该实物的所有权转移手续至公司，但根据"买卖不破租赁"的原则，即《合同法》第二百二十九条关于"租赁物在租赁期间发生所有权变动的，不影响租赁合同的效力”的规定，公司不能对出资的租赁物充分行使支配权。一旦出现这种情况，出资人就应当承担瑕疵担保责任。

（2）知识产权。根据世界贸易组织《与贸易有关的知识产权协定》规定，知识产权包括的内容有：版权及有关权利；商标；专利；地理标识；工业品外观设计；集成电路布图设计（拓扑图）；未披露信息；对许可合同中限制竞争行为的控制。按照我国的分类，知识产权主要是指工业产权（重要的有专利权和商标权）和著作权（版权）。

（3）土地使用权。按照《宪法》的规定，《公司法》规定的“土地使用权”应当主要指“国有土地使用权”和“土地承包经营权”两种形式。农村土地承包经营权和宅基地使用权受到限制。

（2）劳务出资。

劳务出资在一些国家公司法上也称为技艺出资。国外法律一般不允许以劳务作为公司出资。根据我国《公司法》立法精神，劳务原则上不宜作为出资方式。其之所以如此，是因为劳务的价值难以准确衡量，如果允许作为出资，在我国目前信用程度较差的情况下，很可能形成虚假出资，从而增大与公司交往的债权人的风险，进而损害债权人的利益；另外，劳务中属于技术方面的内容完全可以依照《公司法》有关知识产权的规定来操作，而无须通过增加规定劳务出资的方式来解释。

2. 违反出资义务的行为人是否具有股东资格

我国《公司法》规定了股东出资义务并不等于行为人对此的严格遵守，实践中违反出资义务，虚假出资的情况屡有发生。在具体处理虚假出资情况时，首先碰到的问题就是在公司成立后，未履行出资义务的股东是否还具有股东资格？就公司实践情况来看，如果经营状况好，履行出资义务的股东就可能排挤未履行出资义务行为人的股东资格，因为这时未履行出资义务的行为人一旦缴纳未履行的出资后，就享有与其他股东同等的权利，按照股份平等原则来分享公司经营成果，这就可能出现对已履行出资义务的股东不公平的现象；如果公司经营情况差，未履行出资义务的行为人一般则更愿意否定自己的股东资格，因为股东资格的否定也就意味着行为人不再对公司负有义务，也不可能出现向公司承担法律责任的问题。

应当看到，股东资格和股东不履行出资义务是两个虽有联系但又具有不同性质的问题。股东资格取决于股东间的相互约定、公司章程和股东名册的记载以及公司登记管理部门的注册登记的确认；而股东不履行出资义务则表明其相对人可以要求其履行义务和追究其相应法律责任的事实，并不能必然引起其股东资格消灭的结果。我国《公司法》也只是规定了股东未履行出资义务的法律责任，除此之外并无其他法律后果的规定。但编者注意到，原国家经贸部和原国家工商行政管理总局于1988年1月1日颁布的《中外合资经营企业合营各方出资的若干规定》第七条规定：“合营一方未按照合营合同的规定如期缴付或者缴清其出资的，即构成违约。守约方应当催告违约方在一个月内缴付或者缴清出资。逾期仍未缴付或者缴清的，视同违约方放弃在合营合同中的一切权利，自动退出合营企业。守约方应当在逾期后一个月内，向原审批机关申请批准解散合营企业或者申请批准另找合营者承担专约方在合营合同中的权利和义务。守约方可以依法要求违约方赔偿因未缴付或者缴清出资造成的经济损失。”这说明，中外合资的有限责任公司股东如果未履行出资义务，需要经过一定的法定程序（守约方催告、守约方申请、原审批机关批准）才能解除其股东资格。由此可知，股东未履行出资义务并不等于其已有股东资格的自然丧失。当然，这也不意味着未履行出资义务的股东的行为不受约束和限制。根据权利义务相统一的基本原则，未履行出资义务的股东不能享有与其他股东相同的权利，如在参与公司管理和分配盈余方面。如同有学者所言："就管理权和分配权而言，股东只能就其在出资部分主张权利，对其未出资的部分，即使追补了出资，也只能对此后的公司管理和公司盈余主张权利。"

3. 股东违反出资义务的责任

股东违反出资义务的责任作为股东违反出资义务的实务问题之一，也是设立责任的重要内容。

(1) 未缴纳出资责任。

未缴纳出资责任是指设立人因自己未缴纳出资的行为而向公司和已足额缴纳出资的其他设立人承担的法律责任。《公司法》第二十八条和第八十四条对此做了规定。未缴纳出资责任具有如下几个重要的特征：

①它是由设立人行为所引发的民事责任，设立人包括有限责任公司设立人和股份有限公司发起人。

②设立人具有未缴纳出资的行为。未缴纳出资行为包括未完全缴纳和完全未缴纳两种情况，前者包括未将货币出资足额存入公司在银行开设的账户、未依法办理现物出资的财产权转移手续的情况。

③对有限责任公司而言，行为人是向公司和"已足额缴纳出资"的设立人承担的责任；对股份有限公司而言，行为人是根据发起人协议约定而承担的责任，一般而言是向公司和其他守约的发起人承担的责任。

④责任形式包括了侵权责任和违约责任两种情况，其中侵权责任的相对人为公司，违约责任的相对人为"已足额缴纳出资"的设立人。

出资人以划拨土地使用权出资，或者以设定权利负担的土地使用权出资，公司、其他股东或者公司债权人主张认定出资人未履行出资义务的，出资人若在合理期间内办理了土地变更手续或者解除权利负担，可以认定为履行了出资义务；若逾期未办理或者未解除的，应当认定出资人未依法全面履行出资义务。

出资人以非货币财产出资，未依法评估作价，公司、其他股东或者公司债权人请求认定出资人未履行出资义务的，可以委托具有合法资格的评估机构对该财产评估作价。若评估确定的价额显著低于公司章程所定价额的，应当认定为出资人未依法全面履行出资义务。

出资人以房屋、土地使用权或者需要办理权属登记的知识产权等财产出资，已经交付公司使用但未办理权属变更手续，公司、其他股东或者公司债权人主张认定出资人未履行出资义务的，出资人若在合理期间内办理了权属变更手续，应当认定其已经履行了出资义务；出资人主张自其实际交付财产给公司使用时享有相应股东权利的，应当予支持。出资人以前述规定的财产出资，已经办理权属变更手续但未交付给公司使用，公司或者其他股东主张其向公司交付、并在实际交付之前不享有相应股东权利的，应当予以支持。

（2）出资填补责任。

出资填补责任是指全体设立人在公司成立后对未认足的股份和未缴纳的出资或者对现物出资的实际价额与章程所定价额的显著差额承担的连带缴纳的责任。《公司法》第三十条和第九十三条对此做了规定。从两条的规定看，出资填补责任具有四个明显的特征：

①责任的产生必须以公司成立为前提，或者说尽管引发责任的行为仍然发生在设立阶段，但它是在公司成立后才可能发生的责任，是行为人对公司承担的一种责任。

②客观上存在着投资不实的事实。所谓投资不实，按照《公司法》第三十条和第九十三条的规定，包括了几种情况：第一，股份有限公司发起人“未按照公司章程的规定缴足出资”；第二，股份有限公司或有限责任公司的设立人的现物出资的“实际价额显著低于公司章程所定价额”。值得说明的是，这里的“显著低于”是一个模糊概念，应结合实际情况来综合判定。

③承担责任的方式是补缴或补足差额，以保证公司资本的充足真实。

④出资填补责任是一种连带责任，连带责任人为在设立阶段的所有设立人。如果应当交付该出资的设立人不能补足其差额，则全体设立人对公司承担连带责任。

出资人以符合法定条件的非货币财产出资后，因市场变化或者其他客观因素导致出资财产贬值，公司、其他股东或者公司债权人请求该出资人承担补足出资责任的，不应当支持。但是，当事人另有约定的除外。

冒用他人名义出资并将该他人作为股东在公司登记机关登记的，冒名登记行为人应当承担相应责任；公司、其他股东或者公司债权人以未履行出资义务为由，请求被冒名登记为股东的承担补足出资责任或者对公司债务不能清偿部分的赔偿责任的，被冒用人不承担责任。

由于出资填补责任是所有设立人对公司承担的一种连带责任，而公司的设立人在公司成立后往往都是公司的负责人，因此实践中主张出资填补的权利很难由公司或作为设立人的股东来行使。如果公司不能或怠于行使这一权利，因出资填补责任人的行为而受到损害的公司的债权人是否可以依据《合同法》行使“代位权”呢？编者在实践中曾碰到这样的咨询案例。编者认为从理论上是可以的。因为公司应当承担出资填补责任的股东实际上构成了一种债权债务关系。只要公司确有怠于行使到期债权（要求承担出资填补责任的股东补交差额）的行为；公司确实对公司的债权人负有到期债务；公司怠于行使债权的行为给公司的债权人造成损害，公司的债权人就可以依据《合同法》第七十三条的规定，向人民法院请求以自己的名义代位行使公司的债权。当然，这一“代位权”的行使在实际操作中可能存在着障碍，如果没有举证责任倒置的法律规定，公司的债权人要证明公司的内部股东对公司负有出资填补的责任和证明作为债务人的公司怠于行使这一权利是非常困难的。

（3）虚假出资责任。

虚假出资责任是指设立人对违反出资义务，采取欺骗方式所从事的虚假出资行为承担的法律责任。《公司法》第一百九十九条规定：“公司的发起人、股东虚假出资，未交付或者未按期交付作为出资的货币或者非货币财产的，由公司登记机关责令改正，处以虚假出资金额百分之五以上百分之十五以下的罚款。”可见，该条规定的虚假出资责任主要是行政责任，但由“公司登记机关责令改正”的行政命令，也会产生行为人对公司按虚假出资数额缴纳的民事责任。在这一民事责任中，责任人为虚假出资的行为人，责任的相对方显然应当是公司。

（4）出资瑕疵担保责任。

出资瑕疵担保责任是指公司股东负有保证第三人不能就作为现物出资的标的物向公司主张权利的义务，如果第三人基于所有权、用益物权或担保权等从公司追夺出资标的物时，出资人应承担的民事责任。出资人瑕疵担保责任具有的法律特征包括：①它是基于出资担保义务而产生的责任。②它是公司成立后产生的责任。③它是股东对公司承担的责任。④承担责任的形式主要是由出资人消除瑕疵或赔偿公司因此遭受的损失。

对凡存在瑕疵的出资物，公司均可主张权利，要求出资人消除瑕疵或赔偿损失，以维护公司和其他出资人利益，确保公司资本的事实。出资人以不享有处分权的财产出资，当事人之间对于出资行为效力产生争议的，可以参照物权法第一百零六条的规定予以认定。以贪污、受贿、侵占、挪用等违法犯罪所得的货币出资后取得股权的，对违法犯罪行为予以追究、处罚时，应当采取拍卖或者变卖的方式处置其股权。

（5）设立失败责任。

公司设立失败时，设立中公司作为非法人团体，对设立行为产生的债务应当准用合伙的有关规定，即由发起人承担连带责任。连带责任作为一种加重责任，权利人向连带责任人的任何之一提起，即对所有的责任人产生效力。

我国《公司法》第九十四条规定了发起人在公司设立失败时应当承担的责任为两项：

第一，公司不能成立时，发起人对设立行为所产生的债务和费用负连带责任。这里所说的债务，包括合同之债和侵权之债；所说的费用，包括为设立公司支付的租用房屋、场地费，购买办公用品费，办理设立的报酬费等。这些债务和费用，本就应当由成立后的公司来支付的，但由于设立失败，就只能由发起人来承担了。公司成立后对发起人为设立公司以自己名义对外签订合同予以确认，或者已经实际享有合同权利或者履行合同义务，应当由公司承担合同责任。发起人以设立中公司名义对外签订合同，公司成立后，公司应当对合同相对人承担合同责任。公司成立后有证据证明发起人利用设立中公司的名义为自己的利益与相对人签订合同，公司以此为由主张不承担合同责任的，应当由发起人承担责任，但相对人为善意的除外。但如果设立失败，就只能由发起人来承担了。发起人因履行公司设立职责造成他人损害，公司成立后受害人请求公司承担侵权赔偿责任的，由公司承担；公司未成立，受害人请求全体发起人承担连带赔偿责任的，由发起人承担。公司或者无过错的发起人承担赔偿责任后，可以向有过错的发起人追偿。

第二，公司不能成立时，债权人请求全体或者部分发起人对设立公司行为所产生的费用和债务承担连带清偿责任的，应予支持。部分发起人承担责任后，请求其他发起人分担的，其他发起人应当按照约定的责任承担比例分担责任；没有约定责任承担比例的，按照约定的出资比例分担责任；没有约定出资比例的，按照均等份额分担责任。因部分发起人的过错导致公司未成立，其他发起人主张其承担设立行为所产生的费用和债务的，应当根据过错情况，确定过错一方的责任范围。

发起人对认股人已缴纳的股款，负返还股款并加算银行同期存款利息的连带责任。在公司设立过程中，认股人与设立中公司形成股份买卖合同关系，当公司不能成立时，应由发起人连带承担该项责任。只要公司不成立，无论发起人有无过错，都要承担责任。其中可能包括的情况有：①因预定发行的股份超过招股说明书规定的截止期限尚未募足导致公司不能成立，发起人承担此责任；②设立中公司未进行登记或因不符合法定条件而被不予登记的，发起人承担此责任。

(6) 股东抽逃出资。

股东抽逃出资是指在公司注册后，股东将所缴出资暗中撤回，却仍保留股东身份和原有出资数额，损害公司权益的一种欺诈性违法行为。其表现为：①制作虚假财务会计报表虚增利润进行分配；②通过虚构债权债务关系将其出资转出；③利用关联交易将出资转出；④其他未经法定程序将出资抽回的行为。

第三节　公司形态

一、股份有限公司与有限责任公司

股份有限公司和有限责任公司是我国《公司法》上两种最基本的公司形态。

(一) 股份有限公司

股份有限公司亦可称股份公司。由于法律文化背景及习惯的不同，各国对股份有限公司在称谓上目前还不完全统一，英国称之为 company limited by shares；美国和欧洲一些国家相似的称谓为 public company 或 public corporation，中文也译为“公众公司”或“开放公司”；日本、韩国称之为“株式会社”。

我国《公司法》共设两个专章（第四章、第五章）对股份有限公司作了规定。结合《公司法》有关规定，股份有限公司可定义为：公司注册资本由等额股份构成并通过发行股票筹集资本，股东以其所持股份为限对公司承担责任，公司以其全部资产对公司的债务承担责任的企业法人。

(二) 有限责任公司

有限责任公司亦可称有限公司。与股份有限公司一样，各国在公司法实践中对有限责任公司的称谓和理解上都不尽相同，英美法系国家一般称之为有限责任公司（limited liability company），也有根据“公众公司”和“封闭公司”之分将有限责任公司对应于“封闭公司”形式；一些大陆法系国家将有限责任公司称为私人公司或私人有限责任公司（private company）；日本则称之为有限公司。

按我国《公司法》有关规定，有限责任公司可定义为：股东以其认缴的出资额为限对公司承担责任，公司以其全部资产对公司的债务承担责任的企业法人。《公司法》第二章和第三章都是对有限责任公司的专章规定。

（三）股份有限公司与有限责任公司的比较

股份有限公司与有限责任公司有不少相同之处：两者在作为独立的企业法人、投资者负有限责任的性质上是完全相同的，在公司财务会计、合并分立、解散清算等方面也基本相同。

从公司法理上看，股份有限公司被认为是典型的"资合"属性的公司。所谓"资合"是指公司股东之间仅是一种资本结合关系，无须相互认识和建立相互信任关系后才成立公司；公司的对外信用完全来自于公司资本，基本与股东的个人资产及信誉无关，资本越大，信用越高，反之亦然。而有限责任公司则兼具了"人合"与"资合"的特点。所谓"人合"，是指公司股东之间通常具有很强的人身信任关系，公司对外的信用与股东个人的信誉也有很大关系。

股份有限公司和有限责任公司各自具有的不同属性和特点，决定了两者在功能上的差异。一般来说，适合于大中型企业的股份有限公司具有集资迅速、企业规模大、管理专业化程度高、股份转让方便等优点，但存在着因股东分散而向心力弱，容易出现"内部人控制"的现象，设立条件和程序较为烦琐，生产经营受证券市场影响大等不足；而适合于中小企业的有限责任公司具有的股东向心力强、设立条件和程序较为简便、不易受证券市场影响等优点，正好弥补了股份有限公司的不足。

正是在尊重两种公司形态的不同属性和不同功能的基础上，新《公司法》在立法理念上做出了调整，在具体规定上进一步突出了两种公司形态的差异，这可以通过以下的比较体现出来：

（1）资本构成。股份有限公司的注册资本必须由等额股份构成，而有限责任公司的注册资本的构成则没有这样的要求。股份等额化的意义，主要在于可使资本构成单位小额化，使更多的公众都能具有购买股份的承载力，从而适应股份有限公司作为大型企业面向社会集资量大面广，达到一定的生产经营规模的需要。有限责任公司主要为中小企业，没有面向社会集资的需要，甚至出资者仅为一人时也可设立。

（2）公司股份。股份有限公司的股份表现为股票，而有限责任公司的股份表现为股单，若是一人有限责任公司，连股单形式也可不用。股票和股单都是记载股东出资的凭证。

（3）组织机构。如果是国有独资公司或一人有限责任公司，股东会也不是必设机构。

（4）章程制定。按照《公司法》要求，创立大会只有代表股份总数 1/2 以上的认股人出席就可举行，以简单多数同意的方式就可以通过章程议案，即经出席会议的认股人所持表决权的半数以上同意就为通过，从而体现出组织机构依照少数服从多数的原则议决事项的性质。有限责任公司在设立时的初始章程是由股东共同制定的。

二、一人公司与合资公司

一人公司与合资公司是根据公司的全部股份或出资是属于单一股东还是多个股东为标准进行的分类。

（一）一人公司

1. 一人公司的含义

《公司法》第五十七条第二款规定，一人有限责任公司，是指只有一个自然人股东或者一个法人股东的有限责任公司。

我国公司法上的国有独资公司，其性质也是一人公司，但由于其特殊性，即设立人既非自然人，亦非法人，而是由国家单独出资、由国务院或者地方人民政府委托本级人民政府国有资产监督管理机构履行出资人职责的有限责任公司，所以将其单独作为一种特殊类型的有限责任公司。

2. 一人公司的特征

（1）股东为一人。

一人公司的出资人即股东只有一人。股东可以是自然人，也可以是法人。一人公司的这一特征也体现其与个人独资企业的区别，后者的投资人只能是自然人，而不包括法人。

（2）股东对公司债务承担有限责任。

一人公司的本质特征同于有限公司，即股东仅以其出资额为限对公司债务承担责任，公司以其全部财产独立承担责任，当公司财产不足以清偿其债务时，股东不承担连带责任。此系一人公司与个人独资企业的本质区别。

（3）组织机构的简化。

一人公司由于只有一个出资人，所以不设股东会。至于一人公司是否设立董事会、监事会，则由公司章程规定，可以设立，也可以不设立，法律未规定其必须设立。

3. 公司法对其的特别规定

（1）一个自然人只能投资设立一个一人有限责任公司。该一人有限责任公司不能投资设立新的一人有限责任公司。

（2）一人有限责任公司应当在公司登记中注明自然人独资或者法人独资，并在公司营业执照中载明。

（3）一人有限责任公司章程由股东制定。

（4）一人有限责任公司不设股东会。依法律规定需股东做出决定时，应当采用书面形式，并由股东签名后置备于公司。

（5）一人有限责任公司应当在每一会计年度终了时编制财务会计报告，并经会计师事务所审计。

（6）一人有限责任公司的股东不能证明公司财产独立于股东自己的财产的，应当对公司债务承担连带责任。

（二）合资公司

合资公司是指公司的全部股份或出资是属于两个或两个以上股东的公司。如果考察公司形成和发展的历史以及公司的特征就会发现，公司本身就是适应合资经营的需要而发展起来的企业形态，或者说，公司从本来意义上就属于合资性质的组织，国内外众多的公司法论著也都认为合资是公司的主要特征之一，一人公司只是公司在发展过程中产生的一种例外形式。

三、上市公司与非上市公司

上市公司与非上市公司是根据公司股票是否在证券交易所上市交易进行的分类。

（一）上市公司

按照《公司法》第一百二十条规定，本法所称上市公司是指其股票在证券交易所上市交易的股份有限公司。

（二）非上市公司

非上市公司是与上市公司相对应的公司形式，或者说是指公司股票不上市交易的公司。如果只把股份有限公司的股份称之为股票，而将有限责任公司股份称为股单的话，非上市公司就应当指除上市公司以外的其他股份有限公司；如果将公司股份和股票视为一体的话，非上市公司就应当指除上市公司以外的其他所有公司，既有股份有限公司，也包括有限责任公司。

四、母公司与子公司

母公司与子公司是按照公司之间是否具有控股或从属关系进行的分类。

母公司与子公司是相互对应而成的概念，实践中往往将两者合称为母子公司。母公司是对子公司具有控股地位的公司，子公司则是受母公司控股的公司。两者的关系是：母公司是控股公司，子公司则是从属公司。我国《公司法》对母公司没有直接作出规定，只对子公司有一条简略规定，即第十四条第二款关于“公司可以设立子公司，子公司具有法人资格，依法独立承担民事责任”的内容。母公司与子公司的法律特征可以合并概括为：

（1）二者均具有独立的公司法人资格，有自己独立的名称和财产，都可以自己的名义独立从事经营活动。

（2）二者之间的控股和从属关系以股权为联系纽带，母公司对子公司的控股是建立在财产关系的基础之上的，而非行政上的上下级管理关系。

（3）两者作为独立的法人，均须按照《公司法》制定章程，建立各自规范的公司组织机构，并以自己的全部财产独立承担债务责任。母公司尽管对子公司具有控股地位，但只要是依照《公司法》正当行使股权，也只以自己投资于子公司财产为限对子公司承担责任。

根据母公司为子公司的控股股东的原理，我国对母子公司关系的界定可考虑分为绝对对控股与相对控股两种情况。绝对控股是指母公司对子公司的持股比例达到50%以上，或者说母公司拥有子公司50%以上的有表决权股份，前者则为后者的绝对控股母公司。相对控股应视具体情况而定：对上市公司而言，若其第一大股东与其第二大股东拥有该上市公司的有表决权股份之差额为该上市公司发行在外股份总额的10%以上时，推定其第一大股东为该上市公司的相对控股母公司；对于非上市公司（包括有限责任公司）而言，若其第一大股东拥有该公司的有表决权股份占其股份总额30%以上，且与其第二大股东拥有的表决权股份之差额在20%以上时，推定第一大股东为该公司的相对控股母公司。

五、本公司与分公司

本公司与分公司是按照公司内部管辖关系进行的分类。两者也是相互对应而成的概念。本公司指设立分公司的公司本身，亦称总公司。分公司是指由本公司设立的分支机构。我国《公司法》第十四条第一款规定："公司可以设立分公司。设立分公司，应当向公司登记机关申请登记，领取营业执照。分公司不具有法人资格，其民事责任由公司承担。"

值得说明的是，本公司承担由分公司行为产生的民事责任主要是指债务责任，但这一责任究竟是属于连带责任的性质，还是属于无限责任的性质，我国《公司法》并未明确界定。如果属于连带责任，分公司的债权人可以向本公司或分公司任何一方提起权利主张，要求其任何一方承担清偿全部债务的责任；如果属于无限责任，分公司的债权人就只能首先向分公司提起权利主张，在分公司财产不足以清偿时，才能要求本公司承担分公司不能清偿部分的债务的责任。虽然我国《公司法》没有明确本公司承担分公司民事责任的性质，但结合分公司是领取营业执照的分支机构和具有独立民事诉讼主体资格的情况，本公司对分公司承担的民事责任，应当属于无限责任的性质，即本公司对分公司不能清偿的债务才承担民事责任。

六、内资公司与外商投资公司

这是根据公司出资来源进行的分类。内资公司是相对外商投资公司而言的，是由境内投资者出资设立的公司。由于我国公司法律体系客观存在调整内资公司和调整外商投资公司两套法律系统，因此，《公司法》规定的公司，如无特别说明，均指内资公司。外商投资公司是指由境外投资者独资或中外投资者共同出资设立或形成的有限责任公司或股份有限公司。从形式上看，外商投资公司包括了外商独资设立或形成的有限责任公司和中外投资者共同出资设立或形成的中外合资公司。其中，中外合资公司又包括了有限责任公司和股份有限公司两种形式。《公司法》第二百一十七条规定："外商投资的有限责任公司和股份有限公司适用本法；有关外商投资的法律另有规定的，适用其规定。"

七、本国公司与外国公司

本国公司与外国公司是按公司国籍进行的分类。本国公司是相对于外国公司而言的，两者的区别在于公司的国籍不同。本国公司指具有本国国籍的公司，外国公司指具有外国国籍的公司。

在公司国籍的确定上，各国和各地区所采用的标准不同，常见的主要有：①准据法说，即以公司成立时依据哪国法律、在哪国登记为准来确定其国籍。②住所地说，即公司国籍由公司住所地决定。由于公司住所地的标准不一，该标准也产生了很多的变种，例如公司总部所在地标准、公司主要办事机构所在地标准、公司主要营业地标准、公司实际管理地标准、章程指定住所标准。③控制人说，即"以控制该公司之自然人之国籍，为该公司之国籍。"我国兼采设立准据法和设立住所地的标准。本国公司即指依中国法律在中国境内登记成立的公司。按照此标准，公司无论有无境外股东，也无论境外股东的多少和出资的多少，只要是依我国法律在我国境内登记成立，即使是外商独资公司，也为中国法人，即本国公司。

这里还要对与本国公司和外国公司相关的几个概念加以说明：

（1）外国公司分支机构。这是我国《公司法》特有的概念，指外国公司依照我国《公司法》的规定，经我国政府批准，在我国境内设立的从事生产经营活动的场所或办事机构。

（2）跨国公司。跨国公司是指以本国为基地，通过对外直接投资，在多个国家或地区拥有为数众多的分公司、子公司和参股公司，从事国际化生产和经营活动的大型公司组织。

（3）离岸公司。离岸公司是近些年来逐渐引起国内关注的一种公司现象和一些学者开始使用的一种公司的概念。从法律上看，离岸公司是指在离岸中心依其特定的公司法律登记注册成立，但在该离岸中心境外营业的公司。这里所谓的"离岸中心"，也称"避税地""避税天堂"，是指将本国登记注册的离岸公司业务与本国国内公司业务相分离，并对离岸公司给予特殊税收优惠的国家和地区。离岸中心主要集中于太平洋岛国、印度洋岛国、加勒比海岛国等国家和地区。我国自20世纪90年代起，离岸公司现象逐渐增多，对国内经济的影响力也与日俱增。一些中国商人到离岸中心成立离岸公司，然后以离岸公司名义返回国内投资设立公司，以享受我国对外商投资企业的多种政策优惠。由此可见，离岸公司必然涉及我国《公司法》中的本国公司、外国公司及其分支机构的问题。

第四节 公司股东

一、股东的含义

股东，顾名思义即股份的主人，股份的"东家"，是指取得公司股份，作为公司组成成员并对公司享有股权的人。股东在现实生活中还有一些不同的称谓；相对于公司的劳动者，可以称之为持股者；相对于其他财产权利人，可以称之为股份所有人；相对于证券市场的其他参与者，可以称之为投资者。具体而言，股东包括两层含义：其一，股东是公司法人组织的成员，或者说，正是若干股东通过投资联合，才使公司社团法人得以成立；其二，股东是股权的享有者，只要具有股东资格，就必须形成与公司之间的权利义务关系。股东与股权，二者不可分割，股东资格是享有股权的前提，股权则是股东的实质内容。

二、股东名册

（一）名册含义

所谓股东名册（stock transfer books），是指由公司置备的，记载股东个人信息和股权信息的法定簿册。《公司法》第三十二条和第一百三十条是对有限责任公司和股份有限公司的股东名册所做的专条规定。从第三十二条规定看，置备股东名册是公司的一项法律义务："有限责任公司应当置备股东名册。"从第一百三十条的规定来看，股份有限公司股东可分为在册股东和非在册股东。在册股东一般为公司设立时的发起人和认股人、持有记名股票的股东、持有一定数量无记名股票的股东。这些股东拥有的股份必定为公司股份的多数或绝大多数，他们对公司的存在和发展都具有举足轻重的作用，必须通过股东名册予以记载。非在册股东一般是指在证券市场购买公司发行的无记名股票的股东。目前我国上市公司的股票发行和交易都通过计算机实行了无纸化，这就使上市公司的股票都可能采取了记名的形式，持股股东也都通过计算机在公司的股东名册上有所反映，公司依据证券登记结算机构提供的凭证建立股东名册，通知股东到会参与公司重大问题的决策。正是因为这样，法律才规定公司必须设置股东名册。

（二）股东名册的法律效力

股东名册作为公司必须置备的法律文件，记载的事项是有法律效力的内容，其效力主要包括：

（1）权利推定效力。权利推定效力指在与公司的关系上，只有在股东名册上记载的人，才能成为公司股东。在股东名册上记载为股东的人，无须向公司提示股票或者出资证明书，也没有必要向公司举证证明自己的股东资格，仅凭股东名册记载本身就可主张自己为股东。公司也没有义务查证股权的实际持有人，仅向股东名册上记载的名义上的股东履行各种义务即可。

（2）对抗效力。所谓对抗效力，是指即使股权受让人系合法受让股权，如果未登记于股东名册，则受让人不得对公司主张股东权利。根据《公司法》第三十二条和第一百四十条的规定，在股份转让中，只要将受让人记载于股东名册，对出让人、受让人和公司都将产生股东身份变更的效力，即受让人就"可以依股东名册主张行使股东权利"。反过来，如果股份转让只是出让人与受让人订立了转让合同，并未将受让人记载于股东名册，或者说股东名册未发生变更，转让行为就可能没有完成，受让人就不能对公司主张股东权利。

（3）免责效力。由于股东名册具有权利推定效力，股东名册上记载的股东具有形式上的股东资格。因此公司向形式上的股东发出会议通知、分配红利、分配剩余财产、确认表决权、确认新股认购权，即使该形式上的股东并非实质上的股东，公司也是被免责的。

（三）名义股东

名义股东是指有限责任公司的实际出资人与名义出资人订立合同，约定由实际出资人出资并享有投资权益，名义出资人仅是名义上的股东。实际出资人与名义出资人订立的合同，如无《中华人民共和国合同法》第五十二条规定的情形应当为有效的合同。

名义股东不能以公司股东名册记载、公司登记机关登记为由否认实际出资人权利。但实际出资人未经公司其他股东半数以上同意，无权要求公司变更股东、签发出资证明书、记载于股东名册、记载于公司章程并办理公司登记机关登记。

名义股东无权将登记于其名下的股权转让、质押或者以其他方式处分，若其处分了股权，可以参照《中华人民共和国物权法》第一百零六条的规定处理。名义股东处分股权造成实际出资人损失，应当承担赔偿责任。

公司债权人可以登记于公司登记机关的股东未履行出资义务为由，请求其对公司债务不能清偿的部分在未出资本息范围内承担补充赔偿责任，股东不能以其仅为名义股东而非实际出资人为由抗辩，名义股东承担赔偿责任后，可以向实际出资人追偿。

三、股东权利

股东权利简称股权，是股东身份最具实质性的内容。换言之，如果不对公司享有股权，作为公司股东就没有意义。谈到股权，人们往往是只从权利的角度来讨论。如果从股权与股东的关系来看，股权还应当包括股东对公司负有的义务，或者说股权是股东按其所持有股份享有的权利和承担的义务的总称。在一般情况下，持有同一种类股份的股东，享有同等权利，承担同种义务。

《公司法》没有对股东权利作列举式的规定，在第4条作了概括性的表述，即“公司股东依法享有资产收益、参与重大决策和选择管理者等权利”。从立法上看，《公司法》对股东具体权利的规定，散见于各章的有关条文。主要可归纳为：

1. 股份收益权

这是股东直接从持有公司股份中获取的财产权利，也即《公司法》第四条概括的“资产收益权”，具体包括：

（1）公司盈余分配权，即股东依法对公司税后利润获得分配的权利。

（2）股份转让权，即股东依法转让自己持有的股份并从中获得对价的权利。

（3）剩余财产分配权，即股东依法对公司解散清算后的剩余财产获得分配的权利。

2. 参与公司管理权

这是股东基于股东资格而享有的具有人身权性质的权利，也即《公司法》第四条概括的“参与重大决策和选择管理者等权利”，具体包括：

（1）投票表决权，即股东出席或委托代理人出席股东（大）会并依其所持有的股份份额投票的权利，其中也包含了股东选举或被选举为公司管理者（负责人）的权利。

（2）提议权，即持有公司股份一定比例的股东提议召开临时股东（大）会或董事会临时会议的权利。

(3) 召集权，即持有公司股份一定比例的股东在董事会不能履行或者不履行召集股东（大）会会议职责时，可以自行召集和主持股东（大）会的权利。

(4) 提案权，即持有公司股份一定比例的股东可以向股东大会提出临时提案的权利。

(5) 监督权，即股东对公司的经营提出建议或者质询的权利。

关于参与公司管理权的具体研究，可参见本章第五节“公司组织机构”的有关内容。

3. 知情权

知情权是指股东对公司经营管理、财务状况、重要文件和重大事项知晓和了解的权利，如对公司章程、股东会会议记录、董事会会议决议、监事会会议决议和财务会计报告查询的权利，包括查阅、复制的权利，要求公司依法进行信息披露的权利等。

4. 股东诉权

股东诉权是股东对损害公司利益和股东利益的行为向人民法院提起诉讼的权利。这是《公司法》修改后新增加的内容。

5. 其他派生权利

这主要指基于前述权利派生的其他股东权利，包括对公司新增资本的优先认购权，异议股东股份回购请求权，有限责任公司股东向股东以外的人转让股份在同等条件下的优先购买权等。

第五节　公司组织机构

一、股东大会

股东大会是由股份有限公司全体股东组成的公司权力机构。《公司法》第九十八条规定：“股份有限公司股东大会由全体股东组成。股东大会是公司的权力机构，依照本法行使职权。”

（一）股东大会种类

(1) 股东年会。股东年会是指依照公司法和公司章程的规定每年定期召开的股东会议，又叫定期例会或股东常会。

(2) 临时股东大会。临时股东大会是在定期例会之间临时召开的讨论决定公司重大事项的股东会议。

我国《公司法》第一百条和第一百零四条规定了应当召开临时股东大会的情形，包括：①董事人数不足本法规定人数或者公司章程所定人数的2/3时；②公司未弥补的亏损达实收股本总额1/3时；③单独或者合计持有公司10%以上股份的股东请求时；④董事会认为必要时；⑤监事会提议召开时；⑥公司章程规定的其他情形；⑦本法和公司章程规定公司转让、受让重大资产或者对外提供担保等事项必须经股东大会作出决议的。

（3）类别股东会。类别股东会是指在股份有限公司所发行的股份分成若干类别的情况下，如果股东大会对某一提案作出决议将可能使某一类别股东的权益遭受损害时，法律或章程规定由该类别的股东所组成的会议对该提案作出决议，类别股东会的决议是股东大会决议生效的必备条件。

（二）股东大会的职权

我国《公司法》对股东大会职权的规定采取了列举加概括的方式，根据第三十七条的规定，股东大会的职权主要是：①决定公司的经营方针和投资计划；②选举和更换非由职工代表担任的董事、监事，决定有关董事、监事的报酬事项；③审议批准董事会的报告；④审议批准监事会或者监事的报告；⑤审议批准公司的年度财务预算方案、决算方案；⑥审议批准公司的利润分配方案和弥补亏损方案；⑦对公司增加或者减少注册资本作出决议；⑧对发行公司债券作出决议；⑨对公司合并、分立、解散、清算或者变更公司形式作出决议；⑩修改公司章程；⑪公司章程规定的其他职权。

（三）股东大会的决议

股东大会的决议分普通决议和特别决议。按照《公司法》规定，普通决议是指在股东大会上以出席会议的股东所持表决权的过半数通过的决议，特别决议是指在股东大会以出席会议的股东所持表决权的2/3以上通过的决议。对于通过普通决议所需的票数也可称之为简单多数，对于通过特别决议所需的票数也可称之为复杂多数。

我国《公司法》对于特别决议所列举的事项概括有：①增加或者减少注册资本。②公司合并、分立、解散。③修改公司章程。④变更公司形式。⑤第一百八十一条第一款规定：“公司有本法第一百八十一条第（一）项情形的，可以通过修改公司章程而存续。”该条第2款规定：“依照前款规定修改公司章程，有限责任公司须经持有三分之二以上表决权的股东通过，股份有限公司须经出席股东大会会议的股东所持表决权的三分之二以上通过。”⑥第一百二十一条规定：“上市公司在一年内购买、出售重大资产或者担保金额超过公司资产总额百分之三十的，应当由股东大会作出决议，并经出席会议的股东所持表决权的三分之二以上通过。”

二、董事会

董事会是由股东（大）会选任的全体董事组成的公司经营决策、业务执行并对外代表公司的法定常设机关。

（一）董事会的组成

董事会是由若干名董事组成的委员会机构，也就是说，单一的董事不可能形成董事会。我国《公司法》关于董事会的组成的规定有三个特点：一是董事会成员均为自然人，从董事任职的法定资格来看，法人不能作为董事会成员；二是董事会组成人数既有上限也有下限，按照《公司法》第一百零八条和第四十四条的规定，股份有限公司的董事会，其成员为5~19人，有限责任公司的董事会成员为3~13人；三是董事会必须设董事长一人，可以设副董事长。

按照《公司法》第四十四条规定，两个以上的国有企业或者两个以上的其他国有投资主体投资设立的有限责任公司，其董事会成员中应当有公司职工代表；其他有限责任公司董事会成员中可以有公司职工代表。对股份有限公司来说，《公司法》第一百零八条第二款也规定，董事会成员中可以有公司职工代表。

董事任期由公司章程规定，但每届任期不得超过三年。董事任期届满，连选可以连任。董事任期届满未及时改选，或者董事在任期内辞职导致董事会成员低于法定人数的，在改选出的董事就任前，原董事仍应当依照法律、行政法规和公司章程的规定，履行董事职务。

（二）董事会的职权

《公司法》关于董事会职权的规定可以认为是列举与概括相结合的方式。根据第四十六条和第一百零九条的规定，董事会行使的职权是：

（1）召集股东（大）会会议，并向股东（大）会报告工作；

（2）执行股东（大）会的决议；

（3）决定公司的经营计划和投资方案；

（4）制订公司的年度财务预算方案、决算方案；

（5）制订公司的利润分配方案和弥补亏损方案；

（6）制订公司增加或者减少注册资本的方案以及发行公司债券的方案；

（7）制订公司合并、分立、解散或者变更公司形式的方案；

（8）决定公司内部管理机构的设置；

（9）决定聘任或者解聘公司经理及其报酬事项，并根据经理的提名决定聘任或者解聘公司副经理、财务负责人及其报酬事项；

（10）制定公司的基本管理制度；

（11）公司章程规定的其他职权。

（三）董事长和执行董事

股份有限公司董事长由董事会选举产生，有限责任公司董事长的产生办法由公司章程规定。董事长或执行董事已经不是当然的法定代表人，公司可以依照公司章程规定由经理担任法定代表人。

在我国《公司法》上，执行董事是特殊的有限责任公司设置的一个职位。该法第五十条规定：“股东人数较少或者规模较小的有限责任公司，可以设一名执行董事，不设董事会。”从《公司法》的有关规定来看，有限责任公司原则上都要设置 3 人以上的董事会，以负责公司事务的决策和执行。从法律设计公司董事会的目的来看，其中重要的内容就是为了平衡股东间的利益和提高公司运作绩效。在股东人数较少的情况下，股东利益的平衡往往可以通过股东间彼此的协商来实现，无须法律的强制干预。因此，对于实践中股东人数较少或者规模较小的有限责任公司来说，如果强制性要求其设立多数人组成的董事会，不仅可能会加大公司的运作成本，而且不一定能够达到平衡股东利益和提高公司运作效率的目的。权衡利弊，《公司法》为有限责任公司提供了更多的选择余地，由其根据自身的实际情况来决定。

三、经理

经理在我国公司实践中常常称为总经理，也有称之为总裁。《公司法》修订前，经理在我国公司法理上属于在董事会领导下负责公司日常经营管理并对董事会负责的业务执行机关。

《公司法》第四十九条对经理的职权作了指引性的规定，如果公司章程没有与此相异的规定，经理行使下列职权：

（1）主持公司的生产经营管理工作，组织实施董事会决议；

（2）组织实施公司年度经营计划和投资方案；

（3）拟订公司内部管理机构设置方案；

（4）拟订公司的基本管理制度；

（5）制定公司的具体规章；

（6）提请聘任或者解聘公司副经理、财务负责人；

（7）决定聘任或者解聘除应由董事会决定聘任或者解聘以外的负责管理人员；

（8）董事会授予的其他职权。

四、监事会

监事会就是为解决委托人与代理人行为差异而做出的制度设计。监事会作为股东（大）会产生的机构，是股东意志和公司意志的直接体现，通过行使监督职能，形成对经营者的直接约束，不断矫正经营者可能出现的偏离股东和公司行为目标的行为。有限责任公司设监事会，其成员不得少于三人。股东人数较少或者规模较小的有限责任公司，可以设一至二名监事，不设监事会。监事会应当包括股东代表和适当比例的公司职工代表，其中职工代表的比例不得低于三分之一，具体比例由公司章程规定。监事会中的职工代表由公司职工通过职工代表大会、职工大会或者其他形式民主选举产生。

监事会设主席一人，由全体监事过半数选举产生。监事会主席召集和主持监事会会议；监事会主席不能履行职务或者不履行职务的，由半数以上监事共同推举一名监事召集和主持监事会会议。董事、高级管理人员不得兼任监事。

监事的任期每届为三年。监事任期届满，连选可以连任。监事任期届满未及时改选，或者监事在任期内辞职导致监事会成员低于法定人数的，在改选出的监事就任前，原监事仍应当依照法律、行政法规和公司章程的规定，履行监事职务。公司法第五十三条规定了监事会、不设监事会的公司的监事行使下列职权：

（1）检查公司财务；

（2）对董事、高级管理人员执行公司职务的行为进行监督，对违反法律、行政法规、公司章程或者股东会决议的董事、高级管理人员提出罢免的建议；

（3）当董事、高级管理人员的行为损害公司的利益时，要求董事、高级管理人员予以纠正；

(4) 提议召开临时股东会会议，在董事会不履行本法规定的召集和主持股东会会议职责时召集和主持股东会会议；

(5) 向股东会会议提出提案；

(6) 依照公司法第一百五十一条的规定，对董事、高级管理人员提起诉讼；

(7) 公司章程规定的其他职权。

五、公司组织机构的几个特别问题

(一) 公司僵局

公司僵局是指公司在存续运行中由于股东或董事之间发生分歧或纠纷，且彼此不愿妥协而处于僵持状况，导致公司有关机构不能按照法定程序做出决策，从而使公司陷入无法正常运转甚至瘫痪的事实状态。公司僵局是公司实践中难以杜绝的一种不和谐状态，它多发生于有限责任公司，股份有限公司也有此情况出现。公司作为“资本型”的企业，必然要求将作为维系公司正常管理和经营基本要素的股份民主和有关资本运作的基本原则贯彻到整个公司存续和运作过程当中。然而，公司的经营管理又需要真诚与合作的“人合”精神。当公司“资合”要素与“人合”要素发生冲突时，由于制度安排上的前者优先，公司僵局就可能出现。从各国的公司立法上看，由于很难对公司僵局进行“防患于未然”的预先规制，因此，人们对其关注也主要集中于如何对公司僵局进行法律救济的问题。

从公司实践来看，公司出现僵局时，股东（大）会或董事会因对方的拒绝参会而无法有效召集，或任何全方的提议都不被对方接受和认可，即使能够举行会议也无法通过任何议案。按照不同的标准，公司僵局可以划分为以下几种情形：

(1) 按照引发公司僵局的原因，可分为因意见分歧陷入的僵局和因纠纷陷入的僵局。

(2) 按照产生僵局的机构，可分为股东（大）会僵局和董事会僵局。

(3) 按照表决权行使情况，可分为表决权等僵局和否决权僵局。

我国《公司法》第一百八十二条规定：“公司经营管理发生严重困难，继续存续会使股东利益受到重大损失，通过其他途径不能解决的，持有公司全部股东表决权百分之十以上的股东，可以请求人民法院解散公司。”这一条规定是我国对公司僵局司法救济制度的主要法律规定。

公司被判决解散后，应在 15 日内组织清算组对公司进行清算，逾期不成立清算组进行清算的，债权人可以申请人民法院指定有关人员组成清算组进行清算。

(二) 股东表决权的行使

股东表决权的行使是指股东在股东大会审议公司有关事项时如何依法做出意思表示。

股东表决权是股东参与公司意思形成的具体方式，它在性质上是一种固有权，属于股权中参与公司管理权的内容。《公司法》第一百零三条规定：“股东出席股东大会会议，所持每一股份有一表决权。”这一规定就是通常所称公司制度“一股一票”的直接法律依据。从《公司法》和公司实践来看，在股东表决权上需要讨论的问题主要有：

1. 表决权的不统一行使

表决权的不统一行使是指股东持有两个以上股份时，可以用一部分股份的表决权对股东大会议案表示赞成，用另一部分股份表决权对议案表示反对。对这一问题的讨论，其实是有现实意义的。因为我国公司实践中存在不少“隐名出资”现象。如果多个“隐名出资人”都由一个显名股东来行使股权时，就可能出现表决权不统一行使的情况。

对是否应允许表决权的不统一行使，有肯定说与否定说之争。肯定说认为，一个股份享有一个表决权，持有数个股份则享有数个表决权，没有理由要求数个表决权必须统一行使；否定说认为，每一股东享有的表决权是一个整体，持股数额的多少只决定表决权的影响力，不能允许表决权不统一行使。

我国《公司法》对表决权的不统一行使未作规定，《到境外上市公司章程必备条款》第六十八条规定：“在投票表决时，有两票或者两票以上的表决权的股东（包括股东代理人），不必把所有表决权全部投赞成票或者反对票。”该条规定赋予到境外上市公司的股东可以不统一行使表决权的权利。

2. 表决权的代理行使

表决权的代理是指第三人受股东的委托而代其在股东大会上行使表决权的行为。表决权的代理行使制度既可给股东提供行使表决权之便，又可使股权分散的公司出席股东大会的股份数达到法定要件。

3. 表决权委托劝诱

表决权委托劝诱是指公司股东为控制公司的经营活动而劝诱其他股东授权自己代理行使其表决权的行为。

表决权委托劝诱对公司的意义在于：一方面可使股东大会的召开易达到法定人数，提案得以顺利通过，提高公司的运作效率；另一方面使少数股东通过采取集中行使表决权，促进公司意思形成的民主性，有利于中小股东利益的保护。但也应当看到，表决权委托劝诱如果不加限制地运用，则可能使出席股东大会的数渐渐减少，股东大会的性质发生改变，还可能使征集表决权委托书成为大股东争夺公司控制权的工具，同时也会给经营者提供一种与经营业绩无关却能稳住经营者地位的方式。因此，各国立法在认可表决权委托劝诱的方式上，规定劝诱人只能以记明对股东大会审议事项赞成与反对的委托书向股东进行劝诱；在劝诱人义务上，规定劝诱人在对股东进行劝诱时，应向股东提供股东对议案做出赞成或反对所需的参考资料及相关信息等。

在委托代理关系成立后，委托人和劝诱人都有权随时终止合同，但必须是在股东大会决议做出之前。

第六节　公司股份的发行与转让

一、股份的种类

公司股份可以根据不同的标准划分出若干种类。由于有限责任公司股份较为简单，因而对股份进行分类，主要是针对股份有限公司而言的。根据我国《公司法》的有关规定和公司实践的情况，公司的股份大致可以分为以下几种：

1. A 股

A 股是指由我国股份有限公司发行的，以人民币标明面值，供我国境内公民用人民币购买的一种上市交易的普通股票。这种股票与通常所称的“社会公众股”实际并无不同之处，之所以称之为 A 股，主要是相对于 B 股而言的。

2. B 股

B 股亦称“人民币特种股票”，还有一个规范的名称叫作“境内上市外资股”。它是以人民币标明股票面值，专供境内外投资者以外币认购和买卖，在中华人民共和国境内发行、承销，并在上海证券交易所和深圳证券交易所上市交易的股票。

3. H 股

H 股的规范名称为“境外上市外资股”。境外上市是指股份有限公司向境外投资人发行的股票，在境外证券交易所流通转让。境外上市外资股采取记名股票形式，以人民币标明面值，用外币认购。在境外上市可以采取境外存股证形式或者股票的其他派生形式。之所以称之为 H 股，最初是依股票在境外上市的不同国家和地区的英文名称的首字母来作为该种股票的名称，于是就有了 H 股（Hong Kong，在香港地区挂牌上市的外资股）、N 股（New York，在纽约挂牌上市的外资股）、S 股（Singapore，在新加坡挂牌上市的外资股）和 L 股（London，在伦敦挂牌上市的外资股）之称。后来由于在香港地区上市的 H 股占了境外上市外资股的绝大部分，为了统计方便，中国证监会决定将所有在境外上市的外资股统统简称为 H 股。

4. 红筹股

红筹股是指境外注册、中国内地资本控股的香港上市公司的股票。根据香港证监会和联交所的看法，至少拥有 35% 的中资股权的上市公司，才可称为红筹股。这些公司依照香港特别行政区的法律运作，受香港证券监管机构的监管。

二、流通股与非流通股

流通股和非流通股之分主要是针对我国股份有限公司的情况而言的。所谓流通股即股份有限公司股份中可以进入证券交易所上市交易的部分，前面介绍的 A 股、B 股、H 股和红筹股都是流通股。所谓非流通股即股份有限公司股份中限制或不能进入证券交易所上市交易的部分。目前我国股份有限公司的非流通股主要包括国家股、国有法人股、普通法人股、公司内部股等。严格来说，非流通股的说法并不准确，因为这部分股份虽不能上市流通，但并非完全不能转让，实践中也还可以采取多种方式转让。但鉴于习惯上的这种称谓已为多数人所接受，为了尊重这一约定俗成，也方便本书对有关问题的阐述，因此，作者仍称其为非流通股。

三、普通股与优先股

这是根据股东享有股权的内容做出的划分。

顾名思义，普通股是指公司的普通股份，也即人们从一般意义上所说的公司的股份。普通股在财产权利上没有差别待遇，是公司数量最多、最基本的一种股份，它构成公司资本的最主要部分。

优先股是指公司个别股东持有的，具有优于普通股财产权利的股份。优先股应当属于公司特别股的范围。特别股相对普通股而言是具有特殊权利内容的股份。特别股份为优先股和劣后股。所谓“优先”或“劣后”都是相对“普通”而言的，优先股股东享有的权利优于普通股股东，而劣后股东享有的权利则少于普通股股东。

在公司实践中，还可以对优先股做进一步的划分：

（1）有表决权优先股和无表权优先股。有表决权优先股是指股东享有财产上的优先权利不以放弃表决权为代价。这种优先股一般为发起人持有。无表决权的优先股是指股东只享有财产上的优先权而没有表决权。从权利义务对等原则看，这种优先股以放弃表决权作为换取财产优先权的代价。

（2）累积优先股和非累积优先股。累积优先股的特点是：如果优先股股利在公司本营业年度的盈利中不能获得分配或不能全额分配，公司应当在以后年度的盈利中首先补足其欠额后，才能进行当年正常的股利分配。非累积优先股的特点是：不论其股利在本年度分配时与固定的股利率之间的差额是多少，也不论公司在以后年度中盈利有多大，一律以本年度的实际分配额为限。

（3）参与优先股和非参与优先股。参与优先股的特点是：当公司盈利较多时，除按规定优先获取固定比率的股利外，还可以与普通股共同参与对其余盈利的分配。非参与优先股则无论公司盈利再多，也只能按照固定的比率获取股利，无权再参与其余盈利的分配。

我国《公司法》对优先股没有具体作出规定，但按照《公司法》第一百三十一条关于“国务院可以对公司发行本法规定以外的其他种类的股份，另行作出规定”的立法精神来看，公司可以发行包括优先股在内的特别股。

四、股票

（一）股票的含义

股票是股份有限公司股份的法定形式。我国《公司法》对股票明确的法律表述是：股票是公司签发的证明股东所持股份的凭证。可见，股票是表现股东法律地位或表明股东持有公司股份的要式证券。股票与股份有着密不可分的联系。股票与股份，一是形式，一是内容，股票不能脱离股份而独立存在。但由于股票是一种证券，能够自由地在市场上流通，因此股票还不仅仅是股份的表现形式，即股权形式，而且还代表着股份运动的一种方式，即价值运动方式。从这个意义上说，股票从内容和形式上都具有相对独立于股份的性质。

（二）股票的失效

股票的失效有两种不同的情况：一种是指股票所代表的股东的权利义务从法律上归于消灭，股票所体现的股份不复存在；另一种是指股票的废止，即股票作为有价证券的票面作用丧失，并不对应于其所代表的股份和股东的权利义务。《公司法》规定的注销股份和公司催告程序而产生的股票失效，就是上述两种情况的具体体现。下面分别述之。

1. 注销股份

在一般情况下，股票一经发行，公司则不能采取收购自己股票的举措。但是，股份有限公司如果减少公司注册资本、与持有本公司股份的其他公司合并或对公司合并分立决议持异议的股东行使股份回购请求权，法律则允许公司收购自己的股份，但收购的必须在规定时间内注销该部分股份。《公司法》第一百四十二条第二款规定，公司为减少公司注册资本收购股份，应当自收购之日起10日内注销；与持有本公司股份的其他公司合并或因对公司合并分立决议持异议的股东行使股份回购请求权而收购本公司的股份，应当在6个月内转让或者注销。

2. 经过公示催告程序

当记名股票丧失时，只要经过《中华人民共和国民事诉讼法》（以下简称《民事诉讼法》）规定的公示催告程序，人民法院做出了除权判决，股票就丧失其原有效用，被视为无效股票。该股票的持有人不能因此取得股东地位和权利义务，而丧失股票人也并不意味着丧失股东地位和权利义务，经过申请公司补发新股票后，其法律地位和权利义务不受任何影响。《公司法》第一百四十三条规定："记名股票被盗、遗失或者灭失，股东可以依照《中华人民共和国民事诉讼法》规定的公示催告程序，请求人民法院宣告该股票失效。人民法院宣告该股票失效后，股东可以向公司申请补发股票。"公示催告是我国《民事诉讼法》规定的特殊的诉讼程序，是一种司法救济手段，用以调整票据、有价证券丧失后所产生的法律关系。

五、股份公司股份的发行与转让

（一）股份发行的条件

新设股份有限公司的股票发行条件包括：

（1）股票发行人必须是具有股票发行资格的股份有限公司，包括已经成立的股份有限公司和经批准拟成立的股份有限公司。

（2）生产经营符合国家产业政策。

（3）发行的普通股限于一种，同股同权。

（4）发起人认购的股本数额不少于公司拟发行的股本总额的35%。

（5）在公司拟发行的股本总额中，发起人认购的部分不少于人民币3 000万元，但国家另有规定的除外。

（6）向社会公众发行的部分不少于公司的股本总额的25%，不得发行公司职工股；公司拟发行的股本总额超过人民币4亿元的，证监会按照规定可以酌情降低向社会公众发行部分的比例，但是最低不少于公司拟发行的股本总额的10%。

（7）发行人在近3年内没有重大违法行为。

（8）中国证监会规定的其他条件。这是一个概括性的规定，根据中国证监会1996年12月26日发布的《关于股票发行工作若干规定的通知》和1998年3月17日发布的《关于股票发行工作若干问题的补充通知》，对初次发行还有两个新的条件：第一，同一集团原则上不得设多个上市公司，第二，主营业务突出。主营业务突出的具体标准是公司主营业务（指某一类业务）收入占其总收入的比例不低于70%，主营业务利润总额的比例不低于70%。

（二）股份转让的限制

《公司法》在保护股份有限公司股份自由转让的同时，也对股份的转让有一些限制性的规定，以利于防止股份转让可能出现的弊病，保护公司、股东和其他利害关系人的合法权益，维护交易安全。这些限制可分为时间上的限制和主体上的限制。

1. 时间上的限制

根据《公司法》第一百三十二条关于“公司成立前不得向股东交付股票”的规定，公司成立前的股份持有人是不能转让股份的。

2. 主体上的限制

主体是指股份的出让人和受让人。法律法规关于主体上的限制可区分不同的主体加以阐述。

（1）发起人。由于发起人与公司的特殊利益关系，为了防止其以设立公司为名谋取私利，而在此后出卖股票逃避责任，法律对其持有股票的转让规定了必要的限制。《公司法》修改前，这一限制为“发起人持有本公司股份，自公司成立之日起三年内不得转让”。新《公司法》对此有所放松，将该条的三年期限缩短为一年。这里所指“持有的本公司股份”既包括发起人在设立时认购的公司股份，也包括发起人在公司成立后未满一年期间内受让持有的其他人的股份。但后者转让所受限制的时间不是自受让日起计算，而是自公司成立之日起计算满一年，如果在公司成立一年后受让持有他人的股份则不应受此规定的限制。

（2）公司负责人。公司负责人包括公司的董事、监事和高级管理人员。公司负责人在公司所处的地位决定了其与公司有着比一般职工更为密切的利害关系。《公司法》修改前对公司负责人的限制为：“持有的本公司的股份，在任职期间内不得转让”。新《公司法》对此做出了修改。其第一百四十二条第二款规定：“公司董事、监事、高级管理人员应当向公司申报所持有的本公司的股份及其变动情况，在任职期间每年转让的股份不得超过其所持有本公司股份总数的百分之二十五；所持本公司股份自公司股票上市交易之日起一年内不得转让。上述人员离职后半年内，不得转让其所持有的本公司股份。公司章程可以对公司董事、监事、高级管理人员转让其所持有的本公司股份做出其他限制性规定。”由此可见，《公司法》对公司负责人在任职期间转让持有本公司股份的限制似乎有所放松，但同时又规定了离职后的限制，并且还允许公司章程可以做出其他限制性规定。

《中华人民共和国证券法》（以下简称《证券法》）对上市公司负责人还有特别的要求。其第四十七条规定，上市公司董事、监事、高级管理人员将其持有的该公司的股票在买入后6个月内卖出，或者在卖出后6个月内又买入，由此所得收益归该公司所有，公司董事会应当收回其所得收益。

（3）内部职工股的持有人。如前所述，内部职工股的概念并不准确，因此这里使用内部职工股持有人的称谓。《公司法》修改前，中国证监会为规范这种股份，曾规定原定向募集公司经批准转为向社会公开募集公司的，其内部职工持有的股份，曾规定原定向募集公司经批准转为向社会公开募集公司的，其内部职工持有的股份，从新股发行之日起，期满3年方可上市流通。新《公司法》根据公司实践中还存在的这一情况，从立法上增加了对其规范的内容。其第一百四十一条第一款规定：“公司公开发行股份前已发行的股份，自公司股票在证券交易所上市交易之日起一年内不得转让。”

（4）持有5%股份的股东。《证券法》第四十七条规定，不允许持有上市公司股份5%以上的股东将其所持有的该公司的股票在买入后6个月内卖出，或者在卖出后6个月内又买入。否则，由此所得收益归该公司所有，公司董事会应当收回该股东所得收益。但是，证券公司因包销购入售后剩余股票而持有5%以上股份的，卖出该股票时不受6个月时间限制。

六、有限责任公司的股份转让

有限责任公司的股份转让是公司实务运作中经常涉及也较为复杂的一个问题。有限责任公司股份转让涉及三种不同的形式，即股东间转让出资、股东向公司外第三人转让出资和公司回购。

（一）股东间转让出资

股东间转让出资即有限责任公司的股份在股东内部之间进行的让渡。《公司法》第七十一条规定：“有限责任公司的股东之间可以相互转让其全部或者部分股权。”从公司法理上看，由于这一转让行为发生于股东内部，它只会影响公司内部股东出资比例及权利的增减，不会破坏股东之间的“人合”关系，因此，对于股东之间相互转让出资，法律不作特别的限制，或者说股份在股东内部进行让渡应当是自由的。只要转让股份的股东与受让股份的股东在协商基础上达成意思表示一致的协议，股份转让就是合法有效的行为。

（二）股东向公司外第三人转让出资

股东向公司外第三人转让出资是指股东将自己持有公司股份的全部或一部分转让给非股东的行为，受让人因此将取得股东身份，出让人因此或是减少持有公司的股份，或是丧失股东身份。与股东间转让出资最大的不同在于：股东向公司外第三人转让出资虽然并不改变其他股东在公司中的投资比例，但原股东之间构成的和谐稳定、相互依赖的“人合”关系可能受到影响，甚至遭到破坏。因此，为了保证有限责任公司的内部稳定，绝大多数国家和地区的公司法都对股东向公司外第三人转让出资进行了严格限制。

我国《公司法》第七十一条第二款规定：“股东向股东以外的人转让股权，应当经其他股东过半数同意。”可见，《公司法》对股东向公司外第三人转让出资的限制主要是经“其他股东过半数同意”，实际上也就是要取得其他股东的同意。但《公司法》对此限制也并非一成不变，如果其他股东不同意，还可以采取相应的补救措施，即《公司法》该条又规定：“其他股东半数以上不同意转让的，不同意的股东应当购买该转让的股权；不购买的，视为同意转让。”关于其他股东表示同意或不同意的形式，根据《公司法》该条的规定看，不需要召开股东会来作出决议，而是由股东就其股权转让事项书面通知其他股东征求同意，其他股东自接到书面通知之日起满 30 日未答复的，视为同意转让。

股权转让后尚未向公司登记机关办理变更登记，原股东将仍登记于其名下的股权转让、质押或者以其他方式处分，受让股东以其对于股权享有实际权利为由，请求认定处分股权行为无效的，可以参照《物权法》第一百零六条的规定处理。

（三）优先购买权

1. 优先购买权的含义

优先购买权是指除股份转让人以外的其他股东享有的在同等条件下优先购买转让的股份的权利。《公司法》第七十一条第三款规定：“经股东同意转让的股权，在同等条件下，其他股东有优先购买权。”可见，优先购买权具有几个基本的特征：

（1）优先购买权必须是在合意转让的情况下才可能发生。如果其他股东不同意向公司外的第三人转让出资，优先购买权就无从产生。

（2）其他股东愿意以同等条件来购买拟向公司外第三人转让的股份。这里的“同等条件”，应当考虑转让股权的数量、价格、支付方式及期限等因素。

（3）优先购买权的意思一旦表示，或者说其他股东一旦做出以相同的条件购买拟转让出资的意思表示，就意味着原拟受让人失去受让股份的权利。

（4）优先购买权的行使，将使股份转让的性质发生变化，即由原来的股东向公司外第三人转让出资变成了股东间转让出资。

2. 行使优先购买权涉及的实务问题

上述优先购买权的特征，都是将股东转让股份作为一个整体来概括的。公司实践中还可能出现两种情况：

（1）多数股东如何行使优先购买权。这里的“多数股东”是指两个以上的“其他股东”。按照《公司法》第七十一条第三款规定，两个以上的“其他股东”都主张行使优先购买权的，应当协商确定各自的购买比例；协商不成的，按照转让时各自的出资比例行使优先购买权。

（2）如何只就转让股份的一部分行使优先购买权。实践中，“其他股东”还可能出现只就转让股份的一部分行使优先购买权的情况。例如，某公司有 A、B、C 三个股东，B 欲将自己持有的占公司股份总额 55%的股份全部转让给公司外第三人 D，A 股东意欲在自己现在持股 40%的基础上再增加 11%，使自己能够达到完全控股的地位，因此，A 股东提出对 B 股东转让出资中占公司股份总额 11%的部分主张优先购买权。如果 B 股东要坚持将自己持股的 55%作为一个整体转让，该如何处理？

从《公司法》优先购买权的设置来看，优先购买权不仅可以针对转让出资的全部来行使，也可以针对转让出资的部分来行使。另外，有限责任公司的股权为可分物，法律应当允许对其进行分割后部分转让。如果由此导致了出让人拒绝其他股东对出让出资的一部分行使优先购买权的情况，可考虑以诉讼方式，通过人民法院强制执行的程序来保证其他股东优先购买权的实现。

人民法院依照法律规定的强制执行程序转让股东的股权时，应当通知公司及全体股东，其他股东在同等条件下有优先购买权。其他股东自人民法院通知之日起满 20 日不行使优先购买权的，视为放弃优先购买权。

（四）股东资格的继承

《公司法》第七十五条规定，自然人股东死亡后，其合法继承人可以继承股东资格；但是，公司章程另有规定的除外。

七、公司回购

公司回购是指有限责任公司股东对符合法定情形的股东会的决议投反对票表示异议，公司依该股东的请求将其持有的股份购回的行为。《公司法》第七十四条对此作了较为详细的规定。该条为《公司法》修订后新增加的内容。

公司回购也可称股份回购。两个概念的差异在于抽象角度不同：公司回购是从回购主体的角度抽象出的概念，股份回购是从回购客体的角度抽象出的概念。

有限责任公司的公司回购与股份有限公司的股份回购尽管都是股份转让的特殊方式，而且都是以公司作为股份的受让人，但两者也存在着明显的差异：

（1）回购的出让方不同。股份回购是公司以发行在外的股份购回的行为，股份的出让方一般为公司不特定的股东，即通过证券市场购买公司股票的股东；公司回购虽然也是公司购回股份的行为，但股份的出让方则只能是特定的股东，即“对符合法定情形的股东会决议投反对票的股东”。

（2）回购的原因不同。按照《公司法》第一百四十二条的规定，引起股份有限公司股份回购的原因是减资、公司合并、奖励公司职工和异议股东行使股份回购请求权。而按照《公司法》第七十四条规定，引起有限责任公司公司回购的原因只能是异议股东行使股份回购请求权的情况。这一点与股份有限公司的股份回购的原因之一似乎相同，但从具体内容上看，股份有限公司的股份回购中异议股东行使股份回购请求权只有“对股东大会做出的公司合并、分立决议持异议”的情形，而有限责任公司的公司回购中异议股东行使股份回购请求权除了上述情形外，还包括其他几种法定的情形。

（3）公司在回购中所处地位不同。在股份有限公司的股份回购中，因减资、公司合并、奖励公司职工而产生的回购都是属于公司的主动行为，或者说在回购行为中处于主动的地位；而在有限责任公司的公司回购中，公司则是因股东行使请求权不得不采取的行为，公司在回购行为处于被动的地位。

（4）回购的价值目标不同。股份有限公司的股份回购主要作为一种经营手段在公司实践中采用，其价值目标主要在于提高公司效率，增强公司凝聚力和向心力，保护公司及全体股东的利益；有限责任公司的公司回购作为一种针对特定股东采取的行为，其价值目标主要在于保护特定股东，更准确地说是保护公司中小股东的利益。

八、公司债券的发行

公司债券，是指公司依照法定程序发行、约定在一定期限还本付息的有价证券。

债券的发行价格指债券原始投资者购入债券时应支付的市场价格，它与债券的面值可能一致也可能不一致。理论上，债券发行价格是债券的面值和要支付的年利息按发行当时的市场利率折现所得到的现值。由此可见，票面利率和市场利率的关系影响到债券的发行价格。

在实务中，根据上述公式计算的发行价格一般是确定实际发行价格的基础，还要结合发行公司自身的信誉情况，包括溢价、等价和折价发售。

（1）溢价。指按高于债券面额的价格发行债券。

（2）等价。指以债券的票面金额作为发行价格。

（3）折价。指按低于债券面额的价格发行债券。

从资金时间价值来考虑，债券的发行价格由两部分组成：债券到期还本面额的现值和债券各期利息的年金现值。计算公式如下：

债券售价＝债券面值/（1+市场利率）^年数 + Σ 债券面值×债券利率/（1+市场利率）^年数

第七节　公司合并与分立

一、公司合并概述

（一）公司合并的含义

公司合并是指两个或两个以上的公司依照合同约定并根据法律规定的条件与程序组成一个公司的法律行为。从这一定义出发，可以概括出公司合并的几点法律特征：

（1）公司合并是公司之间“合二为一”或“合多为一”的法律行为，因此，合并必须以两个或者两个以上的公司存在为前提；并且，《公司法》意义上的合并只能在公司之间进行。

（2）公司合并是依约和依法进行的法律行为。

（3）公司合并必须引起公司变更的法律后果。

（二）公司合并的基本形式

按照我国《公司法》第一百七十二规定，公司法定合并的形式可分为吸收合并和新设合并两种情况。

（1）吸收合并。吸收合并是指一个公司吸收接纳其他公司，吸收方存续并扩大规模，被吸收方解散。后面谈到的狭义的公司兼并即为吸收合并形式。如果用一个公式来表示，就是“A+B=A”。

（2）新设合并。新设合并是指两个或两个以上的公司合并设立一个新的公司。如果用一个公式来表示，就是“A+B=C”。新设合并的法律性质应当属于公司设立，不过是一种特殊的公司设立而已。

（三）公司合并的方法

实现公司合并的方法也就是公司合并采取的手段。根据我国有关法规的规定和公司合并实践，实现公司合并的方法大致可分以下几种：

（1）购买股权法，即在企业合并方式中，吸收方用本公司资金向被吸收方股东购买公司全部资产，然后解散被吸收方，将其全部纳入自己的公司。这一方法也即前述采取公司收购方式来实现的合并。

（2）置换股权法，即在吸收合并方式中，吸收方的股东用自己持有其他公司的股权与被吸收方股东持有的全部股权相置换，然后解散被吸收方，将其全部吸纳进自己的公司。可见，置换股权法与购买股权法的不同点在于：后者是用公司资金购买股权，前者是两个公司的股东分别以自己持有的股权相互所做的对调。

（3）吸收股权法，即在吸收合并方式中，被吸收方的股东将自己公司的净资产作为股金投入吸收方，从而成为吸收方的新股东，被吸收方解散。

（4）承担债务法，即合并后的存续公司通过被解散公司的全部资产和全部债务来实现合并的方法。这一方法在吸收合并和新设合并中均可采用，存续公司与被解散公司的债务和资产往往是基本等价的。

二、公司分立

（一）公司分立的含义

股份有限公司的分立是指公司依照法定条件和程序分成两个或两个以上具有独立法人资格的公司的行为。从公司法意义上看，公司分立具有以下法律特征：

（1）公司分立是在原有公司基础上的“一分为二”或“一分为多”，形成数个独立的企业法人，它相对公司合并来说恰好是反向操作。

（2）公司分立是公司组织法定变更的一种特殊形式。

（3）公司分立是依照法定的条件和程序来进行的行为。

（二）公司分立的形式

我国《公司法》没有规定公司成立的形式。从公司实践来看，公司的分立以原公司法人资格是否消灭为标准，可分为两种主要的形式：

1. 新设分立

（1）新设分立所设立的公司通常应当是与原公司同类的公司，即有限责任公司分立为有限责任公司，股份有限公司的分立同理。

（2）原公司虽然无须通过清算程序，但应当依公司法和分立协议将所有财产及有关债权债务关系进行分割并分别转移到新设立的公司。

（3）原公司因分立而解散，法人资格消灭；新公司因分立而新设成立。

2. 派生分立

派生分立指一公司分出部分财产和业务设立一个或几个公司，原公司存续。派生分立也叫存续分立或分离，它具有如下特征：

（1）派生分立以原公司法人资格存续为分立前提。

（2）派生分立后的存续公司与新设公司之间没有产权联结关系，或者说，两者之间不具有控股和参股的关系。存续公司所分出设立新公司的那部分财产与存续公司剩余的财产是由不同股东持有的财产。在这个意义上，派生分立实际上是存续公司股东之间的一种“分家”。按照《公司法》第一百七十五条规定，公司分立，“其财产作相应的分割”。随着存续公司财产的“分割”，原来共存于一个公司的股东也分裂成了存续公司的股东和新设公司的股东。因此，不能将派生分立等同于存续公司对外投资设立子公司或参股公司的行为。

（3）存续公司虽然保留了法人资格，但由于原公司财产、业务、生产规模和股东都已发生了变化，因此，不仅新设公司要履行公司登记手续，而且存续公司也要履行变更登记的相应手续。

第八节　公司法律责任

一、公司民事责任

公司负责人的民事责任是指公司董事、监事和高级管理人员违反《公司法》规定义务应当承担的民事责任。《公司法》修订后专设“公司董事、监事、高级管理人员的资格和义务”一章，根据该章和其他有关章节中的有关规定，公司负责人的民事责任主要包括以下几种：

1. 归入责任

《公司法》第一百四十八条规定，公司的董事、高级管理人员如果违反《公司法》第一百四十八条第一款关于该类人员的忠实义务的规定，应当将因此“所得的收入应当归公司所有”。可见，所谓归入责任，就是指董事、高级管理人员将违反《公司法》规定的法律义务所获取的收入交归公司所有的责任。

（1）归入责任的构成要件。

第一，责任的主体为公司的董事和高级管理人员，不包括公司监事在内。

第二，行为违反了《公司法》第一百四十八条第一款规定的忠实义务。根据该款的规定，董事和高级管理人员应当对公司负有的忠实义务包括：不得利用职权收受贿赂或者其他非法收入、不得侵占公司财产、不得挪用公司资金、不得将公司资金以其个人名义或者以其他个人名义开立账户存储、不得违法将公司资金借贷给他人或者以公司财产为他人提供担供、不得违反自我交易限制、不得违反谋取公司商业机会限制、不得违反竞业限制、不得接受他人与公司交易的佣金归为已有、不得擅自披露公司秘密、其他忠实义务。

第三，行为人从违法行为中获取了收益。董事、高级管理人员是否获取收益是其承担民事责任的前提。换言之，如果董事没有从中获取收益，即使具有了法律规定的违法行为，也无从产生“所得收入应当归公司所有”的责任。

（2）归入责任的性质。

归入责任应当纳入民事责任中的侵权责任范畴。其所以如此，主要基于以下几个方面的理由：

第一，归入责任是因违反法定义务而承担的责任。法律责任是因违反法定义务或约定义务而产生，是侵权责任与违约责任的重要区别。这里所谓法定义务即《公司法》第一百四十八条直接为董事、高级管理人员设定的义务，而非董事、高级管理人员与公司通过契约方式约定的义务。

第二，归入责任是对公司承担的责任，即董事、高级管理人员的行为是对公司财产权益的侵害，或者说公司是侵权行为的直接受损者。

第三，由于归入责任的承担方式是将侵权人所得利益收归公司所有，它应当属于民事责任中恢复原状的形式。

（3）归入责任的追究。

归入责任的发生，可能派生出其他的侵权责任。由于归入责任是对公司承担的财产责任，从另一个角度来看，亦即法律赋予公司特别救济的权利，从法理上可称为“归入权”，有学者也将其称为“介入权”或“夺取权”。这就应当由公司董事会代表公司来行使这一权利。鉴于董事会与公司的特殊关系，法律赋予公司归入权利的同时，也意味着为董事会设定了相应的法律义务。如果董事会怠于行使或放弃行使这一权利，就可能因不作为而造成对公司可得利益的损害，由此产生新的侵权责任。

2. 对公司的损害赔偿责任

对公司的损害赔偿责任是指公司负责人因关联交易或职务违法行为给公司造成损失所承担的赔偿民事责任。《公司法》第二十一条规定，公司董事、监事、高级管理人员不得利用其关联关系损害公司利益，如果违反这一规定，给公司造成损失的，应当承担赔偿责任。第一百四十九条也规定，“董事、监事、高级管理人员执行公司职务时违反法律、行政法规或者公司章程的规定，给公司造成损失的，应当承担赔偿责任”。可见，该责任具有如下特征：

（1）责任主体为董事、监事、高级管理人员，责任的相对方为公司，或者说是对公司承担的民事责任。

（2）该责任是公司负责人的关联交易或职务行为产生的责任。公司负责人的个人行为包括关联交易行为、职务行为和其他行为，如果不是关联交易或执行公司职务的行为，即使违法也不产生这一责任。

（3）公司负责人的关联交易行为或职务行为必须是违反法律、行政法规和公司章程的行为。

（4）公司负责人的关联交易行为或职务违法行为给公司造成了损失，这一损失应当是现实的损失，是可以计量的损失，否则就难以追究公司负责人的责任。

3. 对股东的损害赔偿责任

对股东的损害赔偿责任是指公司董事、高级管理人员对自己违反法律、行政法规或者公司章程并损害股东利益的行为承担的民事责任。《公司法》第一百五十二条规定："董事、高级管理人员违反法律、行政法规或者公司章程的规定，损害股东利益的，股东可以向人民法院提起诉讼。"

4. 决议违法责任

决议违法责任是指当董事会的决议违反法律、行政法规或者公司章程，致使公司遭受严重损失的情况下，参与决议的董事对公司承担的一种民事责任。这一责任直接来自于《公司法》第一百一十二条的规定，即"董事应当对董事会的决议承担责任。董事会的决议违反法律、行政法规或者公司章程、股东大会决议，致使公司遭受严重损失的，参与决议的董事对公司负赔偿责任。但经证明在表决时曾表明异议并记载于会议记录的，该董事可以免除责任"。

5. 越权代表公司的民事责任

越权代表公司的民事责任是指董事、高级管理人员对自己在代表公司活动时违反法律、公司章程的规定或股东会、董事会的决议，超越法律和公司授予的权限对外从事交易的行为承担的民事责任。

二、公司行政责任

（一）公司行政责任的形式

1. 罚款

罚款是指国家行政机关依法对违法行为人强行征收一定数额的货币的处罚，罚款属于行政处罚中的"财产罚"的内容。

2. 没收违法所得

没收违法所得是指国家行政机关对违法行为人强行没收其违法所得的金钱或其他财产的处罚。这也属于行政处罚中的"财产罚"的内容。

3. 责令停止违法行为

责令停止违法行为是指国家行政机关强迫违法行为人停止实施违法行为的处罚。这属于行政处罚中的"行为罚"的内容。

4. 责令纠正违法行为

责令纠正违法行为是指国家行政机构强迫违法行为人纠正违法行为的处罚。这亦属于行政处罚中的"行为罚"的内容。

（二）公司行政责任的实现程序

1. 一般程序

按照《中华人民共和国行政处罚法》（以下简称《行政处罚法》）的规定，行政机关发现公民、法人或者其他组织有依法应当给予行政处罚的行为的，必须全面、客观、公正地调查，收集有关证据。调查终结，行政机关负责人应当对调查结果进行审查，确有应受行政处罚的违法行为的，根据情节轻重及具体情况，作出行政处罚决定；如果违法行为已构成犯罪，移送司法机关处理。对情节复杂或者重大违法行为给予较重的行政处罚，行政机关的负责人应当集体讨论决定。

2. 听证程序

根据《行政处罚法》第四十二条规定，行政机关做出责令停产停业、吊销许可证或者执照、较大数额罚款等行政处罚决定之前，应当告知当事人有要求举行听证的权利；当事人要求听证的，行政机关应当组织听证。当事人不承担行政机关组织听证的费用。听证依照以下程序组织：①当事人要求听证的，应当在行政机关告知后 3 日内提出；②行政机关应当在听证的 7 日前，通知当事人举行听证的时间、地点；③除涉及国家秘密、商业秘密或者个人隐私外，听证公开举行；④听证由行政机关指定的非本案调查人员主持，当事人认为主持人与本案有直接利害关系的，有权申请回避；⑤当事人可以亲自参加听证，也可以委托 1 至 2 人代理；⑥举行听证时，调查人员提出当事人违法的事实、证据和行政处罚建议，当事人进行申辩和质证；⑦听证应当制作笔录，笔录应当交当事人审核无误后签字或者签章。听证结束后，行政机关依法做出决定。

三、公司刑事责任

1. 虚报注册资本罪

虚报注册资本罪是指申请公司登记的个人或单位，以骗取公司登记为目的，故意使用虚假证明文件或者采取其他欺诈手段，虚报注册资本数额巨大、后果严重或者具有其他严重情节的行为。《中华人民共和国刑法》（以下简称《刑法》）第一百五十八条规定了该罪。

2. 虚假出资、抽逃出资罪

虚假出资、抽逃出资罪是指公司发起人或股东（包括个人和单位）违反公司法规定，未将认缴的出资货币或实物向公司作实际交付或未按规定办理财产权转移手续，或者在公司成立后又将其已经投入公司的资金擅自抽走，且数额巨大，后果严重或者具有其他严重情节的行为。《刑法》第一百五十九条对该罪作了具体规定。

3. 提供虚假财会报告罪

提供虚假财会报告罪是指公司以欺骗股东及其他社会公众为目的，故意提供虚假的或者隐瞒重要事实的财务会计报告，严重损害股东或者其他人利益的行为。《刑法》第一百六十一条规定了该罪。

4. 隐匿、故意销毁会计凭证、会计账簿、财务会计报告罪

隐匿、故意销毁会计凭证、会计账簿、财务会计报告罪是指隐匿、故意销毁会计凭证、会计账簿、财务会计报告，情节严重的行为。《刑法》第一百六十二条规定了此罪，这是在 1999 年 12 月 25 日经第九届全国人民代表大会常务委员会第十三次会议通过的《中华人民共和国刑法修正案》对该条内容所做的增加内容。

5. 妨害清算罪

妨害清算罪指公司在清算时，隐匿财产，对资产负债表或财产清算做虚伪记载，或者在未清偿债务前分配公司财产，严重损害债权人或者其他人利益的行为。《刑法》第一百六十二条规定了该罪。

6. 公司人员受贿罪

公司人员受贿罪是指公司人员利用职务上的便利，以为他人谋利益为交换条件，索取他人财物或者非法收受他人财物，数额较大的行为。《刑法》第一百六十三条规定了该罪。对照《公司法》和《刑法》的规定，两个法律对受贿行为主体的规定有些差异，《公司法》规定为“董事、监事、高级管理人员”，《刑法》规定为“工作人员”。根据公司实践情况，董事、监事、高级管理人员应当包括在公司工作人员的范围之内。

7. 对公司人员行贿罪

对公司人员行贿罪是指为谋取不正当利益，给予公司的工作人员以财物，数额较大的行为。《刑法》第一百六十四条规定了该罪。

8. 职务侵占罪

职务侵占罪是指公司董事、监事、经理或者其他工作人员利用职务或者工作上的便利，将本单位财务非法占为己有，数额较大的行为。《刑法》第二百七十一条规定了该罪。

9. 挪用资金罪

挪用资金罪是指公司工作人员利用职务上的便利，挪用本公司的资金归个人使用或者借贷给他人，数额较大、超过 3 个月未还的，或者虽未超过 3 个月，但数额较大、进行营利活动的，或者进行非法活动的行为。《刑法》第二百七十二条规定了该罪。

10. 为亲友非法牟利罪

为亲友非法牟利罪是指国有公司的工作人员，利用职务便利，在经营中为亲友非法牟利，使国家利益遭受重大损失的行为。《刑法》第一百六十六条规定了该罪。

11. 签订、履行合同失职被骗罪

签订、履行合同失职被骗罪是指国有公司直接负责的主管人员，在签订、履行合同过程中，因严重不负责任被诈骗，致使国家利益遭受重大损失的行为。《刑法》第一百六十七条规定了该罪。

第四章　证券法律制度

第一节　概述

一、证券的概念

证券指的是以证明或设定权利为目的而制成的凭证，记载有一定金额的、代表各类财产的所有权或债权的一种书面票据。

二、证券的种类

我国证券市场上发行和流通的主要有：

（1）股票。股票是一种有价证券，它是股份有限公司发行的，用以证明投资者股东身份和权益，并据此行使股东权利的凭证。

（2）债券。债券是发债人为筹措资金而向投资者出具的，承诺按票面标的面额、利率、偿还期等给付利息和到期偿还本金的债务凭证。

（3）基金券。基金券指基金发起人向社会公众发行的，用以证明持有人对基金享有收益分配权和其他相关权利的有价证券。

三、证券市场

发行市场（一级市场）：通过证券发行市场，证券发行人将已获准公开发行的证券第一次销售给投资者，以获取货币。

流通市场（二级市场）：它是已经发行的证券进行买卖、转让交易的场所。

四、证券机构

1. 证券交易所

证券交易所是为证券集中交易提供场所和设施，组织和监督证券交易，实行自律管理的法人。我国的证券交易所是不以营利为目的，仅为证券的集中和有组织的交易提供场所、设施，并履行国家有关法律、法规、规章、政策规定的职责，实行自律性管理的会员制的事业法人。

2. 证券公司

证券公司是指依照公司法的规定并经国务院证券监督管理机构审查批准而成立的专门经营证券业务，具有独立的法人地位的金融机构。

3. 证券登记结算机构

证券登记结算机构是为证券交易提供集中登记、存管与结算服务、不以营利为目的的法人。

4. 证券业协会

证券业协会是证券行业自律性管理组织，是证券经营机构依法自行组织的自律性会员组织，具有独立的社团法人资格。按照《证券法》的规定，证券业协会是证券业的自律性组织，是社会团体法人。证券公司应当加入证券业协会。

5. 证券监督管理机构

国务院证券监督管理机构即中国证券监督管理委员会（以下简称“证监会”）。属于国务院正部级事业单位，是全国证券期货市场的主管部门，它根据国务院的授权履行其行政监管职能，依法对全国证券业和期货业进行集中统一监管。

五、证券法的概念及我国证券立法状况

证券法是调整证券市场的参考者与证券管理监督者，在证券的募集、发行、交易、管理监督过程中所发生的调整证券经济法律关系的规范的总称。

《中华人民共和国证券法》于 1998 年 12 月 29 日经第九届全国人大常委会第六次会议通过。最近的一次修订是 2014 年。

六、证券法的基本原则

证券的发行、交易活动，要将保护投资者的合法权益放在首位，实行公开、公平、公正的原则，当事人具有平等的法律地位，应当遵守自愿、有偿、诚实信用的原则，必须遵守法律、行政法规，禁止欺诈、内幕交易和操纵证券市场的行为。

第二节　证券发行

一、公开发行证券的条件

（一）公开发行证券

《证券法》第十条规定：“公开发行证券，必须符合法律、行政法规规定的条件，并依法报经国务院证券监督管理机构或者国务院授权的部门核准；未经依法核准，任何单位和个人不得公开发行证券。”

有下列情形之一的，为公开发行：

（1）向不特定对象发行证券。

（2）向累计超过 200 人的特定对象发行证券。

（3）法律、行政法规规定的其他发行行为。

非公开发行证券，不得采用广告、公开劝诱和变相公开方式。

（二）公开发行新股的条件

股份有限公司要发行新股的条件包括：

（1）具备健全且运行良好的组织机构；

（2）具有持续盈利能力，财务状况良好；

（3）最近三年财务会计文件无虚假记载，无其他重大违法行为；

（4）经国务院批准的国务院证券监督管理机构规定的其他条件。

上市公司非公开发行新股，应当符合经国务院批准的国务院证券监督管理机构规定的条件，并报国务院证券监督管理机构核准。

（三）股份有限公司申请股票上市的条件

（1）股票经国务院证券监督管理机构核准已公开发行；

（2）公司股本总额不少于人民币三千万元；

（3）公开发行的股份达到公司股份总数的百分之二十五以上；公司股本总额超过人民币四亿元的，公开发行股份的比例为百分之十以上；

（4）公司最近三年无重大违法行为，财务会计报告无虚假记载。

证券交易所可以规定高于前款规定的上市条件，并报国务院证券监督管理机构批准。

（四）发行公司债券条件

1. 发行公司债券的积极条件

公司债券发行公司债券，应当符合下列条件：

（1）股份有限公司的净资产不低于人民币三千万元，有限责任公司的净资产不低于人民币六千万元；

（2）累计债券余额不超过公司净资产的百分之四十；

（3）最近三年平均可分配利润足以支付公司债券一年的利息；

（4）筹集的资金投向符合国家产业政策；

（5）债券的利率不超过国务院限定的利率水平；

（6）国务院规定的其他条件。

公开发行公司债券筹集的资金，必须用于核准的用途，不得用于弥补亏损和非生产性支出。

上市公司发行可转换为股票的公司债券，除应当符合发行公司债券的条件外，还应当符合法律关于公开发行股票的条件，并报国务院证券监督管理机构核准。

2. 发行公司债券的消极条件

有下列情形之一的，不得再次公开发行公司债券：

（1）前一次公开发行的公司债券尚未募足；

（2）对已公开发行的公司债券或者其他债务有违约或者延迟支付本息的事实，仍处于继续状态；

（3）违反本法规定，改变公开发行公司债券所募资金的用途。

二、证券发行的程序

1. 报送文件和预先披露

向证券管理部门报送申请文件，格式、方式符合规定，申请文件必须真实、准确、完整，为证券发行出具有关文件的证券服务机构和人员，要保证其所出具文件的真实性、准确性和完整性，发行人申请首次公开发行股票的，在提交申请文件后，要预先披露有关申请文件。

2. 发行审核委员会审核

中国证券监督管理委员会设立发行审核委员会和上市公司并购重组审核委员会。发审委以投票方式对股票发行申请进行表决，提出审核意见。中国证监会依照法定条件和法定程序做出予以核准或者不予核准股票发行申请的决定。发行审核委员会由中国证监会的专业人员和中国证监会外的有关专家组成，由中国证监会聘任。发审委委员为66名，部分发审委委员可以为专职。发审委设会议召集人。发审委委员每届任期一年，可以连任，但连续任期最长不超过2届。发审委委员每年至少更换一半。发审委委员和并购重组委委员不得相互兼任。

3. 保荐

《证券法》规定，发行人申请公开发行股票、可转换为股票的公司债券，依法采取承销方式的，或者公开发行法律、行政法规规定实行保荐制度的其他证券的，应当聘请具有保荐资格的机构担任保荐人。申请股票、可转换为股票的公司债券或者法律、行政法规规定实行保荐制度的其他证券上市交易，应当聘请具有保荐资格的机构担任保荐人。

4. 承销

证券承销是证券经营机构依照协议包销或者代销发行人向社会公开发行的证券的行为。发行人向不特定对象公开发行的证券，法律、行政法规规定应当由证券公司承销的，发行人应当同证券公司签订承销协议。

证券承销的方式有代销或者包销两种方式，证券公司承销证券，应当同发行人签订代销或者包销协议。

向不特定对象公开发行的证券票面总值超过人民币5 000万元的，应当由承销团承销。承销团应当由主承销和参与承销的证券公司组成。证券的代销、包销期限最长不得超过90日。

第三节　证券交易

一、证券交易的条件及方式

在证券市场上公开进行交易的证券必须符合法律规定的相关条件才能买卖，非依法定程序发行的证券，不得买卖，法律对其转让期限有限制性规定的，在限期内，不得买卖。证券须在依法设立的证券交易所上市交易或者在国务院批准的其他证券交易场所转让。

证券的交易方式是公开的集中竞价交易，实行价格优先、时间优先的原则。

二、证券交易的暂停和终止

(一) 股票交易的暂停和终止

上市公司有下列情形之一的，由证券交易所决定暂停其股票上市交易：

(1) 公司股本总额、股权分布等发生变化不再具备上市条件；

(2) 公司不按照规定公开其财务状况，或者对财务会计报告作虚假记载，可能误导投资者；

(3) 公司有重大违法行为；

(4) 公司最近三年连续亏损；

(5) 证券交易所上市规则规定的其他情形。

上市公司有下列情形之一的，由证券交易所决定终止其股票上市交易：

(1) 公司股本总额、股权分布等发生变化不再具备上市条件，在证券交易所规定的期限内仍不能达到上市条件；

(2) 公司不按照规定公开其财务状况，或者对财务会计报告作虚假记载，且拒绝纠正；

(3) 公司最近三年连续亏损，在其后一个年度内未能恢复盈利；

(4) 公司解散或者被宣告破产；

(5) 证券交易所上市规则规定的其他情形。

(二) 债券交易的暂停和终止

公司有下列情形之一的，由证券交易所决定暂停其公司债券上市交易：

(1) 公司有重大违法行为；

(2) 公司情况发生重大变化不符合公司债券上市条件；

(3) 发行公司债券所募集的资金不按照核准的用途使用；

(4) 未按照公司债券募集办法履行义务；

(5) 公司最近 2 年连续亏损。

公司有上述第 1 项、第 4 项所列情形之一经查实后果严重的，或者有上述第 1 项、第 2 项、第 3 项、第 5 项所列情形之一，在限期内未能消除的，由证券交易所决定终止其公司债券上市交易。公司解散或者被宣告破产的，由证券交易所终止其公司债券上市交易。

对证券交易所做出的不予上市、暂停上市、终止上市决定不服的，可以向证券交易所设立的复核机构申请复核。

三、限制和禁止的证券交易行为

（一）限制和禁止的证券交易行为的规定

（1）证券交易以现货和国务院规定的其他方式进行交易。

（2）证券交易所、证券公司、证券登记结算机构从业人员、证券监督管理机构工作人员和法律、行政法规禁止参与股票交易的其他人员在任期或者法定限期内，不得直接或者以化名、借他人名义持有、买卖股票，也不得收受他人赠送的股票。任何人在成为所列上述人员时，其原已持有的股票，必须依法转让。

（3）为股票发行出具审计报告、资产评估报告或者法律意见书等文件的证券服务机构和人员，在该股票承销期内和期满后 6 个月内，不得买卖该种股票。除上述规定外，为上市公司出具审计报告、资产评估报告或者法律意见书等文件的证券服务机构和人员，自接受上市公司委托之日起至上述文件公开后 5 日内，不得买卖该种股票。

（4）持有一个股份有限公司已发行的股份 5%的股东，应当在其持股数额达到该比例之日起 3 日内向该公司报告，公司必须在接到报告之日起 3 日内向国务院证券监督管理机构报告；属于上市公司的，应当同时向证券交易所报告。上市公司董事、监事、高级管理人员、持有上市公司股份 5%以上的股东；将其持有的该公司的股票在买入后 6 个月内卖出，或者在卖出后 6 个月内又买入，由此所得收益归该公司所有，公司董事会应当收回其所得收益。但是，证券公司因包销购入售后剩余股票而持有 5%以上股份的，卖出该股票不受 6 个月时间限制。

公司董事会不按上述规定执行的，股东有权要求董事会在 30 日内执行。公司董事会未在上述期限内执行的，股东有权为了公司的利益以自己的名义直接向人民法院提起诉讼。

公司董事会不按上述规定执行的，负有责任的董事依法承担连带责任。

（二）禁止内幕交易行为

内幕交易是指知悉证券交易内幕信息的知情人和非法获取内幕信息的人，利用内幕信息进行证券交易的活动。内幕信息是指证券交易活动中，涉及公司的经营、财务或者对该公司证券的市场价格有重大影响的尚未公开的信息。

下列人员为内幕信息的知情人员：

（1）发行人的董事、监事、高级管理人员；

（2）持有公司 5%以上股份的股东及其董事、监事、高级管理人员，公司的实际控制人及其董事、监事、高级管理人员；

（3）发行人控股的公司及其董事、监事、高级管理人员；

（4）由于所任公司职务可以获取公司有关内幕信息的人员；

（5）证券监督管理机构工作人员以及由于法定职责对证券的发行、交易进行管理的其他人员；

（6）保荐人、承销的证券公司、证券交易所、证券登记结算机构、证券服务机构的有关人员；

(7) 国务院证券监督管理机构规定的其他人。

(三) 禁止操纵证券市场的行为

操纵证券市场的行为是指行为人为自己谋取不正当利益或者转嫁风险，背离市场自由竞价和供求关系原则，不正当地影响证券市场价格或交易量，以引诱他人参与证券交易的行为。

操纵市场的行为包括：

(1) 单独或者通过合谋，集中资金优势、持股优势或者利用信息优势联合或者连续买卖，操纵证券交易价格或者证券交易量；

(2) 与他人串通，以事先约定的时间、价格和方式相互进行证券交易，影响证券交易价格或者证券交易量；

(3) 在自己实际控制的账户之间进行证券交易，影响证券交易价格或者证券交易量；

(4) 以其他手段操纵证券市场。

操纵证券市场行为给投资者造成损失的，行为人应当依法承担赔偿责任。

(四) 禁止编造、传播虚假信息

证券信息披露人违反信息披露义务，在提交或公布的信息文件中做出违背事实真相的陈述或记载。证券法禁止国家工作人员、传播媒介从业人员和有关人员编造、传播虚假信息，扰乱证券市场；禁止证券交易所、证券公司、证券登记结算机构、证券服务机构及其从业人员，证券业协会、证券监督管理机构及其工作人员，在证券交易活动中做出虚假陈述或者信息误导。各种传播媒介传播证券市场信息必须真实、客观，禁止误导。

第四节　上市公司的收购

一、上市公司收购的概念和方式

上市公司收购是指投资者依法定程序公开收购股份有限公司已经发行上市的股份以达到对该公司控股或兼并目的的行为。

投资者可以采取要约收购、协议收购及其他合法方式收购上市公司。

二、上市公司收购的程序和规则

(一) 报告和公告持股情况

通过证券交易所的证券交易，投资者持有或者通过协议、其他安排与他人共同持有一个上市公司已发行的股份达到5%时，应当在该事实发生之日起 3 日内，向国务院证券监督管理机构、证券交易所做出书面报告，通知该上市公司，并予公告；在上述期限内，不得再行买卖该上市公司的股票。

投资者持有或者通过协议、其他安排与他人共同持有一个上市公司已发行的股份达到5%后，其所持该上市公司已发行的股份比例每增加或者减少5%，应当依照前款规定进行报告和公告。在报告期限内和做出报告、公告后2日内，不得再行买卖该上市公司的股票。

（二）收购要约

通过证券交易所的证券交易，投资者持有或者通过协议、其他安排与他人共同持有一个上市公司已发行的股份达到30%时，继续进行收购的，应当依法向该上市公司所有股东发出收购上市公司全部或者部分股份的要约。

收购上市公司部分股份的收购要约应当约定，被收购公司股东承诺出售的股份数额超过预定收购的股份数额的，收购人按比例进行收购。

收购要约提出的各项收购条件，适用于被收购公司的所有股东。

收购要约的期限不得少于30日，并不得超过60日。在收购要约的有效期限内，收购人不得撤回其收购要约；收购人需要变更收购要约中的事项的，必须事先向国务院证券监督管理机构及证券交易所提出报告，经获准后，予以公告。

（三）终止上市交易和应当收购

终止上市交易是指根据《证券法》的规定，收购要约的期限届满，被收购公司股权分布不符合上市条件的，该上市公司的股票应当由证券交易所依法终止上市交易。

《证券法》规定，收购要约的期限届满，收购人持有的被收购公司的股份数达到该公司发行的股份总数的90%以上的，其余仍持有被收购公司股票的股东，有权向收购人以收购要约的同等条件出售其股票，收购人应当收购。

（四）报告和公告收购情况

收购上市公司的行为结束后，收购人应当在15日内将收购情况报告国务院证券监督管理机构和证券交易所，并予公告。

三、上市公司收购的法律后果

收购结束后，收购人所持有的被收购的上市公司股份比例达50%时，为收购成功，收购人取得被收购公司的控制权；未达到50%的为收购失败。收购要约人除发出新的收购要约外，其以后每年购买的该公司发行在外的普通股，不得超过该公司发行在外的普通股总数的50%。

第六节　违反证券法的法律责任

本节只列出部分违反证券法的法律责任。

1. 擅自发行证券责任

未经法定机关核准，擅自公开或者变相公开发行证券的，责令停止发行，退还所募资金并加算银行同期存款利息，处以非法所募资金金额百分之一以上百分之五以下的罚款；对擅自公开或者变相公开发行证券设立的公司，由依法履行监督管理职责的机构或者部门会同县级以上地方人民政府予以取缔。对直接负责的主管人员和其他直接责任人员给予警告，并处以三万元以上三十万元以下的罚款。

2. 骗取发行核准的责任

发行人不符合发行条件，以欺骗手段骗取发行核准，尚未发行证券的，处以三十万元以上六十万元以下的罚款；已经发行证券的，处以非法所募资金金额百分之一以上百分之五以下的罚款。对直接负责的主管人员和其他直接责任人员处以三万元以上三十万元以下的罚款。

发行人的控股股东、实际控制人指使从事前款违法行为的，依照前款的规定处罚。

3. 证券公司违反承销业务规定的责任

证券公司承销证券，有下列行为之一的，责令改正，给予警告，没收违法所得，可以并处三十万元以上六十万元以下的罚款；情节严重的，暂停或者撤销相关业务许可。给其他证券承销机构或者投资者造成损失的，依法承担赔偿责任。对直接负责的主管人员和其他直接责任人员给予警告，可以并处三万元以上三十万元以下的罚款；情节严重的，撤销任职资格或者证券从业资格：

（1）进行虚假的或者误导投资者的广告或者其他宣传推介活动；

（2）以不正当竞争手段招揽承销业务；

（3）其他违反证券承销业务规定的行为。

4. 保荐人责任

保荐人出具有虚假记载、误导性陈述或者重大遗漏的保荐书，或者不履行其他法定职责的，责令改正，给予警告，没收业务收入，并处以业务收入一倍以上五倍以下的罚款；情节严重的，暂停或者撤销相关业务许可。对直接负责的主管人员和其他直接责任人员给予警告，并处以三万元以上三十万元以下的罚款；情节严重的，撤销任职资格或者证券从业资格。

5. 违反披露义务的处罚

发行人、上市公司或者其他信息披露义务人未按照规定披露信息，或者所披露的信息有虚假记载、误导性陈述或者重大遗漏的，责令改正，给予警告，并处以三十万元以上六十万元以下的罚款。对直接负责的主管人员和其他直接责任人员给予警告，并处以三万元以上三十万元以下的罚款。

发行人、上市公司或者其他信息披露义务人未按照规定报送有关报告，或者报送的报告有虚假记载、误导性陈述或者重大遗漏的，责令改正，给予警告，并处以三十万元以上六十万元以下的罚款。对直接负责的主管人员和其他直接责任人员给予警告，并处以三万元以上三十万元以下的罚款。

发行人、上市公司或者其他信息披露义务人的控股股东、实际控制人指使从事前两款违法行为的，依照前两款的规定处罚。

6. 非法获取内幕信息的处罚

证券交易内幕信息的知情人或者非法获取内幕信息的人，在涉及证券的发行、交易或者其他对证券的价格有重大影响的信息公开前，买卖该证券，或者泄露该信息，或者建议他人买卖该证券的，责令依法处理非法持有的证券，没收违法所得，并处以违法所得一倍以上五倍以下的罚款；没有违法所得或者违法所得不足三万元的，处以三万元以上六十万元以下的罚款。单位从事内幕交易的，还应当对直接负责的主管人员和其他直接责任人员给予警告，并处以三万元以上三十万元以下的罚款。证券监督管理机构工作人员进行内幕交易的，从重处罚。

7. 非法操纵证券市场的处罚

违反《证券法》的规定，操纵证券市场的，责令依法处理其非法持有的证券，没收违法所得，并处以违法所得一倍以上五倍以下的罚款；没有违法所得或者违法所得不足三十万元的，处以三十万元以上三百万元以下的罚款。单位操纵证券市场的，还应当对直接负责的主管人员和其他直接责任人员给予警告，并处以十万元以上六十万元以下的罚款。

8. 虚假陈述的处罚

在证券交易活动中做出虚假陈述或者信息误导的，责令改正，处以三万元以上二十万元以下的罚款；属于国家工作人员的，还应当依法给予行政处分。

9. 证券服务机构的失职责任

证券服务机构未勤勉尽责，所制作、出具的文件有虚假记载、误导性陈述或者重大遗漏的，责令改正，没收业务收入，暂停或者撤销证券服务业务许可，并处以业务收入一倍以上五倍以下的罚款。对直接负责的主管人员和其他直接责任人员给予警告，撤销证券从业资格，并处以三万元以上十万元以下的罚款。

第五章 反不正当竞争法与反垄断法

第一节 反不正当竞争法律制度

《中华人民共和国反不正当竞争法》（以下简称《反不正当竞争法》）由中华人民共和国第八届全国人民代表大会常务委员会第三次会议于1993年9月2日通过，自1993年12月1日起施行。2017年11月4日第十二届全国人民代表大会常务委员会第三十次会议修订，该法第二条第二款规定，不正当竞争行为，是指经营者在生产经营活动中，违反反不正当竞争法的规定，扰乱市场竞争秩序，损害其他经营者或者消费者的合法权益的行为。

其特征如下：

（1）不正当竞争行为的主体是经营者，是从事商品生产、经营或者提供服务的自然人、法人和非法人组织。

（2）不正当竞争行为是违反《反不正当竞争法》，扰乱市场竞争秩序，损害其他经营者或者消费者的合法权益的行为合法权益的行为。

（3）不正当竞争行为的结果是扰乱社会经济秩序的行为，是损害其他经营者和消费者合法权益的行为。对于经营者实施的损害消费者的合法权益但不涉及竞争关系、竞争秩序的行为，不属于本法规定的不正当竞争行为。

第二节 不正当竞争行为

一、混淆行为

1. 混淆行为的概念

混淆行为是指经营者采用欺骗性的手段混淆自己的商品或服务，引购买者误认为是他人商品或者与他人存在特定联系的不正当竞争行为。

2. 混淆行为的种类

《反不正当竞争法》第六条规定，经营者不得实施下列混淆行为，引人误认为是他人商品或者与他人存在特定联系的行为：

（1）擅自使用与他人有一定影响的商品名称、包装、装潢等相同或者近似的标识；

（2）擅自使用他人有一定影响的企业名称（包括简称、字号等）、社会组织名称

（包括简称等）、姓名（包括笔名、艺名、译名等）；

（3）擅自使用他人有一定影响的域名主体部分、网站名称、网页等；

（4）其他足以引人误认为是他人商品或者与他人存在特定联系的混淆行为。

3. 行为的认定

（1）“一定影响”，是指为相关公众所知悉，有一定市场知名度和美誉度。具体要结合商业标识最早使用时间和持续使用情况、产品的广告宣传和实际销售、行业排名、获奖情况等因素进行个案判断。

（2）假冒他人注册商标行为，适用《中华人民共和国商标法》（以下简称《商标法》）处理。

二、商业贿赂行为

1. 商业贿赂的概念

商业贿赂是指经营者以谋取交易机会或者竞争优势为目的，采用财物或者其他手段贿赂交易相对方工作人员或受交易相对方委托，或具有影响交易的单位或者个人的行为。

《反不正当竞争法》第七条规定，经营者不得采用财物或者其他手段贿赂下列单位或者个人，以谋取交易机会或者竞争优势：

（1）交易相对方的工作人员；

（2）受交易相对方委托办理相关事务的单位或者个人；

（3）利用职权或者影响力影响交易的单位或者个人。

2. 商业贿赂的认定中要注意的事项

（1）财物。财物是指现金和实物，包括经营者为销售或者购买商品，假借促销费、宣传费、赞助费、科研费、劳务费、咨询费、佣金等名义，或者以报销各种费用等方式，给付对方单位或者个人的财物。其他手段，是指提供国内外各种名义的旅游、考察等给付财物以外的其他利益的手段。

（2）经营者的工作人员进行贿赂的，应当认定为经营者的行为；但是，经营者有证据证明该工作人员的行为与为经营者谋取交易机会或者竞争优势无关的除外。

（3）区别回扣。回扣是指经营者销售商品和服务时，不以明示的方式，而在账外以现金、实物或者其他方式退给对方单位或者个人的一定比例的商品价款。回扣的关键点在于不以明示的方式，未在依法设立的反映其生产经营活动或者行政事业经费收支的财务账上按照财务会计制度规定明确如实记载，包括不记入财务账、转入其他财务账或者做假账等。

（4）区别折扣。折扣是指经营者在销售商品时，以明示并如实入账的方式给予对方的价格优惠，包括支付价款时对价款总额按一定比例即时予以扣除和支付价款总额后再按一定比例予以退还两种形式。明示和入账，是指根据合同约定的金额和支付方式，在依法设立的反映其生产经营活动或者行政事业经费收支的财务账上按照财务会计制度规定明确如实记载。

（5）区别佣金。佣金，是指经营者在市场交易中给予为其提供服务的具有合法经营资格中间人的劳务报酬。

(6) 交易活动中的折扣和佣金，支付方和接受方的经营者都应当如实入账。

三、虚假或引人误解的商业宣传行为

1. 虚假或引人误解的商业宣传行为的概念

虚假或引人误解的商业宣传行为是指经营者对其商品或服务的性能、功能、质量、销售状况、用户评价、曾获荣誉等作虚假或者引人误解的商业宣传，欺骗、误导消费者，或经营者通过组织虚假交易等方式，帮助其他经营者进行虚假或者引人误解的商业宣传行为。

2. 虚假商业宣传的认定

(1) 行为的主体是经营者、商品或服务的直接提供者，或为经营者提供服务者的经营者。经营者的行为属于发布虚假广告的，依照《中华人民共和国广告法》的规定处罚，不构成此处虚假或引人误解的商业宣传行为的主体。

(2) 客观上对其商品或服务做虚假或引人误解的商业宣传，或通过组织虚假交易等方式，帮助其他经营者进行虚假或者引人误解的商业宣传。

(3) 行为具有社会危害性，欺骗、误导消费者。。

(4) 主观方面，对其中的虚假商业宣传行为并不要求达到引人误解的程度。

四、侵犯商业秘密的行为

1. 侵犯商业秘密的行为的概念

侵犯商业秘密的行为是指以不正当手段获取、披露、使用或允许他人使用权利人商业秘密的行为。

2. 侵犯商业秘密的认定

(1) 商业秘密是指不为公众所知悉、具有商业价值并经权利人采取相应保密措施的技术信息和经营信息。其具有四个法律特征：秘密性、价值性、保密性、信息性。

(2) 侵犯商业秘密的行为的表现形式包括：以盗窃、贿赂、欺诈、胁迫或者其他不正当手段获取权利人的商业秘密；披露、使用或者允许他人使用以前项手段获取的权利人的商业秘密；违反约定或者违反权利人有关保守商业秘密的要求，披露、使用或者允许他人使用其所掌握的商业秘密。第三人明知或者应知商业秘密权利人的员工、前员工或者其他单位、个人实施前述所列违法行为，仍获取、披露、使用或者允许他人使用该商业秘密的，视为侵犯商业秘密。

五、不正当有奖销售行为

1. 有奖销售的含义

有奖销售是指经营者销售商品或者提供服务，附带性地向购买者提供物品、金钱或者其他经济上的利益的行为。有奖销售包括奖励所有购买者的附赠式有奖销售和奖励部分购买者的抽奖式有奖销售。

2. 违反法律规定的有奖销售行为

我国《反不正当竞争法》规定，以下三种形式为违法的有奖销售，应予以制止。

（1）所设奖的种类、兑奖条件、奖金金额或者奖品等有奖销售信息不明确，影响兑奖；经营者对所设奖的种类，中奖概率，最高奖金额，总金额，奖品种类、数量、质量、提供方法等信息表示不明确，以至于影响到兑奖。

（2）采用谎称有奖或者故意让内定人员中奖的欺骗方式进行有奖销售。

（3）抽奖式的有奖销售，最高奖的金额超过5万元。

经营者以价格超过5万元的物品的使用权作为奖励的，不论使用该物品的时间长短；以提供就业机会、聘为各种顾问等名义，并以解决待遇，给付工薪等方式设置奖励，不论奖励现金、物品（包括物品的使用权）或者其他经济利益，也不论是否要求中奖者承担一定义务，最高奖的金额（包括物品的价格、经济利益的折算）超过5万元的；经营者单独或与有关单位联合利用社会福利彩票、体育彩票设置奖励推销商品，最高奖的金额超过5万元的。

六、诋毁商誉的行为

1. 含义

诋毁商誉，是指经营者编造、传播虚假信息或者误导性信息，损害竞争对手的商业信誉、商品声誉的行为。

2. 行为的认定

（1）主观上有故意编造、传播虚假信息或者误导性信息的事实，如果不是故意编造、传播虚假信息或者误导性信息的事实，而是采取对比的方式，对产品或服务的客观情况给予描述，即使是通过这种方式使竞争对手的优势明显低于经营者，那么也不能构成诋毁商誉的行为。

（2）对比性广告以同行业所有其他经营者为竞争对手而进行贬低宣传，属于诋毁商誉的行为。

（3）诋毁损害的是竞争对手的商业信誉、商品声誉。

七、妨碍、破坏网络产品或者服务提供的行为

1. 含义

妨碍、破坏网络产品或者服务提供的行为，是指经营者通过网络从事生产经营活动的过程中，利用技术手段，通过影响用户选择或者其他方式，实施妨碍、破坏其他经营者合法提供的网络产品或者服务正常运行的行为。

2. 网络中的不正当竞争行为的表现形式

（1）未经其他经营者同意，在其合法提供的网络产品或者服务中，插入链接、强制进行目标跳转；

（2）误导、欺骗、强迫用户修改、关闭、卸载其他经营者合法提供的网络产品或者服务；

（3）恶意对其他经营者合法提供的网络产品或者服务实施不兼容；

（4）其他妨碍、破坏其他经营者合法提供的网络产品或者服务正常运行的行为。

第三节　不正当竞争行为的法律责任

法律责任指不正当竞争待业者的主体违反《反不正当竞争法》的规定，实施了不正当竞争行为所要承担的法律后果。它包括民事责任、行政责任和刑事责任三种形式。

一、民事责任

（一）民事责任的含义

经营者违反《反不正当竞争法》的规定，实施了不正当竞争行为，给被侵害的经营者造成损害的，应当承担其行为引起的民事责任。

（二）民事责任的形式

侵权的民事责任形式主要有停止侵权、赔礼道歉、恢复原状、赔偿损失等。

因不正当竞争行为受到损害的经营者的赔偿数额，按照其因被侵权所受到的实际损失确定；实际损失难以计算的，按照侵权人因侵权所获得的利益确定。赔偿数额还应当包括经营者为制止侵权行为所支付的合理开支。

因经营者的混淆行为或侵犯商业秘密等不正当竞争行为造成权利人损失，但权利人受到的实际损失、侵权人获得的利益难以确定的，由人民法院根据侵权行为的情节判决给予权利人三百万元以下的赔偿。

二、行政责任

（一）行政责任的含义

不正当竞争行为的行政责任是指违反《反不正当竞争法》规定的主体应承担的行政法律后果。

（二）行政责任的形式

行政责任的责任形式主要有责令停止违法行为、罚款、没收违法所得、取消经营者资格等。

对涉嫌不正当竞争的行为，任何单位和个人有权向监督检查部门举报，监督检查部门接到举报后应当依法及时处理，并为举报人保密，对实名举报并提供相关事实和证据的，监督检查部门应当将处理结果告知举报人。

县级以上人民政府工商行政管理部门对不正当竞争行为进行监督检查；法律、行政法规规定由其他部门监督检查的，依照其规定。《反不正当竞争法》赋予监督检查部下列职权：

（1）进入涉嫌不正当竞争行为的经营场所进行检查；

（2）询问被调查的经营者、利害关系人及其他有关单位、个人，要求其说明有关情况或者提供与被调查行为有关的其他资料；

（3）查询、复制与涉嫌不正当竞争行为有关的协议、账簿、单据、文件、记录、业务函电和其他资料；

（4）查封、扣押与涉嫌不正当竞争行为有关的财物；

（5）查询涉嫌不正当竞争行为的经营者的银行账户。

采取上述规定的措施，应当向监督检查部门主要负责人书面报告，并经批准。采取上述第4项、第5项规定的措施，应当向设区的市级以上人民政府监督检查部门主要负责人书面报告，并经批准。

监督检查部门调查涉嫌不正当竞争行为，应当遵守法律、行政法规的规定，并应当将查处结果及时向社会公开。

监督检查部门及其工作人员对调查过程中知悉的商业秘密负有保密义务。

三、刑事责任

（一）刑事责任的含义

刑事责任是指依照刑事法律规定，违法主体实施了刑事法律禁止的行为所必须承担的法律后果。

（二）有关的犯罪在《刑法·分则》中的主要类型

（1）我国《刑法·分则》第三章第一节的生产、销售伪劣商品罪。

（2）我国《刑法·分则》第一百六十三条的公司、企业人员受贿罪，第一百六十四条的对公司、企业人员行贿罪。

（3）我国《刑法·分则》第三章第七节的侵犯知识产权罪。

（4）我国《刑法·分则》第三章第八节的扰乱市场秩序罪。

不正当竞争行为刑事责任的主要方式是判处徒刑和罚金。刑事责任主体可以是自然人和法人，法人适用罚金刑，对法人既可处罚直接责任人，也可科以罚金。

第四节　反垄断法律制度

《中华人民共和国反垄断法》（以下简称《反垄断法》）由中华人民共和国第十届全国人民代表大会常务委员会第二十九次会议于2007年8月30日通过，自2008年8月1日起施行。垄断是指经营者通过达成垄断协议、滥用市场支配地位或具有或者可能具有排除、限制竞争效果的经营者集中行为从而排除或限制其他经营者竞争的行为。反垄断的立法宗旨是保护市场公平竞争，提高经济运行效率，维护消费者利益和社会公共利益，促进社会主义市场经济健康发展。

《反垄断法》调整的是具有竞争关系的经营者之间的法律关系。经营者是指从事商品生产、经营或者提供服务的自然人、法人和其他经济组织，经营者要在相关市场形成竞争关系。相关市场，是指经营者在一定时期内就特定商品或者服务进行竞争的商品范围和地域范围。《反垄断法》适用于我国境内经济活动中的垄断行为，也适用于我国境外的对境内市场竞争产生排除、限制影响的垄断行为。

第五节　垄断行为

一、经营者达成垄断协议

（一）垄断协议的含义

垄断协议是指具有竞争关系的经营者达成排除、限制竞争的协议、决定或者其他协同行为从而排除、限制竞争的行为。

行业协会也不得组织本行业的经营者达成垄断协议。

（二）垄断协议的表现形式

1. 禁止横向垄断协议

（1）固定或者变更商品价格；

（2）限制商品的生产数量或者销售数量；

（3）分割销售市场或者原材料采购市场；

（4）限制购买新技术、新设备或者限制开发新技术、新产品；

（5）联合抵制交易；

（6）国务院反垄断执法机构认定的其他垄断协议。

2. 禁止纵向垄断协议

（1）固定向第三人转售商品的价格；

（2）限定向第三人转售商品的最低价格；

（3）国务院反垄断执法机构认定的其他垄断协议。

（三）垄断协议的豁免

垄断协议的豁免是指经营者之间的协议、决议或者其他协同行为，虽然排除、限制了竞争，构成了垄断协议，但协议的实施所产生的好处要远大于其排除、限制竞争造成的危害，因此法律规定对其予以豁免，即排除适用《反垄断法》的规定。法律要求经营者负举证责任。

《反垄断法》第十五条规定，经营者能够证明所达成的协议属于下列情形之一的，不属于禁止的垄断协议行为：

（1）为改进技术、研究开发新产品的；

（2）为提高产品质量、降低成本、增进效率，统一产品规格、标准或者实行专业化分工的；

（3）为提高中小经营者经营效率，增强中小经营者竞争力的；

（4）为实现节约能源、保护环境、救灾救助等社会公共利益的；

（5）因经济不景气，为缓解销售量严重下降或者生产明显过剩的；

（6）为保障对外贸易和对外经济合作中的正当利益的；

（7）法律和国务院规定的其他情形。

属于上述1~5项情形，经营者还应当证明所达成的协议不会严重限制相关市场的竞争，并且能够使消费者分享由此产生的利益。

二、滥用市场支配地位的行为

（一）市场支配地位的行为的含义

市场支配地位，是指经营者在相关市场内具有能够控制商品价格、数量或者其他交易条件，或者能够阻碍、影响其他经营者进入相关市场能力的市场地位。

（二）滥用市场支配地位的行为的表现形式

《反垄断法》第十七条规定，禁止具有市场支配地位的经营者从事下列滥用市场支配地位的行为：

（1）以不公平的高价销售商品或者以不公平的低价购买商品；

（2）没有正当理由，以低于成本的价格销售商品；

（3）没有正当理由，拒绝与交易相对人进行交易；

（4）没有正当理由，限定交易相对人只能与其进行交易或者只能与其指定的经营者进行交易；

（5）没有正当理由搭售商品，或者在交易时附加其他不合理的交易条件；

（6）没有正当理由，对条件相同的交易相对人在交易价格等交易条件上实行差别待遇；

（7）国务院反垄断执法机构认定的其他滥用市场支配地位的行为。

（三）滥用市场支配地位的认定

认定经营者具有市场支配地位，应当依据下列因素：

（1）该经营者在相关市场的市场份额，以及相关市场的竞争状况；

（2）该经营者控制销售市场或者原材料采购市场的能力；

（3）该经营者的财力和技术条件；

（4）其他经营者对该经营者在交易上的依赖程度；

（5）其他经营者进入相关市场的难易程度；

（6）与认定该经营者市场支配地位有关的其他因素。

（四）市场支配地位的推定

有下列情形之一的，可以推定经营者具有市场支配地位：

（1）一个经营者在相关市场的市场份额达到二分之一的；

（2）两个经营者在相关市场的市场份额合计达到三分之二的；

（3）三个经营者在相关市场的市场份额合计达到四分之三的。

有前述2、3项规定的情形，其中有的经营者市场份额不足十分之一的，不应当推定该经营者具有市场支配地位。

被推定具有市场支配地位的经营者，有证据证明不具有市场支配地位的，不应当认定其具有市场支配地位。

三、经营者集中

（一）经营者集中的含义

经营者集中是指两个或两个以上的经营者通过合并、股权、合同约定等方式取得对其他经营者的控制权，能够对其他经营者施加决定性影响的行为。

（二）经营者集中的表现形式

《反垄断法》第二十条规定，经营者集中是指下列情形：

（1）经营者合并；

（2）经营者通过取得股权或者资产的方式取得对其他经营者的控制权；

（3）经营者通过合同等方式取得对其他经营者的控制权或者能够对其他经营者施加决定性影响。

（三）经营者集中的认定

《反垄断法》第二十七条规定，审查经营者集中，应当考虑下列因素：

（1）参与集中的经营者在相关市场的市场份额及其对市场的控制力；

（2）相关市场的市场集中度；

（3）经营者集中对市场进入、技术进步的影响；

（4）经营者集中对消费者和其他有关经营者的影响；

（5）经营者集中对国民经济发展的影响；

（6）国务院反垄断执法机构认为应当考虑的影响市场竞争的其他因素。

（四）经营者集中的申报制度

经营者集中达到下列标准之一的，经营者应当事先向国务院商务主管部门申报，未申报的不得实施集中：

（1）参与集中的所有经营者上一会计年度在全球范围内的营业额合计超过 100 亿元人民币，并且其中至少两个经营者上一会计年度在中国境内的营业额均超过 4 亿元人民币；

（2）参与集中的所有经营者上一会计年度在中国境内的营业额合计超过 20 亿元人民币，并且其中至少两个经营者上一会计年度在中国境内的营业额均超过 4 亿元人民币。

营业额的计算，应当考虑银行、保险、证券、期货等特殊行业、领域的实际情况，具体办法由国务院商务主管部门会同国务院有关部门制定。

经营者集中有下列情形之一的，可以不向国务院反垄断执法机构申报：

（1）参与集中的一个经营者拥有其他每个经营者百分之五十以上有表决权的股份或者资产的；

（2）参与集中的每个经营者百分之五十以上有表决权的股份或者资产被同一个未参与集中的经营者拥有的。

四、滥用行政权力排除、限制竞争

（一）滥用行政权力排除、限制竞争的含义

滥用行政权力排除、限制竞争是指行政机关和法律法规授权的具有管理公共事务职能的组织滥用行政权力实施的限定交易、地区封锁等排斥、限制竞争的行为。

（二）滥用行政权力排除、限制竞争行为的表现

1. 强制交易行为

强制交易行为是指行政主体滥用行政权力，限定或者变相限定单位或者个人经营、购买、使用其指定的经营者提供的商品的行为。

2. 地区封锁行为

地区封锁行为是指行政主体滥用行政权力，实施下列行为，妨碍商品在地区之间的自由流通：

（1）对外地商品设定歧视性收费项目、实行歧视性收费标准，或者规定歧视性价格；

（2）对外地商品规定与本地同类商品不同的技术要求、检验标准，或者对外地商品采取重复检验、重复认证等歧视性技术措施，限制外地商品进入本地市场；

（3）采取专门针对外地商品的行政许可，限制外地商品进入本地市场；

（4）设置关卡或者采取其他手段，阻碍外地商品进入或者本地商品运出；

（5）妨碍商品在地区之间自由流通的其他行为：①行政主体滥用行政权力，以设定歧视性资质要求、评审标准或者不依法发布信息等方式，排斥或者限制外地经营者参加本地的招标投标活动。②行政主体滥用行政权力，采取与本地经营者不平等待遇等方式，排斥或者限制外地经营者在本地投资或者设立分支机构。

3. 强制垄断经营

强制垄断经营是指行政主体滥用行政权力，强制经营者从事违法的垄断行为。

4. 制定含有排除、限制竞争内容的规定。

第六节 反垄断调查与垄断的法律责任

一、对涉嫌垄断行为的调查

1. 我国反垄断执法机构

（1）议事机构。

国务院反垄断委员会负责组织、协调、指导反垄断工作。

（2）具体负责执法的执行机构。

我国商务部、原国家工商行政管理总局和国家发改委，分别组建内设司局级反垄断机构：商务部的反垄断局行使经营者集中的审查执法工作，原国家工商行政管理总

局负责垄断协议、滥用市场支配地位、滥用行政权力排除、限制竞争行为的反垄断执法工作；国家发改委则负责价格垄断的执法工作。

2. 调查程序和处理程序

（1）调查程序。根据我国《反垄断法》第六章有相关规定。反垄断调查程序包括一般程序以及承诺和解程序两个方面。其中，一般程序包括立案、调查、做出处理决定等步骤，承诺和解程序则包括中止调查、终止调查、恢复调查等环节。

（2）处理程序。处理程序一般按照行政调解、行政复议、行政裁决等程序处理，被处罚的当事人对反垄断执法机构的处罚不服，可依法向人民法院提起诉讼，通过诉讼最终解决争议。

二、法律责任

1. 行政责任

（1）实施垄断协议的责任。由反垄断执法机构责令停止违法行为，没收违法所得，并处上一年度销售额百分之一以上百分之十以下的罚款；尚未实施所达成的垄断协议的，可以处五十万元以下的罚款。

（2）滥用市场支配地位的责任。由反垄断执法机构责令停止违法行为，没收违法所得，并处上一年度销售额百分之一以上百分之十以下的罚款。

（3）经营者集中的责任。由国务院反垄断执法机构责令停止实施集中、限期处分股份或者资产、限期转让营业以及采取其他必要措施恢复到集中前的状态，可以处五十万元以下的罚款。

（4）滥用行政权力，实施排除、限制竞争行为的责任。由上级机关责令改正；对直接负责的主管人员和其他直接责任人员依法给予处分。反垄断执法机构可以向有关上级机关提出依法处理的建议。

2. 民事责任

经营者实施垄断行为，给他人造成损失的，依法承担民事责任。

3. 刑事责任

情节严重构成犯罪的，依法追究刑事责任。

第六章　广告法

第一节　广告法律制度

一、广告与广告法

《中华人民共和国广告法》（以下简称《广告法》）由中华人民共和国第八届全国人民代表大会常务委员会第十次会议于1994年10月27日通过，2015年4月24日第十二届全国人民代表大会常务委员会第十四次会议修订，自2015年9月1日起施行。

该法第二条规定：广告，是指商品经营者或者服务提供者通过一定媒介和形式直接或者间接地介绍自己所推销的商品或者所提供的服务的商业广告活动。

从法律定义来看，我国《广告法》仅仅调整商业广告，公益广告、政府广告等其他类型的广告应当由《民法通则》《合同法》等法律来调整。以公益广告的形式进行商品宣传也应当由《广告法》调整。

广告法的基本原则反映了广告法的本质和内容的指导思想，是制定、修改、解释、执行广告法的依据。广告应当真实、合法，以健康的表现形式表达广告内容，符合社会主义精神文明建设和弘扬中华民族优秀传统文化，广告的内容要和商品或服务的事实相符，不得有法律禁止的情形，不得含有虚假或者引人误解的内容，不得欺骗、误导消费者。广告主、广告经营者、广告发布者从事广告活动，应当遵守法律、法规，诚实信用，公平竞争。

二、广告法律关系主体

广告法律关系主体是指参加广告法律关系，从而享受权利或承担义务的组织和个人。广告法律关系的主体主要有广告监督管理机关、广告审查机关、广告主、广告经营者、广告发布者。

（1）广告监督管理机关是指县级以上人民政府工商行政管理部门，包括国家市场监督管理总局和地方各级市场监督管理局，是广告活动的主管机关。

（2）广告审查机关是指依法享有广告审查权的各级有关行政主管部门。如卫生行政主管部门对药品广告有审查权。凡药品广告未经审查批准，不得发布。

（3）广告主是指为推销商品或者提供服务，自行或者委托他人设计、制作、发布广告的法人、其他经济组织或者个人。

（4）广告经营者是指受委托提供广告设计、制作、代理服务的法人、其他经济组织或者个人。

(5) 广告发布者是指为广告主或者为广告主委托的广告经营者发布广告的法人或者其他经济组织。

(6) 广告代言人是指广告主以外的，在广告中以自己的名义或者形象对商品、服务作推荐、证明的自然人、法人或者其他组织。

第二节 广告内容准则

一、广告的一般准则

广告准则是法律、法规对广告的内容和形式的要求，对广告的内容和形式做出的禁止或限制的规定。广告法从广告的内容和形式两个方面，对广告内容的导向、广告禁止的内容、广告的可识别性、广告内容的表述等作了明确的规定。

(一) 广告内容的导向性规定

广告内容应当有利于人民的身心健康，促进商品和服务质量的提高，保护消费者的合法权益，遵守社会公德和职业道德，维护国家的尊严和利益。

(二) 广告内容的禁止性规定

广告不得有下列情形：

(1) 使用或者变相使用中华人民共和国国旗、国徽、国歌及军旗、军歌、军徽；

(2) 使用或者变相使用国家机关和国家机关工作人员的名义或者形象；

(3) 使用“国家级”“最高级”“最佳”等用语；

(4) 损害国家的尊严或者利益，泄露国家秘密；

(5) 妨碍社会安定，损害社会公共利益；

(6) 危害人身、财产安全，泄露个人隐私；

(7) 妨碍社会公共秩序或者违背社会良好风尚；

(8) 含有淫秽、色情、赌博、迷信、恐怖、暴力的内容；

(9) 含有民族、种族、宗教、性别歧视的内容；

(10) 妨碍环境、自然资源或者文化遗产保护；

(11) 法律、行政法规规定禁止的其他情形。

广告不得损害未成年人和残疾人的身心健康，禁止在大众传播媒介或者公共场所发布声称全部或者部分替代母乳的婴儿乳制品、饮料和其他食品广告。

(三) 广告可识别性的规定

广告应当具有可识别性，能够使消费者辨明其为广告。大众传播媒介不得以新闻报道形式变相发布广告。通过大众传播媒介发布的广告应当显著标明“广告”，与其他非广告信息相区别，不得使消费者产生误解。广播电台、电视台发布广告，应当遵守国务院有关部门关于时长、方式的规定，并应当对广告时长做出明显提示。

（四）广告内容表述性规定

广告中对商品的性能、功能、产地、用途、质量、成分、价格、生产者、有效期限、允诺等或者对服务的内容、提供者、形式、质量、价格、允诺等有表示的，应当准确、清楚、明白。广告中表明推销的商品或者服务附带赠送的，应当明示所附带赠送商品或者服务的品种、规格、数量、期限和方式。法律、行政法规规定广告中应当明示的内容，应当显著、清晰表示。

广告使用数据、统计资料、调查结果、文摘、引用语等引证内容的，应当真实、准确，并表明出处。引证内容有适用范围和有效期限的，应当明确表示。广告内容涉及的事项需要取得行政许可的，应当与许可的内容相符合。

广告中涉及专利产品或者专利方法的，应当标明专利号和专利种类。未取得专利权的，不得在广告中谎称取得专利权。禁止使用未授予专利权的专利申请和已经终止、撤销、无效的专利做广告。

广告不得贬低其他生产经营者的商品或者服务。

二、特殊商品广告准则

（一）药品、医疗器械广告和保健品广告

1. 广告内容禁止性规定

药品、医疗器械广告不得有下列内容：

（1）表示功效、安全性的断言或者保证的；

（2）说明治愈率或者有效率的；

（3）与其他药品、医疗器械的功效和安全性或者其他医疗机构比较的；

（4）利用广告代言人作推荐、证明的；

（5）法律、行政法规规定禁止的其他内容。

保健食品广告不得含有下列内容：

（1）表示功效、安全性的断言或者保证的；

（2）涉及疾病预防、治疗功能的；

（3）声称或者暗示广告商品为保障健康所必需的；

（4）与药品、其他保健食品进行比较的；

（5）利用广告代言人作推荐、证明的；

（6）法律、行政法规规定禁止的其他内容。

保健食品广告应当显著标明“本品不能代替药物”。

2. 广告内容的限制

（1）药品广告的内容不得与国务院药品监督管理部门批准的说明书不一致，并应当显著标明禁忌、不良反应。处方药广告应当显著标明“本广告仅供医学药学专业人士阅读”，非处方药广告应当显著标明“请按药品说明书或者在药师指导下购买和使用”。

（2）推荐给个人自用的医疗器械的广告，应当显著标明“请仔细阅读产品说明书

或者在医务人员的指导下购买和使用”。医疗器械产品注册证明文件中有禁忌内容、注意事项的，广告中应当显著标明“禁忌内容或者注意事项详见说明书”。

(3) 除医疗、药品、医疗器械广告外，禁止其他任何广告涉及疾病治疗功能，并不得使用医疗用语或者易使推销的商品与药品、医疗器械相混淆的用语。

(4) 广播电台、电视台、报刊音像出版单位、互联网信息服务提供者不得以介绍健康、养生知识等形式变相发布医疗、药品、医疗器械、保健食品广告。

3. 特殊药品禁止广告

麻醉药品、精神药品、医疗用毒性药品、放射性药品等特殊药品，药品类易制毒化学品，以及戒毒治疗的药品、医疗器械和治疗方法，不得做广告。上述规定以外的处方药，只能在国务院卫生行政部门和国务院药品监督管理部门共同指定的医学、药学专业刊物上做广告。

(二) 农药、兽药、饲料和饲料添加剂广告

农药、兽药、饲料和饲料添加剂广告不得含有下列内容：

(1) 表示功效、安全性的断言或者保证的；

(2) 利用科研单位、学术机构、技术推广机构、行业协会或者专业人士、用户的名义或者形象作推荐、证明的；

(3) 说明有效率的；

(4) 违反安全使用规程的文字、语言或者画面的；

(5) 法律、行政法规规定禁止的其他内容。

(三) 烟草广告

禁止在大众传播媒介或者公共场所、公共交通工具、户外发布烟草广告。禁止向未成年人发送任何形式的烟草广告。

禁止利用其他商品或者服务的广告、公益广告，宣传烟草制品名称、商标、包装、装潢以及类似内容。

烟草制品生产者或者销售者发布的迁址、更名、招聘等启事中，不得含有烟草制品名称、商标、包装、装潢以及类似内容。

烟草广告中必须标明“吸烟有害健康”。该忠告语须清晰、易于辨认，所占面积不得少于全部广告面积的10%。

烟草广告中不得有下列情形：①吸烟形象；②未成年人形象；③鼓励、怂恿吸烟的；④表示吸烟有利人体健康、解除疲劳、缓解精神紧张的；⑤其他违反国家广告管理规定的。

(四) 酒类广告

酒类广告不得含有下列内容：

(1) 诱导、怂恿饮酒或者宣传无节制饮酒的；

(2) 出现饮酒的动作的；

(3) 表现驾驶车、船、飞机等活动的；

（4）明示或者暗示饮酒有消除紧张和焦虑、增加体力等功效的。

（五）教育、培训广告

教育、培训广告不得含有下列内容：

（1）对升学、通过考试、获得学位学历或者合格证书，或者对教育、培训的效果做出明示或者暗示的保证性承诺的；

（2）明示或者暗示有相关考试机构或者其工作人员、考试命题人员参与教育、培训的；

（3）利用科研单位、学术机构、教育机构、行业协会、专业人士、受益者的名义或者形象做推荐、证明的。

（六）招商等有投资回报预期的商品或者服务广告

招商等有投资回报预期的商品或者服务广告，应当对可能存在的风险以及风险责任承担有合理提示或者警示，并不得含有下列内容：

（1）对未来效果、收益或者与其相关的情况做出保证性承诺，明示或者暗示保本、无风险或者保收益等，国家另有规定的除外；

（2）利用学术机构、行业协会、专业人士、受益者的名义或者形象做推荐、证明。

（七）房地产广告、房源信息类广告

房地产广告，房源信息应当真实，面积应当标明为建筑面积或者套内建筑面积，并不得含有下列内容：

（1）升值或者投资回报的承诺；

（2）以项目到达某一具体参照物的所需时间表示项目位置；

（3）违反国家有关价格管理的规定；

（4）对规划或者建设中的交通、商业、文化教育设施以及其他市政条件做误导宣传。

（八）农业种养殖业类广告

农作物种子、林木种子、草种子、种畜禽、水产苗种和种养殖广告关于品种名称、生产性能、生长量或者产量、品质、抗性、特殊使用价值、经济价值、适宜种植或者养殖的范围和条件等方面的表述应当真实、清楚、明白，并不得含有下列内容：

（1）做科学上无法验证的断言；

（2）表示功效的断言或者保证；

（3）对经济效益进行分析、预测或者做保证性承诺；

（4）利用科研单位、学术机构、技术推广机构、行业协会或者专业人士、用户的名义或者形象做推荐、证明。

三、虚假广告

1. 虚假广告的含义

虚假广告是指以虚假或者引人误解的内容欺骗、误导消费者的广告。

2. 虚假广告的表现形式包括：

（1）商品或者服务不存在的；

（2）商品的性能、功能、产地、用途、质量、规格、成分、价格、生产者、有效期限、销售状况、曾获荣誉等信息，或者服务的内容、提供者、形式、质量、价格、销售状况、曾获荣誉等信息，以及与商品或者服务有关的允诺等信息与实际情况不符，对购买行为有实质性影响的；

（3）使用虚构、伪造或者无法验证的科研成果、统计资料、调查结果、文摘、引用语等信息做证明材料的；

（4）虚构使用商品或者接受服务的效果的；

（5）以虚假或者引人误解的内容欺骗、误导消费者的其他情形。

第三节 广告行为规范

广告活动是指广告主为推销商品或者服务，树立企业形象或品牌形象，自行或者委托广告经营者、广告发布者进行广告设计、制作、代理、发布等一系列与广告宣传有关的活动。广告活动主要有设计、制作、代理、发布四个环节，是围绕着广告主而展开的活动，可以是单位或者个人。广告活动是一种民事活动，要遵守民事活动的原则。广告主、广告经营者、广告发布者不得在广告活动中进行任何形式的不正当竞争。

一、广告合同

广告合同是一种民事合同，是广告主、广告经营者、广告发布者在广告活动中依法设立、变更、终止各方权利义务关系的协议。订立合同当事人必须有合法的主体资格。广告主、广告经营者、广告发布者之间在广告活动中应当依法订立书面合同，明确各方的权利和义务。

二、对广告主的法律规定

（1）广告主自行或者委托他人设计、制作、发布广告，所推销的商品或者所提供的服务应当符合广告主的经营范围。

（2）广告主委托设计、制作、发布广告，应当委托具有合法经营资格的广告经营者、广告发布者。

（3）广告主自行或者委托他人设计、制作、发布广告，应当具有或者提供真实、合法、有效的下列证明文件：

①营业执照以及其他生产、经营资格的证明文件；

②质量检验机构对广告中有关商品质量内容出具的证明文件；

③确认广告内容真实性的其他证明文件。

依照法律规定，发布广告需要经有关行政主管部门审查的，还应当提供有关批准文件。

（4）广告主或者广告经营者在广告中使用他人名义、形象的，应当事先取得他人的书面同意；使用无民事行为能力人、限制民事行为能力人的名义、形象的，应当事先取得其监护人的书面同意。

三、对广告经营者和广告发布者的法律规定

1. 广告经营者

从事广告经营的，应当具有必要的专业技术人员、制作设备，并依法办理公司或者广告经营登记，方可从事广告活动。

广播电台、电视台、报刊出版单位的广告业务，应当由其专门从事广告业务的机构办理，并依法办理兼营广告的登记。

2. 核实广告内容

广告经营者、广告发布者依据法律、行政法规查验有关证明文件，核实广告内容。对内容不实或者证明文件不全的广告，广告经营者不得提供设计、制作、代理服务，广告发布者不得发布。

3. 建立广告管理制度

广告经营者、广告发布者按照国家有关规定，建立、健全广告业务的承接登记、审核、档案管理制度。

4. 规范广告收费行为

广告收费应当合理、公开，收费标准和收费办法应当向物价和工商行政管理部门备案。

广告经营者、广告发布者应当公布其收费标准和收费办法。

5. 提供真实媒介数据

广告发布者向广告主、广告经营者提供 的覆盖率、收视率、点击率、发行量等资料应当真实。

四、对广告代言人的法律规定

广告代言人在广告中对商品、服务做推荐、证明，应当依据事实，符合《广告法》和有关法律、行政法规规定，并不得为其未使用过的商品或者未接受过的服务做推荐、证明。不得利用不满十周岁的未成年人作为广告代言人。

对在虚假广告中作推荐、证明受到行政处罚未满三年的自然人、法人或者其他组织，不得利用其作为广告代言人。

五、针对中小学校、幼儿园和未成年人的广告规定

（1）不得在中小学校、幼儿园内开展广告活动，不得利用中小学生和幼儿的教材、教辅材料、练习册、文具、教具、校服、校车等发布或者变相发布广告，但公益广告除外。

（2）在针对未成年人的大众传播媒介上不得发布医疗、药品、保健食品、医疗器械、化妆品、酒类、美容广告，以及不利于未成年人身心健康的网络游戏广告。

（3）针对不满十四周岁的未成年人的商品或者服务的广告不得含有下列内容：

①劝诱其要求家长购买广告商品或者服务；

②可能引发其模仿不安全行为。

六、户外广告规定

《广告法》第三十二条规定，有下列情形之一的，不得设置户外广告：

（1）利用交通安全设施、交通标志的；

（2）影响市政公共设施、交通安全设施、交通标志、消防设施、消防安全标志使用的；

（3）妨碍生产或者人民生活，损害市容市貌的；

（4）在国家机关、文物保护单位、风景名胜区等的建筑控制地带，或者县级以上地方人民政府禁止设置户外广告的区域设置的。

七、以电子信息方式发送广告和利用互联网从事广告活动等的规定

（1）任何单位或者个人未经当事人同意或者请求，不得向其住宅、交通工具等发送广告，也不得以电子信息方式向其发送广告。以电子信息方式发送广告的，应当明示发送者的真实身份和联系方式，并向接收者提供拒绝继续接收的方式。

（2）利用互联网从事广告活动，适用广告法的各项规定；利用互联网发布、发送广告，不得影响用户正常使用网络。在互联网页面以弹出等形式发布的广告，应当显著标明关闭标志，确保一键关闭。

（3）公共场所的管理者或者电信业务经营者、互联网信息服务提供者对其明知或者应知的利用其场所或者信息传输、发布平台发送、发布违法广告的，应当予以制止。

第四节　广告监督

一、广告审查

广告审查，是指在广告发布前对广告内容的查验、核实和认可，通过查验、证明、核实内容等方式保障广告真实、合法的制度。这里的广告审查是指行政机关的审查，是一种行政行为。

发布医疗、药品、医疗器械、农药、兽药和保健食品广告，以及法律、行政法规规定应当进行审查的其他广告，应当在发布前由广告审查机关对广告内容进行审查；未经审查，不得发布。

广告审查机关应当依照法律、行政法规规定做出审查决定，并应当将审查批准文件抄送同级工商行政管理部门。广告审查机关应当及时向社会公布批准的广告。

任何单位或者个人不得伪造、变造或者转让广告审查批准文件。

二、工商行政管理部门履行广告监督管理职责中的职权和义务

1. 职权

工商行政管理部门履行广告监督管理职责中的职权包括：

（1）对涉嫌从事违法广告活动的场所实施现场检查；

（2）询问涉嫌违法当事人或者其法定代表人、主要负责人和其他有关人员，对有关单位或者个人进行调查；

（3）要求涉嫌违法当事人限期提供有关证明文件；

（4）查阅、复制与涉嫌违法广告有关的合同、票据、账簿、广告作品和其他有关资料；

（5）查封、扣押与涉嫌违法广告直接相关的广告物品、经营工具、设备等财物；

（6）责令暂停发布可能造成严重后果的涉嫌违法广告；

（7）法律、行政法规规定的其他职权。

2. 义务

工商行政管理部门履行广告监督管理职责中的义务包括：

（1）工商行政管理部门和有关部门及其工作人员对其在广告监督管理活动中知悉的商业秘密负有保密义务。

（2）工商行政管理部门和有关部门应当向社会公开受理投诉、举报的电话、信箱或者电子邮件地址，接到投诉、举报的部门应当自收到投诉之日起 7 个工作日内，予以处理并告知投诉、举报人。

第五节　法律责任

一、民事责任

（一）虚假广告的侵权责任

（1）发布虚假广告，欺骗和误导消费者，使购买商品或者接受服务的消费者的合法权益受到损害的，由广告主依法承担民事责任；

（2）广告经营者、广告发布者明知或应知广告虚假仍设计制作、发布的，应当依法承担连带责任；

（3）广告经营者、广告发布者不能提供广告主的真实名称、地址和有效联系方式的，消费者可以要求广告经营者、广告发布者先行赔偿；

（4）关系消费者生命健康的商品或者服务的虚假广告，造成消费者损害的，其广告经营者、广告发布者、广告代言人应当与广告主承担连带责任。

（5）非关系消费者生命健康的商品或者服务的虚假广告，造成消费者损害的，其广告经营者、广告发布者、广告代言人，明知或者应知广告虚假仍设计、制作、代理、发布或者作推荐、证明的，应当与广告主承担连带责任。

（二）广告主体的其他侵权责任

（1）在广告中损害未成年人或残疾人身心健康的；

（2）假冒他人专利的；

（3）贬低其他生产经营者的商品、服务的；

（4）广告中未经同意使用他人名义或者形象的；

（5）其他侵犯他人合法民事权益的。

违反《广告法》而承担民事责任的方式有停止侵害，即停止继续发布侵权广告、赔礼道歉、赔偿损失等。

二、行政责任

广告主、广告经营者、广告发布者承担行政责任的主要方式有：

（1）停止发布、公开更正、消除影响。

（2）罚款。

（3）没收广告费用。

（4）停止其广告业务。

行政责任形式可以由广告监督管理机关视实际情况单处或并处。

三、刑事责任

广告活动中有以下行为的，将被追究刑事责任：

（1）对商品或者服务做虚假宣传，情节严重构成犯罪的；

（2）发布广告违反禁止性规定，情节严重的，构成犯罪的；

（3）伪造、变造或者转让广告审查决定文件的，构成犯罪的。

（4）广告监督管理机关和广告审查机关的工作人员玩忽职守、滥用职权、徇私舞弊的，构成犯罪的。

第七章　产品质量法

第一节　产品质量法律制度

一、产品和产品质量

《中华人民共和国产品质量法》（以下简称《产品质量法》）第二条规定："在中华人民共和国境内从事产品生产、销售活动，必须遵守本法。本法所称产品是指经过加工、制作，用于销售的产品。建设工程不适用本法规定；但是，建设工程使用的建设材料、建筑构配件和设备，属于前款规定的产品范围的，适用本法规定。"产品要经过加工制作，天然物品如原油、水等，农副产品，初级加工品等都不是《产品质量法》所指的产品。由于建筑工程和军事物品的特殊性，《产品质量法》没有将它们纳入调整的范围。

产品质量是指产品能满足规定的或者潜在需要的特性和特性的总和，主要指产品的安全性、适用性、可靠性、维修性、有效性等质量指标。判断产品合格与否的依据是产品标准，产品标准分为国家标准（GB）、行业标准（HB）、地方标准（DB）、企业标准（QB）、国际标准（ISO、CB）等。

二、产品质量法概述

产品质量法指调整产品质量监督管理关系和产品质量责任关系的法律规范的总称。狭义的产品质量法是指1993年2月22日第七届全国人民代表大会常务委员会第三十次会议通过，2000年7月8日第九届全国人民代表大会常务委员会第十六次会议修正的《中华人民共和国产品质量法》。

第二节　产品质量监督

产品质量监督包括国家行政机关的监督、法定机构的质量检验、认证监督与社会监督。

（一）行政管理部门

《产品质量法》第八条的规定，国务院产品质量监督部门主管全国产品质量监督工作。国务院有关部门在各自的职责范围内负责产品质量监督工作。县级以上地方产品质量监督部门主管本行政区域内的产品质量监督工作。县级以上地方人民政府有关部门在各自的职责范围内负责产品质量监督工作。法律对产品质量的监督部门另有规定的，依照有关法律的规定执行。

国家市场监督管理总局是国务院主管市场监督管理和有关行政执法工作的直属机构，负责市场综合监督管理，统一登记市场主体并建立信息公示和共享机制，组织市场监管综合执法工作，承担反垄断统一执法，规范和维护市场秩序，组织实施质量强国战略，负责工业产品质量安全、食品安全、特种设备安全监管，统一管理计量标准、检验检测、认证认可工作等。国家药品监督管理局，由国家市场监督管理总局管理，主要职责是负责药品、化妆品、医疗器械的注册并实施监督管理。国家质量监督检验检疫总局的出入境检验检疫管理职责和队伍划入海关总署。国务院食品安全委员会的具体工作由国家市场监督管理总局承担。国家认证认可监督管理委员会、国家标准化管理委员会职责划入国家市场监督管理总局，对外保留牌子。

（二）产品质量的监督管理

产品质量监督管理的主要内容包括：

1. 企业质量体系认证和产品质量认证制度

企业质量体系认证和产品质量认证都以企业自愿申请为原则，国家不采取强制认证。

企业质量体系认证是由国家认证认可监督管理委员会认可的或者其授权的认证机构对企业的质量保证和质量管理所做的综合评价。对企业质量体系认证采用的是国际标准化组织的 ISO9000（质量标准）系列标准和 ISO14000（环保标准）系列标准，经认证合格，颁发企业质量体系认证证书。

产品质量认证是由国家认证认可监督管理委员会批准的认证机构按照产品标准和相关的技术要求，确认某一产品符合相应标准并颁发认证标志的活动。如中国商检 CCIB 安全认证标志等。经认证合格，颁发认证证书和认证标志。企业可以将认证标志使用在自己的产品或者其包装上。

2. 监督抽查制度

监督抽查是指质量技术监督部门为监督产品质量，依法组织对在境内生产、销售的产品进行有计划的随机抽样、检验，并对抽查结果公布和处理的活动。

（1）监督抽查的产品范围主要有：

①可能危及人体健康和人身、财产安全的产品；

②影响国计民生的重要工业产品；

③消费者、有关组织反映有重要质量问题的产品。

（2）监督抽查的程序有：

①抽查取样。应当由抽样人员在市场上或者企业成品仓库内待销的产品中随机抽取，不得由企业抽样。抽取的样品应当是有产品质量检验合格证明或者以其他形式表明合格的产品。监督抽查的样品由被抽查企业无偿提供，抽取样品应当按有关规定的数量抽取，没有具体数量规定的，抽取样品不得超过检验的合理需要。监督抽查的费

用按照国务院规定列支，不得向被抽查人收取。

②复检。生产者、销售者对抽查结果有异议的，可以在规定的时间内向监督抽查部门或者上级产品质量监督部门申请复检。

③公告。组织监督抽查的质量技术监督部门负责发布监督抽查信息。未经批准，任何单位和个人不得擅自发布监督抽查信息。监督抽查信息发布办法由省级以上质量技术监督部门负责组织制定。

（三）产品质量的社会监督

（1）消费者查询、申诉和检举。消费者有权就产品质量问题进行查询，有权向产品质量监督部门、工商行政管理部门及有关部门申诉，接受申诉的部门应当负责处理。任何单位和个人有权对违反本法规定的行为，向产品质量监督部门或者其他有关部门检举。

（2）社会组织提出处理建议，支持消费者起诉。

（四）对产品质量检验、认证机构的管理

产品质量检验、认证机构是指从事产品质量检验、认证工作的社会中介机构。产品质量检验机构分为两类：一类是依法设置的县级以上政府技术监督部门所属的产品质量检验所；另一类是经授权依法从事产品质量检验的机构，如由省级以上技术监督部门授权的国家级产品质量监督检验中心、产品质量监督检验站等。产品质量认证是国家认证认可监督管理委员会批准的认证机构以独立于生产者、销售者的第三方身份开展认证的活动。

1. 检验、认证机构的条件

（1）必须具备相应检测条件和能力；

（2）经省级以上人民政府产品质量监督部门或者其授权的部门考核合格；

（3）必须依法设立；

（4）不得与行政机关和其他国家机关存在隶属关系或者其他利益关系。

2. 工作要求

（1）客观、公正地出具检验结果或者认证证明；

（2）对认证后的产品进行跟踪检查；

（3）对不符合认证标准而使用认证标志的，要求其改正；

（4）取消因其产品不符合认证标准且情节严重的企业使用认证标志的资格。

第三节　生产者、销售者的产品质量义务

一、生产者的产品质量义务

生产者的产品质量义务包括积极作为的义务和消极不作为的义务。

1. 积极的义务

生产者的积极作为义务有产品质量的要求和产品标志的要求。

生产者应当对其生产的产品质量负责，产品质量应当符合下列要求：

（1）不存在危及人身、财产安全的不合理的危险，有保障人体健康和人身、财产安全的国家标准、行业标准的，应当符合该标准；

（2）具备产品应当具备的使用性能，但是，对产品存在使用性能的瑕疵做出说明的除外；

（3）符合在产品或者其包装上注明采用的产品标准，符合以产品说明、实物样品等方式表明的质量状况。

产品或者其包装上的标识必须真实，并符合下列要求：

（1）有产品质量检验合格证明；

（2）有中文标明的产品名称、生产厂厂名和厂址；

（3）根据产品的特点和使用要求，需要标明产品规格、等级、所含主要成分的名称和含量的，用中文相应予以标明；需要事先让消费者知晓的，应当在外包装上标明，或者预先向消费者提供有关资料；

（4）限期使用的产品，应当在显著位置清晰地标明生产日期和安全使用期或者失效日期；

（5）使用不当，容易造成产品本身损坏或者可能危及人身、财产安全的产品，应当有警示标志或者中文警示说明。

裸装的食品和其他根据产品的特点难以附加标识的裸装产品，可以不附加产品标识。

易碎、易燃、易爆、有毒、有腐蚀性、有放射性等危险物品以及储运中不能倒置和其他有特殊要求的产品，其包装质量必须符合相应要求，依照国家有关规定做出警示标志或者中文警示说明，标明储运注意事项。

2. 消极不作为的义务

产品质量方面消极不作为的义务：

（1）产品质量应当检验合格，不得以不合格产品冒充合格产品。

（2）禁止生产、销售不符合保障人体健康和人身、财产安全的标准和要求的工业产品。具体管理办法由国务院规定。

（3）生产者不得生产国家明令淘汰的产品。

（4）生产者生产产品，不得掺杂、掺假，不得以假充真、以次充好，不得以不合格产品冒充合格产品。

产品标识方面消极不作为的义务：

（1）生产者不得伪造产地，不得伪造或者冒用他人的厂名、厂址。

（2）生产者不得伪造或者冒用认证标志等质量标志。

二、销售者的产品质量义务

（1）销售者应当建立并执行进货检查验收制度，验明产品合格证明和其他标识。

（2）销售者应当采取措施，保持销售产品的质量。

（3）销售者不得销售国家明令淘汰并停止销售的产品和失效、变质的产品。

（4）销售者销售的产品的标识应当符合规定。

（5）销售者不得伪造产地，不得伪造或者冒用他人的厂名、厂址。

（6）销售者不得伪造或者冒用认证标志等质量标志。

（7）销售者销售产品，不得掺杂、掺假，不得以假充真、以次充好，不得以不合格产品冒充合格产品。

第四节　损害赔偿

一、生产者的赔偿责任

因产品存在缺陷造成他人损害的，生产者应当承担侵权责任。归责原则采取无过错责任即生产者承担产品责任不以其主观上存在过错为前提，只要产品存在缺陷造成他人损害，除非存在法定的免责事由，生产者均应承担侵权责任。这里的缺陷是指产品存在危及人身、他人财产安全的不合理的危险；产品有保障人体健康和人身、财产安全的国家标准、行业标准的，是指不符合该标准。

生产者能证明存在有下列情形之一的，生产者不承担责任：

（1）未将产品投入流通的；

（2）产品投入流通时引起损害的缺陷尚不存在的；

（3）将产品投入流通时的科学技术水平尚不能发现缺陷存在的。

二、销售者的赔偿责任

因销售者的过错使产品存在缺陷，造成他人损害的，销售者应当承担侵权责任。销售者不能指明缺陷产品的生产者也不能指明缺陷产品的供货者的，销售者应当承担侵权责任。

三、其他机构的责任

产品质量检验机构、认证机构出具的检验结果或者证明不实，造成损失的，应当承担相应的赔偿责任；对不符合认证标准而使用认证标志的产品，未依法要求其改正或者取消其使用认证标志资格的，对因产品不符合认证标准给消费者造成的损失，与产品的生产者、销售者承担连带责任。

社会团体、社会中介机构对产品质量做出承诺、保证，而该产品又不符合其承诺、保证的质量要求，给消费者造成损失的，与产品的生产者、销售者承担连带责任。

四、责任承担

因产品质量发生民事纠纷时，当事人可以通过协商或者调解解决。当事人不愿通过协商、调解解决或者协商、调解不成的，可以根据当事人各方的协议向仲裁机构申请仲裁；当事人各方没有达成仲裁协议或者仲裁协议无效的，可以直接向人民法院起诉。

1. 被侵权人的选择权

因产品存在缺陷造成损害的，被侵权人可以向产品的生产者请求赔偿，也可以向产品的销售者请求赔偿。在司法实践中，如果被侵权人将两个被告同时起诉，具体做法有两种：一是判决直接确定负有最终责任的一方承担赔偿责任，直接确定最终责任；二是确定两个被告的总体负有不真正连带责任，被侵权人可以主张任何一方承担中间责任。不真正连带责任，是指共同责任人对内不分份额，对外每个责任人都有承担全部赔偿责任的义务，对外履行了全部赔偿责任的中间责任人，有权就全部赔偿额向其他最终责任人追偿。

2. 追偿

产品缺陷由生产者造成的，销售者赔偿后，有权向生产者追偿。因销售者的过错使产品存在缺陷的，生产者赔偿后，有权向销售者追偿。因运输者、仓储者等第三人的过错使产品存在缺陷，造成他人损害的，产品的生产者、销售者赔偿后，有权向第三人追偿。

3. 补救措施

产品投入流通后发现存在缺陷的，生产者、销售者应当及时采取警示、召回等补救措施。未及时采取补救措施或者补救措施不力造成损害的，应当承担侵权责任。

4. 惩罚性赔偿

明知产品存在缺陷仍然生产、销售，造成他人死亡或者健康严重损害的，被侵权人有权请求相应的惩罚性赔偿。

5. 排除妨碍、消除危险

因产品缺陷危及他人人身、财产安全的，被侵权人有权请求生产者、销售者承担排除妨碍、消除危险等侵权责任。

五、诉讼时效

《中华人民共和国产品质量法》第四十五条规定的受害人要求赔偿的诉讼时效是两年，但因 2017 年 3 月 15 日第十二届全国人民代表大会第五次会议通过，同年 10 月 1 日生效的《中华人民共和国民法总则》第一百八十八条规定：“向人民法院请求保护民事权利的诉讼时效期间为三年。法律另有规定的，依照其规定。诉讼时效期间自权利人知道或者应当知道权利受到损害以及义务人之日起计算。法律另有规定的，依照其规定。”根据新法优于旧法的原则，因产品缺陷造成损害要求赔偿的诉讼时效是 3 年。

因产品缺陷造成损害要求赔偿的请求权在造成损害的缺陷产品交付最初用户、消费者满 10 年丧失，但是尚未超过明示的安全使用期的除外。

第八章　消费者权益保护法

第一节　消费者与消费者权益保护法

一、消费者

消费者是为生活消费需要购买、使用商品或者接受服务的人。

（1）为个人生活消费需要购买、使用商品和接受服务的自然人。

（2）消费者必须是为了生活消费的需要而购买商品或者接受服务。

（3）农民购买、使用直接用于农业生产的生产资料时，参照消费者保护法执行。

二、消费者权益保护法概述

消费者权益保护法是调整在保护公民消费权益过程中所产生的社会关系的法律规范的总称。《中华人民共和国消费者权益保护法》（以下简称《消费者权益保护法》），1993年10月31日颁布，分别于2009年8月27日和2013年10月25日进行了修改。

第二节　消费者的权利

1962年3月15日，美国前总统约翰·肯尼迪在美国国会发表了《关于保护消费者利益的总统特别咨文》，指出消费者享有四项权利：获得安全保障、获得正确的商品信息资料、有权自由选择商品、有权提出消费意见。1969年尼克松总统提出第五项权利——求偿权。1983年国际消费者联盟组织确定每年的3月15日为“国际消费者权益日”。1985年4月9日，联合国大会投票通过了第39/248号决议，大会在该项决议中通过了《保护消费者准则》。《保护消费者准则》是一部具有世界意义的保护消费者的纲领性文件。

消费者的权利是指在消费活动中，消费者依法享有的各项权利的总和。消费者保护法为消费者设立了相互独立又相互关联的九项权利。

1. 安全保障权

消费者在购买、使用商品和接受服务时享有人身、财产安全不受损害的权利。消费者有权要求经营者提供的商品和服务，符合保障人身、财产安全的要求。

安全权包括人身安全权和财产安全权，人身安全权又包括生命安全权和健康安全权。财产安全，不仅仅指消费者购买、使用的商品本身的安全，还包括其他财产的安全。

消费者安全权受到损害时，如果人身及财产损害是由经营者提供服务的行为直接造成时，经营者承担赔偿责任，经营者对消费者在消费过程中被第三人伤害不负法律责任。经营者对正在消费的消费者的人身安全，负有谨慎注意和照顾的义务，即在其所能控制的范围内，采取其能力所及的合理措施，防止消费者的安全权被第三人侵害，或者在这种侵害发生后尽力避免损害结果的扩大。经营者在力所能及的范围内，对消费者的安全权尽到了谨慎注意和照顾的义务的，可不承担赔偿责任。

2. 知悉真情权

消费者享有知悉其购买、使用的商品或者接受的服务的真实情况的权利。消费者有权根据商品或者服务的不同情况，要求经营者提供商品的价格、产地、生产者、用途、性能、规格、等级、主要成分、生产日期、有效期限、检验合格证明、使用方法说明书、售后服务，或者服务的内容、规格、费用等有关情况。其可以概括为商品或者服务的基本情况、有关技术状况的表示及有关销售的状况。

侵害消费者知情权的行为主要包括：①不向消费者告知；②向消费者告知虚假情况；③对消费者的告知不全面。

3. 自主选择权

消费者享有自主选择商品或者服务的权利。消费者有权自主选择提供商品或者服务的经营者，自主选择商品品种或者服务方式，自主决定购买或者不购买任何一种商品、接受或者不接受任何一项服务。消费者在自主选择商品或者服务时，有权进行比较、鉴别和挑选。消费者的自主选择行为是发生在购买商品或接受服务过程中，自愿、合法的行为，应当受到保护。

经营者不得以任何方式干涉消费者行使自主选择权，但消费者不得滥用自主选择权，必须合法行使，即其选择权的行使必须符合法律的规定，尊重社会公德，不侵害国家、集体和他人的利益；强调消费者的自主选择权并不排除经营者向消费者进行商品、服务的介绍和推荐。

4. 公平交易权

消费者享有公平交易的权利。消费者在购买商品或者接受服务时，有权获得质量保障、价格合理、计量正确等公平交易条件，有权拒绝经营者的强制交易行为。

公平交易是经营者与消费者之间在公平交易条件下达到公正的交易结果。

5. 获取赔偿权

消费者因购买、使用商品或者接受服务受到人身、财产损害的，享有依法获得赔偿的权利。

享有求偿权的权利主体包括：①商品的购买者、使用者；②服务的接受者；③第三人，指消费者之外的因某种原因在事故发生现场而受到损害的人。求偿权的义务主体是经营者，是提供商品或服务的经营者。

求偿的内容包括：①人身损害的赔偿，无论是生命健康还是精神方面的损害均可要求赔偿；②财产损害的赔偿，依照消费者权益保护法及合同法等相关法律的规定，包括直接损失及可得利益的损失。

6. 结社权

消费者享有依法成立维护自身合法权益的社会团体的权利。这是我国《宪法》第三十五条“中华人民共和国公民有言论、出版、集会、结社、游行、示威的自由”权利的具体化。该社会团体要具备法定条件，依法定程序成立，成立的宗旨是维护消费者的合法权益，不得利用该团体损害国家、社会、集体的利益和其他公民的合法权益。

消费者的弱者地位及其分散性，决定了消费者个人很难充分保障自己的消费权益。团结才能壮大力量，通过消费者社会团体的力量对经营者进行监督，可能增大监督力量，及时解决消费权益纠纷，减少争讼，促进经济秩序的稳定。

7. 获得消费知识权

消费者享有获得有关消费和消费者权益保护方面的知识的权利。消费者应当努力掌握所需商品或者服务的知识和使用技能，正确使用商品，提高自我保护意识。

消费者有权获得商品和服务有关的基本知识，形成正确消费观，抵制和拒绝不良消费行为和方式；掌握商品和服务的基本知识，进行正确的消费决策，取得良好的消费效益。了解市场的基本知识，适时适地进行正确交易。

消费者享有获取消费者权益保护方面的知识的权利。了解有关保护消费者合法权益的法律、法规，政策、规定和保护机构，以便消费时能防患于未然；了解消费者权益争议的解决途径，在权益被损害时能利用法律武器捍卫自己的消费权利，补救受到的损失。

相关国家机构和组织，应该积极地为消费者提供获取知识的便利和渠道。

8. 受尊重权

消费者在购买、使用商品和接受服务时，享有其人格尊严、民族风俗习惯得到尊重的权利。

人格权是消费者人身权中最基本的组成部分。尊重他人的人格尊严和不同民族的风俗习惯，是一个国家和社会文明进步的重要标志，也是法律对人权保障的基本要求。

经营者应尊重消费者的下列权利：生命健康权、姓名权、名誉权、肖像权、荣誉权、隐私权等。经营者不得对消费者进行辱骂、诽谤、名誉诋毁、非法搜查、拘禁等行为。

我国是统一的多民族的国家，有56个民族，各民族在长期历史发展过程中，在饮食、服饰、居住、节庆、娱乐、礼节、禁忌等方面，有不同的风俗习惯，与消费密切相关。尊重少数民族的风俗习惯，就是尊重民族感情、民族意识、民族尊严，这关系到坚持民族平等，加强民族团结，处理好民族关系，促进安定团结的大问题。在《消费者权益保护法》中规定消费者民族风俗受尊重权，体现了《宪法》规定的精神，对预防民族纠纷，促进各民族团结，保护各民族人民，特别是少数民族的利益，都具有重大意义。

9. 监督批评权

消费者享有对商品和服务以及保护消费者权益工作进行监督的权利。消费者有权检举、控告侵害消费者权益的行为和国家机关及其工作人员在保护消费者权益工作中的违法失职行为，有权对保护消费者权益工作提出批评和建议。

消费者的监督权是社会监督的重要组成部分，是国家对消费者权益实施保护的重要手段。监督权的行使一方面是为保护自身合法权益，利用自己手中所掌握的法律武器打击违法行为；另一方面也可能揭露国家机关及其工作人员的腐败及违法行为，促进其在保护消费者权益工作中认真执法，提高工作质量，全心全意地为消费者权益着想。

消费者行使这项权利的对象既包括经营者，也包括相关行政部门和消费者组织。消费者在检举、控告时要根据侵权及违法失职行为的性质决定向哪个部门行使这项权利。不得无事生非，更不得恶意中伤、诽谤、诬告陷害，侵犯他人的合法权益。

第三节　经营者的义务

在消费法律关系中，消费者的权利就是经营者的义务。经营者作为消费法律关系的另一方当事人，是否完全、充分地履行了其负有的法定义务，直接关系到消费者权利能否实现。

为了有效地保护消费者的权益，约束经营者的经营行为，《消费者权益保护法》在规定了消费者的权利的同时又规定了经营者的义务。只要他们向消费者提供了商品或服务，不论是合法的经营者还是非法的经营者，只要与消费者发生了市场交易关系，都是《消费者权益保护法》所称的经营者。经营者义务的具体内容有：

1. 履行法定义务及约定义务

经营者向消费者提供商品或者服务，应当依照《中华人民共和国产品质量法》和其他有关法律、法规的规定履行义务。

经营者和消费者有约定的，应当按照约定履行义务，但双方的约定不得违背法律、法规的规定。

2. 接受监督的义务

经营者应当听取消费者对其提供的商品或服务的意见，接受消费者的监督。

3. 保证商品和服务安全的义务

经营者应当保证其提供的商品或服务符合保障人身、财产安全的要求。应当做到：

（1）对可能危及人身、财产安全的商品和服务，应当向消费者做出真实的说明和明确的警示，并说明和标明正确使用商品或者接受服务的方法以及防止危害发生的方法。宾馆、商场、餐馆、银行、机场、车站、港口、影剧院等经营场所的经营者，应当对消费者尽到安全保障义务。

（2）经营者发现其提供的商品或者服务存在缺陷，有危及人身、财产安全危险的，应当立即向有关行政部门报告和告知消费者，并采取停止销售、警示、召回、无害化处理、销毁、停止生产或者服务等措施。采取召回措施的，经营者应当承担消费者因商品被召回支出的必要费用。

4. 提供真实信息的义务

真实的信息是消费者自主选择商品或服务的前提和基础，经营者提供给消费者的信息必须是真实可靠、实事求是的。对消费者就其提供的商品或者服务的质量、使用方法等问题的询问，应做出真实、明确的答复。商店提供商品应明码标价，同时防止经营者在单位数量或重量价格上随意更改。引人误解的宣传可能使消费者对商品和服务的真实情况产生错误的认识，从而影响其消费决策，虚假宣传是宣传的内容与真实情况完全不符的宣传，这都有违提供真实信息的义务。

5. 标明真实名称和标记的义务

经营者应当标明其真实名称和标记。租赁他人柜台或者场地的经营者，应当标明其真实名称和标记。经营者的名称是经营者之间得以相互区别的文字符号。经营者的标记是经营者为经营目的而使用的图形或文字，或图形文字组合符号。名称和标记，是区别商品和服务来源的标识。

6. 出具凭证或单据的义务

经营者提供商品或者服务，应按照国家规定或商业惯例向消费者出具购货凭证或者服务单据；消费者索要购货凭证或者单据的，经营者必须出具。

没有购货凭证或者服务单据，其结果可能使经营者与消费者的纠纷难以解决，责任归属无据可查，加害者难以确定，消费者受到的损害最终无法补救。

7. 保证质量的义务

经营者有义务保证商品和服务的质量。

（1）经营者应当保证在正常使用商品或者接受服务的情况下其提供的商品或者服务应当具有的质量、性能、用途和有效期限；但消费者在购买该商品或者接受该服务前已经知道其存在瑕疵，且存在该瑕疵不违反法律强制性规定的除外。

（2）经营者以广告、产品说明、实物样品或者其他方式表明商品或者服务的质量状况的，应当保证提供的商品或者服务的实际质量与表明的质量状况相符。

（3）经营者提供的机动车、计算机、电视机、电冰箱、空调器、洗衣机等耐用商品或者装饰装修等服务，消费者自接受商品或者服务之日起六个月内发现瑕疵，发生争议的，由经营者承担有关瑕疵的举证责任。

8. 履行"三包"或其他责任的义务

经营者提供的商品或者服务不符合质量要求的，消费者可以依照国家规定或与当事人约定退货，或者要求经营者履行更换、修理等义务。没有国家规定和当事人约定的，消费者可以自收到商品之日起七日内退货；七日后符合法定解除合同条件的，消费者可以及时退货，不符合法定解除合同条件的，可以要求经营者履行更换、修理等义务。按规定进行退货、更换、修理的，经营者应当承担运输等必要费用。

经营者采用网络、电视、电话、邮购等方式销售商品，消费者有权自收到商品之日起七日内退货，且无须说明理由，但下列商品除外：

（1）消费者定做的；

（2）鲜活易腐的；

（3）在线下载或者消费者拆封的音像制品、计算机软件等数字化商品；

（4）交付的报纸、期刊。

除上述所列商品外，其他根据商品性质并经消费者在购买时确认不宜退货的商品，不适用无理由退货。

消费者退货的商品应当完好。经营者应当自收到退回商品之日起七日内返还消费者支付的商品价款。退回商品的运费由消费者承担；经营者和消费者另有约定的，按照约定。

9. 不得单方做出对消费者不利规定的义务

经营者在经营活动中使用格式条款的，应当以显著方式提请消费者注意商品或者服务的数量和质量、价款或者费用、履行期限和方式、安全注意事项和风险警示、售后服务、民事责任等与消费者有重大利害关系的内容，并按照消费者的要求予以说明。

经营者不得以格式条款、通知、声明、店堂告示等方式做出排除或者限制消费者权利、减轻或者免除经营者责任、加重消费者责任等对消费者不公平、不合理的规定，不得利用格式条款并借助技术手段强制交易。

格式条款是经营者单方拟定的，消费者只能接受，无改变其内容的机会；或者只能拒绝，无法实现消费需求。经营者做出的通知、声明、店堂告示等亦属于单方意思表示，侧重于保护经营者的利益。因此，在上述情况下，经营者的格式条款、通知、声明、店堂告示等含有对消费者不公平、不合理规定的，或者减轻、免除其损害消费者合法权益应当承担的民事责任的，其内容无效。判断的依据有：①《中华人民共和国合同法》第四十条规定："格式条款具有本法第五十二条和第五十三条规定情形的，或者提供格式条款一方免除其责任、加重对方责任、排除对方主要权利的，该条款无效。"②该法第五十二条规定："有下列情形之一的，合同无效：（一）一方以欺诈、胁迫的手段订立合同，损害国家利益；（二）恶意串通，损害国家、集体或者第三人利益；（三）以合法形式掩盖非法目的；（四）损害社会公共利益；（五）违反法律、行政法规的强制性规定。"③该法第五十三条规定："合同中的下列免责条款无效：（一）造成对方人身伤害的；（二）因故意或者重大过失造成对方财产损失的。"

10. 不得侵犯消费者人格权的义务

消费者的人格尊严和人身自由理应依法获得保障。经营者不得对消费者进行侮辱、诽谤，不得搜查消费者的身体及其携带的物品，不得侵犯消费者的人身自由。公民的人格尊严的内容包含权利主体自身的人格价值和社会价值得到他人的认识和尊重。消费者在法律范围内有独立为行为而不受他人干涉，不受非法逮捕、拘禁，不被非法剥夺、限制自由及非法搜查身体的自由权利。

11. 网络、电视、电话、邮购等方式提供商品或者服务时的告知义务

采用网络、电视、电话、邮购等方式提供商品或者服务的经营者，以及提供证券、保险、银行等金融服务的经营者，应当向消费者提供经营地址、联系方式、商品或者服务的数量和质量、价款或者费用、履行期限和方式、安全注意事项和风险警示、售后服务、民事责任等信息。

12. 经营者收集、使用消费者个人信息的义务

经营者收集、使用消费者个人信息，应当遵循合法、正当、必要的原则，明示收集、使用信息的目的、方式和范围，并经消费者同意。经营者收集、使用消费者个人信息，应当公开其收集、使用规则，不得违反法律、法规的规定和双方的约定收集、

使用信息。

经营者及其工作人员对收集的消费者个人信息必须严格保密，不得泄露、出售或者非法向他人提供。经营者应当采取技术措施和其他必要措施，确保信息安全，防止消费者个人信息泄露、丢失。在发生或者可能发生信息泄露、丢失的情况时，应当立即采取补救措施。

经营者未经消费者同意或者请求，或者消费者明确表示拒绝的，不得向其发送商业性信息。

第四节　国家对消费者合法权益的保护与争议解决

一、国家对消费者合法权益的保护

（1）立法保护。国家应制定有关消费者权益的法律、法规和政策。

（2）行政保护。各级人民政府应当加强领导，组织、协调、督促有关行政部门做好保护消费者合法权益的工作。加强监督，预防危害消费者人身、财产安全行为的发生，及时制止危害消费者人身、财产安全的行为。工商行政管理部门和其他有关行政部门应当依照法律、法规的规定，在各自的职责范围内，采取措施，保护消费者的合法权益。各级人民政府对消费者协会履行职能应当予以支持。

（3）司法保护。司法机关依照法律、法规的规定，惩处经营者在提供商品和服务中侵害消费者合法权益的违法犯罪行为。人民法院应当采取措施，方便消费者提起诉讼。

二、消费者组织

消费者协会和其他消费者组织是依法成立的对商品和服务进行社会监督的保护消费者合法权益的公益性社会团体。消费者协会履行下列公益性职责：①向消费者提供消费信息和咨询服务，提高消费者维护自身合法权益的能力，引导文明、健康、节约资源和保护环境的消费方式；②参与制定有关消费者权益的法律、法规、规章和强制性标准；③参与有关行政部门对商品和服务的监督、检查；④就有关消费者合法权益的问题，向有关部门反映、查询，提出建议；⑤受理消费者的投诉，并对投诉事项进行调查、调解；⑥投诉事项涉及商品和服务质量问题的，可以委托具备资格的鉴定人鉴定，鉴定人应当告知鉴定意见；⑦就损害消费者合法权益的行为，支持受损害的消费者提起诉讼或者依照本法提起诉讼；⑧对损害消费者合法权益的行为，通过大众传播媒介予以揭露、批评。各级人民政府对消费者协会履行职责应当予以必要的经费等支持。消费者协会应当认真履行保护消费者合法权益的职责，听取消费者的意见和建议，接受社会监督。依法成立的其他消费者组织应依照法律、法规及其章程的规定，开展保护消费者合法权益的活动。

三、消费争议的解决

（一）争议解决的途径

（1）与经营者协商和解。这种方式具有简便、高效、经济的特点，且由于消费者争议大多是涉及标的不大、案情比较简单的争议。协商和解是实际生活中运用最为普遍的方式，对因误解产生的争议，通过解释、谦让及其他补救措施，便可化解矛盾，平息争议，有利于社会和谐。但协商所达成的和解协议从性质上讲属于民事合同，不具有强制执行力。

（2）请求消费者协会调解。消费者协会是依法成立的对商品和服务进行社会监督的保护消费者合法权益的社会团体。消费者协会作为保护消费者权益的社会团体，调解经营者和消费者之间的争议，应依照法律、行政法规及公认的商业道德从事，并由双方自愿接受和执行。

（3）向有关行政部门申诉。当消费者权益受到侵害时，消费者可根据具体情况，向不同的行政职能部门，如工商行政管理部门、技术质量监督、物价等部门提出申诉。

（4）提请仲裁。消费者和经营者可以达成书面仲裁协议（或书面仲裁条款），提请仲裁机构仲裁，仲裁是一裁终局制。

（5）向人民法院提起诉讼。消费者权益受到损害时，可直接向人民法院起诉，也可因不服行政处罚决定而向人民法院起诉。司法审判具有权威性、强制性，是解决各种争议的最后手段。

（二）解决争议的几项具体规则

（1）销售者的先行赔付义务。消费者在购买、使用商品时，其合法权益受到损害的，可以向销售者要求赔偿。销售者赔偿后，属于生产者的责任或者属于向销售者提供商品的其他销售者的责任的，销售者有权向生产者或者其他销售者追偿。消费者或者其他受害人因商品缺陷造成人身、财产损害的，可以向销售者要求赔偿，也可以向生产者要求赔偿。属于生产者责任的，销售者赔偿后，有权向生产者追偿。属于销售者责任的，生产者赔偿后，有权向销售者追偿。消费者在接受服务时，其合法权益受到损害的，可以向服务者要求赔偿。

（2）消费者在接受服务时，其合法权益受到损害时，可以向服务者要求赔偿。

（3）变更后的企业仍应承担赔偿责任。消费者在购买、使用商品或者接受服务时，其合法权益受到损害，因原企业分立、合并的可以向变更后承受其权利义务的企业要求赔偿。

（4）营业执照持有人与租借人的赔偿责任。使用他人营业执照的违法经营者提供商品或者服务，损害消费者合法权益的，消费者可向其要求赔偿，也可以向营业执照的持有人要求赔偿。

（5）展销会举办者、柜台出租者的特殊责任。消费者在展销会、租赁柜台购买商品或者接受服务，其合法权益受到损害的，可以向销售者或服务者要求赔偿。展销会结束或者柜台租赁期满后，也可以向展销会的举办者、柜台的出租者要求赔偿。展销会的举办者、柜台的出租者赔偿后，有权向销售者或者服务者追偿。

（6）消费者通过网络交易平台购买商品或者接受服务，其合法权益受到损害的，可以向销售者或者服务者要求赔偿。网络交易平台提供者不能提供销售者或者服务者的真实名称、地址和有效联系方式的，消费者也可以向网络交易平台提供者要求赔偿；网络交易平台提供者做出更有利于消费者的承诺的，应当履行承诺。网络交易平台提供者赔偿后，有权向销售者或者服务者追偿。

网络交易平台提供者明知或者应知销售者或者服务者利用其平台侵害消费者合法权益，未采取必要措施的，依法与该销售者或者服务者承担连带责任。

（7）消费者因经营者利用虚假广告或者其他虚假宣传方式提供商品或者服务，其合法权益受到损害的，可以向经营者要求赔偿。广告经营者、发布者发布虚假广告的，消费者可以请求行政主管部门予以惩处。广告经营者、发布者不能提供经营者的真实名称、地址和有效联系方式的，应当承担赔偿责任。

广告经营者、发布者设计、制作、发布关系消费者生命健康商品或者服务的虚假广告，造成消费者损害的，应当与提供该商品或者服务的经营者承担连带责任。

社会团体或者其他组织、个人在关系消费者生命健康商品或者服务的虚假广告或者其他虚假宣传中向消费者推荐商品或者服务，造成消费者损害的，应当与提供该商品或者服务的经营者承担连带责任。

第五节 违反消费者权益保护法的法律责任

一、侵犯消费者合法权益的民事责任

（一）经营者承担民事责任的法定情形

（1）商品或者服务存在缺陷的；

（2）不具备商品应当具备的使用性能而出售时未做说明的；

（3）不符合在商品或者其包装上注明采用的商品标准的；

（4）不符合商品说明、实物样品等方式表明的质量状况的；

（5）生产国家明令淘汰的商品或者销售失效、变质的商品的；

（6）销售的商品数量不足的；

（7）服务的内容和费用违反约定的；

（8）对消费者提出的修理、重作、更换、退货、补足商品数量、退还货款和服务费用或者赔偿损失的要求，故意拖延或者无理拒绝的；

（9）法律、法规规定的其他损害消费者权益的情形。

当侵犯消费者权益的行为同时符合消费者权益保护法和合同法等普通民事法律的民事责任要件时，消费者有权选择适用法律请求保护。

（二）民事责任承担的具体情形

（1）经营者提供商品或者服务，造成消费者财产损害的，应当依照法律规定或者

当事人约定承担修理、重作、更换、退货、补足商品数量、退还货款和服务费用或者赔偿损失等民事责任。

（2）预收款方式提供商品或服务的责任。经营者以预收款方式提供商品或者服务的，应当按照约定提供。未按照约定提供的，应当按照消费者的要求履行约定或者退回预付款；并应当承担预付款的利息、消费者必须支付的合理费用。

（3）消费者购买的商品，依法经有关行政部门认定为不合格的，消费者可以要求退货，经营者应当负责退货，而不得无理拒绝。

（三）民事赔偿

1. 人身伤害的民事责任

经营者提供商品或服务，造成消费者或其他人受伤、残疾、死亡的，应承担下列责任：

（1）造成消费者或者其他受害人人身伤害的，应当支付医疗费、治疗期间的护理费、因误工减少的收入等费用；

（2）造成残疾的，除上述费用外，还应支付残疾者生活自助费、生活补助费、残疾赔偿金以及由其抚养的人所必需的生活费等费用；

（3）造成消费者或其他受害人死亡的，应当支付丧葬费、死亡赔偿金以及由死者生前抚养的人所必需的生活费用。

2. 侵犯消费者人格尊严、人身自由的民事责任

经营者侵害消费者的人格尊严、侵犯消费者人身自由或者侵害消费者个人信息依法得到保护的权利的，应当停止侵害、恢复名誉、消除影响、赔礼道歉，并赔偿损失。

3. 财产损害的民事责任

经营者提供商品或者服务，造成消费者财产损害的，应当以修理、重作、更换、退货、补足商品数量、退还货款和服务费用或者赔偿损失等方式承担民事责任。双方对财产损害的补偿有约定的，可按照约定履行。

4. 对欺诈行为的惩罚性规定

经营者提供商品或者服务有欺诈行为的，应当按照消费者的要求增加赔偿其受到的损失，增加赔偿的金额为消费者购买商品的价款或者接受服务的费用的三倍；增加赔偿的金额不足五百元的，为五百元。法律另有规定的，依照其规定。

经营者明知商品或者服务存在缺陷，仍然向消费者提供，造成消费者或者其他受害人死亡或者健康严重损害的，受害人有权要求经营者依照《消费者权益保护法》第四十九条、第五十一条等法律规定赔偿损失，并有权要求所受损失两倍以下的惩罚性赔偿。

欺诈是指经营者故意在提供的商品或服务中，以虚假陈述或者其他不正当手段欺骗、误导消费者，致使消费者权益受到损害的行为。能证明下列事实存在，即可认定经营者构成欺诈行为：①经营者对其商品或服务的说明是虚假的，足以使一般消费者受到欺骗或误导。②消费者因受误导而接受了经营者的商品或服务。

欺诈行为的表现形式，例如：销售掺杂、掺假，以假充真，以次充好的商品；以

虚假的“清仓价”“甩卖价”“最低价”“优惠价”或者其他欺骗性价格表示销售商品；以虚假的商品说明、商品标准、实物样品等方式销售商品；不以自己的真实名称和标记销售商品；采取雇佣他人等方式进行欺骗性的销售诱导；利用广播、电视、电影、报刊等大众传播媒介对商品作虚假宣传；销售假冒商品和失效、变质商品等。

二、消费者权益保护法的行政责任

经营者违反了《消费者权益保护法》第五十条应承担行政责任，行政处罚的方式有：责令改正，警告，没收违法所得，罚款；还可对情节严重者责令停业整顿，吊销营业执照等九种。

若相关法律、法规（如产品质量法、食品卫生法、广告法、价格法等）对处罚机关和处罚方式有规定的，应依照其规定执行；若法律、法规没有规定的，由工商行政管理部门进行处罚。

经营者对行政处罚不服的，可自收到处罚决定之日起 15 日内向上一级机关申请复议，对复议决定仍不服的，可以向人民法院提起诉讼。

三、消费者权益保护法中的刑事责任

对下列行为应根据情节依法追究刑事责任。

（1）经营者提供商品或者服务，造成消费者或其他受害人受伤、残疾、死亡的；

（2）以暴力、威胁等方法阻碍有关行政部门工作人员依法执行职务的；

（3）国家机关工作人员玩忽职守或者包庇经营者侵害消费者合法权益的。

第九章　著作权法

第一节　概述

一、作品

（一）作品的含义

《中华人民共和国著作权法》（以下简称《著作权法》）所称作品，是指文学、艺术和科学领域内具有独创性并能以某种有形形式复制的智力创作成果。其中创作是指直接产生文学、艺术和科学作品的智力活动，为他人创作进行组织工作，提供咨询意见、物质条件，或者进行其他辅助工作，均不视为创作。

（二）作品的特征

（1）独创性。独创性即作品的原创性，是指作品的完成是依作者自己的思想观念、思路、选择、取舍安排、设计结果，而不是依据已有的形式复制而来，也不是依据既定的程序推演而来。这是著作权客体与其他知识产权客体的主要区别。

（2）有具体的表现形式。作者创作的作品必须通过可以识别的载体表现出来，单纯在大脑中的构思或思想不受著作权法的保护。

（3）合法性。合法性指作品要符合我国《宪法》《著作权法》和其他有关法律的规定。《著作权法》规定，依法禁止出版、传播的作品，不受本法保护；著作权人行使著作权，不得违反宪法和法律，不得损害公共利益。

（三）作品的分类

从不同的角度，作品可作如下分类：

（1）自然人作品和法人作品。作者是公民的是自然人作品，作者是法人的为法人作品。

（2）个人作品和合作作品。作者为一人的，该作品是个人作品，作者为两人以上的，该作品为合作作品。

（3）职务作品和非职务作品。公民为完成法人或者其他组织工作任务所创作的作品是职务作品；反之，则是非职务作品。

（4）原创作品和再创作作品。原创作品是指第一次创作的作品，依据原创作品创做出来的作品为再创作作品。

（5）署名作品和匿名作品。作者在作品上署名的是署名作品；反之，则是匿名作品。

（6）文字作品、口头作品、音乐作品，等等。这是根据作品的具体表现形式划分的。

（四）受著作权法保护的作品

在作品的具体表现形式中，受著作权法保护的作品有：

（1）文字作品，是指小说、诗词、散文、论文等以文字形式表现的作品；

（2）口述作品，是指即兴的演说、授课、法庭辩论等以口头语言形式表现的作品；

（3）音乐作品，是指歌曲、交响乐等能够演唱或者演奏的带词或者不带词的作品；

（4）戏剧作品，是指话剧、歌剧、地方戏等供舞台演出的作品；

（5）曲艺作品，是指相声、快书、大鼓、评书等以说唱为主要形式表演的作品；

（6）舞蹈作品，是指通过连续的动作、姿势、表情等表现思想情感的作品；

（7）杂技艺术作品，是指杂技、魔术、马戏等通过形体动作和技巧表现的作品；

（8）美术作品，是指绘画、书法、雕塑等以线条、色彩或者其他方式构成的有审美意义的平面或者立体的造型艺术作品；

（9）建筑作品，是指以建筑物或者构筑物形式表现的有审美意义的作品；

（10）摄影作品，是指借助器械在感光材料或者其他介质上记录客观物体形象的艺术作品；

（11）电影作品和以类似摄制电影的方法创作的作品，是指摄制在一定介质上，由一系列有伴音或者无伴音的画面组成，并且借助适当装置放映或者以其他方式传播的作品；

（12）图形作品，是指为施工、生产绘制的工程设计图、产品设计图，以及反映地理现象、说明事物原理或者结构的地图、示意图等作品；

（13）模型作品，是指为展示、试验或者观测等用途，根据物体的形状和结构，按照一定比例制成的立体作品。

（五）不受著作权法保护的作品

（1）违法作品。我国《著作权法》规定，依法禁止出版、传播的作品，不受本法保护，比如淫秽、反动、传播封建迷信思想等作品。

（2）法律、法规，国家机关的决议、决定、命令和其他具有立法、行政、司法性质的文件及其官方正式译文；

（3）时事新闻；

（4）历法、通用数表、通用表格和公式。

二、著作权法概述

《中华人民共和国著作权法》于 1990 年 9 月 7 日第七届全国人民代表大会常务委员会第十五次会议通过。根据 2001 年 10 月 27 日第九届全国人民代表大会常务委员会第二十四次会议《关于修改〈中华人民共和国著作权法〉的决定》第一次修正，根据 2010 年 2 月 26 日第十一届全国人民代表大会常务委员会第十三次会议《关于修改〈中

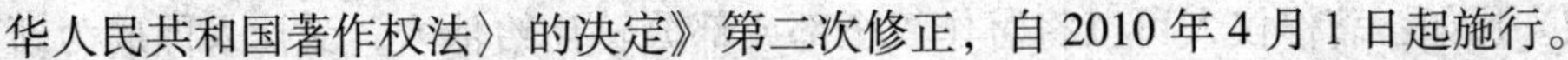

华人民共和国著作权法〉的决定》第二次修正，自2010年4月1日起施行。

三、管理部门

我国《著作权法》规定，国务院著作权行政管理部门主管全国的著作权管理工作；各省、自治区、直辖市人民政府的著作权行政管理部门主管本行政区域的著作权管理工作。

第二节　著作权

一、著作权的含义及特征

（一）著作权的含义

著作权是指基于文学、艺术和科学作品而依法产生的权利。著作权与专利权、商标权共同构成民事权利中的知识产权。在我国，著作权与版权是同义词。

（二）著作权的特征

（1）著作权包括著作人身权和著作财产权双重权利，与专利权、商标权中的人身权相比，著作人身权能够单独存在。

（2）著作权作为一个权利整体一般不可转让，但委托作品的著作权例外；而专利权、商标权则可以整体转让。

（3）著作人身权不可剥夺、不可扣押并不可强制执行。著作人身权不因作者违法犯罪而遭剥夺，也不能因司法诉讼而遭扣押强制执行。

（4）著作人身权具有永久性，署名权、修改权以及保护作品完整权的保护期限不受限制，不因作者死亡而消灭，也不因著作财产权保护期限届满而消灭。

（5）著作财产权具有期限性。

二、著作权的主体

（一）著作权主体的含义

著作权的主体即著作权人，是指依法对文学、艺术和科学作品享有著作权的人。

（二）著作权主体的分类

1. 作者

作者是指创作作品的公民；由法人或者其他组织主持，代表法人或者其他组织意志创作，并由法人或者其他组织承担责任的作品，法人或者其他组织视为作者；如无相反证明，在作品上署名的公民、法人或者其他组织为作者。著作权原则上属于作者，但著作权法另有规定的除外。

2. 其他著作权人

我国《著作权法》规定，除作者外，其他公民或组织也可以通过约定或法律规定取得著作权。比如：著作权人可以将著作权全部或部分转让给他人，受让人即成为新的著作权人；《著作权法》第十九条也规定：著作权属于公民的，公民死亡后，著作财产权在规定的保护期内，依照继承法的规定转移。

三、著作权的内容

著作权的内容从大的方面讲，可以分为两个部分：

（一）著作人身权

著作人身权是指作者对其作品所享有的各种与人身相联系或者密不可分而又无直接财产内容的权利。它具体包括以下几个方面：

（1）发表权，即决定作品是否公之于众的权利。它是著作权中的首要权利，是著作权人行使其他权利的前提和基础。

（2）署名权，即表明作者身份，在作品上署名的权利，可以署真名、假名、笔名、译名，也可以不署名，不署名不等于放弃著作权。

（3）修改权，即修改或者授权他人修改作品的权利。一般来讲，修改权为作者享有，只有经过作者授权，他人才能修改作者的作品，未经授权而擅自修改作品，即为侵犯作者的修改权。但依据《著作权法》的规定，报社、期刊社可以对投稿作品作文字性修改、删节、无须征得作者的同意。

（4）保护作品完整权，即保护作品不受歪曲、篡改的权利。未经作者同意，他人不得擅自删除、变更作品的内容，或对作品进行破坏其内容、表现形式和艺术效果的变动，以保护作者的名誉声望、维护作品的纯洁性。

（二）著作财产权

著作财产权是指著作权人通过使用或许可他人使用其作品而取得经济利益的权利。它具体包括以下几个方面：

（1）复制权，即以印刷、复印、拓印、录音、录像、翻录、翻拍等方式将作品制作一份或者多份的权利；

（2）发行权，即以出售或者赠与方式向公众提供作品的原件或者复制件的权利；

（3）出租权，即有偿许可他人临时使用电影作品和以类似摄制电影的方法创作的作品、计算机软件的权利，计算机软件不是出租的主要标的的除外；

（4）展览权，即公开陈列美术作品、摄影作品的原件或者复制件的权利；

（5）表演权，即公开表演作品，以及用各种手段公开播送作品的表演的权利；

（6）放映权，即通过放映机、幻灯机等技术设备公开再现美术、摄影、电影和以类似摄制电影的方法创作的作品等的权利；

（7）广播权，即以无线方式公开广播或者传播作品，以有线传播或者转播的方式向公众传播广播的作品，以及通过扩音器或者其他传送符号、声音、图像的类似工具向公众传播广播的作品的权利；

（8）信息网络传播权，即以有线或者无线方式向公众提供作品，使公众可以在其个人选定的时间和地点获得作品的权利；

(9) 摄制权，即以摄制电影或者以类似摄制电影的方法将作品固定在载体上的权利；

(10) 改编权，即改变作品，创做出具有独创性的新作品的权利；

(11) 翻译权，即将作品从一种语言文字转换成另一种语言文字的权利；

(12) 汇编权，即将作品或者作品的片段通过选择或者编排，汇集成新作品的权利。

四、著作权的归属

(一) 著作权归属的一般原则

根据《著作权法》的规定，著作权属于作者，但另有规定的除外。

(二) 合作作品的著作权归属

两人以上合作创作的作品，著作权由合作作者共同享有，但没有参加创作的人，不能成为合作作者。合作作品可以分割使用的，作者对各自创作的部分可以单独享有著作权，但行使著作权时不得侵犯合作作品整体的著作权。

(三) 职务作品的著作权归属

公民为完成法人或者其他组织工作任务所创作的作品是职务作品，职务作品的著作权一般归作者享有，但法人或者其他组织有权在其业务范围内优先使用。作品完成两年内，未经单位同意，作者不得许可第三人以与单位使用的相同方式使用该作品。如果主要是利用法人或者其他组织的物质技术条件创作，并由法人或者其他组织承担责任的工程设计图、产品设计图、地图、计算机软件等职务作品，作者享有署名权，著作权的其他权利由法人或者其他组织享有，法人或者其他组织可以给予作者奖励。

此外，法律、行政法规规定或者合同约定著作权由法人或者其他组织享有的职务作品，其著作权归属该法人或者其他组织。

(四) 委托作品的著作权归属

受委托创作的作品，著作权的归属由委托人和受托人通过合同约定。合同未作明确约定或者没有订立合同的，著作权属于受托人。

(五) 演绎作品的著作权归属

演绎作品是指作者或者其他著作权人以其作品为蓝本进行再创造而产生的作品，包括改编、翻译、注释、整理已有作品而产生的作品，其著作权由改编、翻译、注释、整理人享有，但行使著作权时不得侵犯原作品的著作权。

(六) 汇编作品的著作权归属

汇编作品是指汇编若干作品、作品的片段或者不构成作品的数据或者其他材料，对其内容的选择或者编排体现独创性的作品，其著作权由汇编人享有，但行使著作权时，不得侵犯原作品的著作权。其著作权由汇编人享有，但行使著作权时，不得侵犯原作品的著作权。

（七）电影作品和以类似摄制电影的方法创作的作品的著作权归属

电影作品和以类似摄制电影的方法创作的作品的著作权由制片者享有，但编剧、导演、摄影、作词、作曲等作者享有署名权，并有权按照与制片者签订的合同获得报酬。电影作品和以类似摄制电影的方法创作的作品中的剧本、音乐等可以单独使用的作品的作者有权单独行使其著作权。

五、著作权的取得

国际上，著作权的取得主要有以下几种方式：

（一）自动取得

作品一经创作完成，作品即享有该作品的著作权，无须履行任何手续。当今大多数国家，包括我国，均采用此种方式。我国《著作权法》规定，中国公民、法人或者其他组织的作品，不论是否发表，依照法享有著作权，著作权自作品创作完成之日起产生。

（二）标记取得

作品的发表即作品的发表须有一定的标记才能取得著作权，否则就丧失著作权而进入公共领域。例如美国版权法曾要求文字作品必须标明©标记，或“copyright”字样或版权的缩写“COPR”。

（三）注册取得

作品完成后必须登记注册才能取得著作权。按照其国内法要求履行缴送样品、登记、刊登启事、偿付费用等手续，作品才能取得著作权法保护。

六、著作权的保护期限

根据《著作权法》的规定，作者的署名权、修改权、保护作品完整权的保护期不受限制。公民的作品，其发表权、复制权、发行权、出租权等著作人身权的保护期为作者终生及其死亡后五十年，截止于作者死亡后第五十年的12月31日；如果是合作作品，截止于最后死亡的作者死亡后第五十年的12月31日。

法人或者其他组织的作品、著作权（署名权除外）由法人或者其他组织享有的职务作品，其发表权、复制权、发行权、出租权等著作人身权的保护期为五十年，截止于作品首次发表后第五十年的12月31日，但作品自创作完成后五十年内未发表的，不再保护。

电影作品和以类似摄制电影的方法创作的作品、摄影作品，其发表权、复制权、发行权、出租权等著作人身权的保护期为五十年，截止于作品首次发表后第五十年的12月31日，但作品自创作完成后五十年内未发表的，不再保护。

七、著作权的限制

（一）合理使用

合理使用是指在法定条件下，不经著作权人许可，不向其支付报酬，而直接使用他人作品的情形；但使用时应当指明作者姓名、作品名称，并且不得侵犯著作权人依法享有的其他权利。

（1）为个人学习、研究或者欣赏，使用他人已经发表的作品。

（2）为介绍、评论某一作品或者说明某一问题，在作品中适当引用他人已经发表的作品。

（3）为报道时事新闻，在报纸、期刊、广播电台、电视台等媒体中不可避免地再现或者引用已经发表的作品。

（4）报纸、期刊、广播电台、电视台等媒体刊登或者播放其他报纸、期刊、广播电台、电视台等媒体已经发表的关于政治、经济、宗教问题的时事性文章，但作者声明不许刊登、播放的除外。

（5）报纸、期刊、广播电台、电视台等媒体刊登或者播放在公众集会上发表的讲话，但作者声明不许刊登、播放的除外。

（6）为学校课堂教学或者科学研究，翻译或者少量复制已经发表的作品，供教学或者科研人员使用，但不得出版发行。

（7）国家机关为执行公务在合理范围内使用已经发表的作品。

（8）图书馆、档案馆、纪念馆、博物馆、美术馆等为陈列或者保存版本的需要，复制本馆收藏的作品。

（9）免费表演已经发表的作品，该表演未向公众收取费用，也未向表演者支付报酬。

（10）对设置或者陈列在室外公共场所的艺术作品进行临摹、绘画、摄影、录像。

（11）将中国公民、法人或者其他组织已经发表的以汉语言文字创作的作品翻译成少数民族语言文字作品在国内出版发行。

（12）将已经发表的作品改成盲文出版。

（二）法定许可

法定许可，是指根据法律规定的方式直接使用他人作品而不需要经过作者的同意，但应当向作者支付报酬。如我国《著作权法》第二十三条规定："为实施九年制义务教育和国家教育规划而编写出版教科书，除作者事先声明不许使用的外，可以不经著作权人许可，在教科书中汇编已经发表的作品片段或者短小的文字作品、音乐作品或者单幅的美术作品、摄影作品，但应当按照规定支付报酬，指明作者姓名、作品名称，并且不得侵犯著作权人依照本法享有的其他权利。"此外，《著作权法》第三十九条第二款、第四十二条第二款、第四十三条也规定了法定许可的情形。

（三）强制许可

强制许可是指依照法律规定，由著作权主管机关批准，对已发表的作品进行强制使用的情形。目前，我国著作权法还没有规定此制度，但由于我国已经加入了《保护文学和艺术作品伯尔尼公约》和《世界版权公约》，因此，应当适用公约中有关强制许可的规定。

八、著作权的许可使用、转让与出质

（一）著作权的许可使用

著作权人有权许可他人使用自己享有著作权的作品。使用他人作品应当同著作权人订立许可使用合同，但《著作权法》规定可以不经许可的除外。许可使用合同应当包括下列主要内容：

（1）许可使用的权利种类；

（2）许可使用的权利是专有使用权或者非专有使用权；

（3）许可使用的地域范围、期间；

（4）付酬标准和办法；

（5）违约责任；

（6）双方认为需要约定的其他内容。

使用作品的付酬标准可以由当事人约定，也可以按照国务院著作权行政管理部门会同有关部门制定的付酬标准支付报酬。当事人约定不明确的，按照国务院著作权行政管理部门会同有关部门制定的付酬标准支付报酬。

出版者、表演者、录音录像制作者、广播电台、电视台等依照法律有关规定使用他人作品的，不得侵犯作者的署名权、修改权、保护作品完整权和获得报酬的权利。

（二）著作权的转让

著作权人有权转让著作权法规定的著作财产权，转让著作权法第十条第一款第五项至第十七项规定的权利，应当订立书面合同。许可使用合同和转让合同中著作权人未明确许可、转让的权利，未经著作权人同意，另一方当事人不得行使。

（三）著作权的出质

著作权的出质是指著作权人以著作权作为质押物提供质押担保的行为。著作权可以出质，以著作权出质的，由出质人和质权人向国务院著作权行政管理部门办理出质登记。

第三节　与著作权相邻接的权利

一、出版权

图书、报刊和杂志出版者对著作权人交付出版的作品，按照合同约定享有的专有出版权受法律保护，他人不得出版该作品。图书出版者出版图书应当和著作权人订立出版合同，并支付报酬。图书出版者应当按照合同约定的出版质量、期限出版图书。

图书出版者不按照合同约定期限出版，应当依法承担民事责任。图书出版者重印、再版作品的，应当通知著作权人，并支付报酬。图书脱销后，图书出版者拒绝重印、再版的，著作权人有权终止合同。

图书出版者经作者许可，可以对作品修改、删节；报社、期刊社可以对作品作文字性修改、删节。对内容的修改，应当经作者许可。

出版改编、翻译、注释、整理、汇编已有作品而产生的作品，应当取得改编、翻译、注释、整理、汇编作品的著作权人和原作品的著作权人许可，并支付报酬。

二、表演权

使用他人作品演出，表演者（演员、演出单位）应当取得著作权人许可，并支付报酬。演出组织者组织演出，由该组织者取得著作权人许可，并支付报酬。使用改编、翻译、注释、整理已有作品而产生的作品进行演出，应当取得改编、翻译、注释、整理作品的著作权人和原作品的著作权人许可，并支付报酬。

表演者对其表演享有下列权利：

(1) 表明表演者身份；

(2) 保护表演形象不受歪曲；

(3) 许可他人从现场直播和公开传送其现场表演，并获得报酬；

(4) 许可他人录音录像，并获得报酬；

(5) 许可他人复制、发行录有其表演的录音录像制品，并获得报酬；

(6) 许可他人通过信息网络向公众传播其表演，并获得报酬。

三、录音、录像权

录音录像制作者对其制作的录音录像制品，享有许可他人复制、发行、出租、通过信息网络向公众传播并获得报酬的权利；权利的保护期为五十年，截止于该制品首次制作完成后第五十年的 12 月 31 日。

录音录像制作者使用他人作品制作录音录像制品，应当取得著作权人许可，并支付报酬；录音录像制作者使用改编、翻译、注释、整理已有作品而产生的作品，应当取得改编、翻译、注释、整理作品的著作权人和原作品著作权人许可，并支付报酬；录音制作者使用他人已经合法录制为录音制品的音乐作品制作录音制品，可以不经著作权人许可，但应当按照规定支付报酬；著作权人声明不许使用的不得使用；录音录像制作者制作录音录像制品，应当同表演者订立合同，并支付报酬。

四、播放权

广播电台、电视台播放他人未发表的作品，应当取得著作权人许可，并支付报酬；广播电台、电视台播放他人已发表的作品，可以不经著作权人许可，但应当支付报酬。

广播电台、电视台播放已经出版的录音制品，可以不经著作权人许可，但应当支付报酬。当事人另有约定的除外。

广播电台、电视台有权禁止未经其许可的下列行为：

（1）将其播放的广播、电视转播；

（2）将其播放的广播、电视录制在音像载体上以及复制音像载体。

电视台播放他人的电影作品和以类似摄制电影的方法创作的作品、录像制品，应当取得制片者或者录像制作者许可，并支付报酬；播放他人的录像制品，还应当取得著作权人许可，并支付报酬。

第四节　著作权的集体管理

一、著作权集体管理立法

为了规范著作权集体管理活动，便于著作权人和与著作权有关的权利人（以下简称“权利人”）行使权利和使用者使用作品，2004 年 12 月 28 日，国务院制定颁布了本《著作权集体管理条例》。

二、著作权集体管理组织

著作权集体管理组织是指为权利人的利益依法设立，根据权利人授权、对权利人的著作权或者与著作权有关的权利进行集体管理的社会团体。

著作权集体管理组织应当依照有关社会团体登记管理的行政法规和本条例的规定进行登记并开展活动。

著作权法规定的表演权、放映权、广播权、出租权、信息网络传播权、复制权等权利人自己难以有效行使的权利，可以由著作权集体管理组织进行集体管理。

我国的著作权集体管理组织包括：成立于 1992 年的中国音乐著作权协会、成立于 2005 年底的中国音像集体管理协会、成立于 2008 年 10 月的中国文字著作权协会以及成立于 2010 年的中国电影著作权协会。

三、著作权集体管理活动

著作权集体管理，是指著作权集体管理组织经权利人授权，集中行使权利人的有关权利并以自己的名义进行的下列活动：

（1）与使用者订立著作权或者与著作权有关的权利许可使用合同；

（2）向使用者收取使用费；

（3）向权利人转付使用费；

（4）进行涉及著作权或者与著作权有关的权利的诉讼、仲裁等。

第五节　侵犯著作权的法律责任

一、侵犯著作权的行为

根据著作权法的规定，侵犯著作权的行为主要有：

（1）未经著作权人许可，发表其作品的；

（2）未经合作作者许可，将与他人合作创作的作品当作自己单独创作的作品发表的；

（3）没有参加创作，为谋取个人名利，在他人作品上署名的；

（4）歪曲、篡改他人作品的；

（5）剽窃他人作品的；

（6）未经著作权人许可，以展览、摄制电影和以类似摄制电影的方法使用作品，或者以改编、翻译、注释等方式使用作品的，本法另有规定的除外；

（7）使用他人作品，应当支付报酬而未支付的；

（8）未经电影作品和以类似摄制电影的方法创作的作品、计算机软件、录音录像制品的著作权人或者与著作权有关的权利人许可，出租其作品或者录音录像制品的，本法另有规定的除外；

（9）未经出版者许可，使用其出版的图书、期刊的版式设计的；

（10）未经表演者许可，从现场直播或者公开传送其现场表演，或者录制其表演的；

（11）其他侵犯著作权以及与著作权有关的权益的行为。

二、侵犯著作权的法律责任

（一）民事责任

侵犯他人著作权，侵权人应当根据情况，承担停止侵害、消除影响、赔礼道歉、赔偿损失等民事责任。

侵犯著作权或者与著作权有关的权利的，侵权人应当按照权利人的实际损失给予赔偿；实际损失难以计算的，可以按照侵权人的违法所得给予赔偿。赔偿数额还应当包括权利人为制止侵权行为所支付的合理开支。权利人的实际损失或者侵权人的违法所得不能确定的，由人民法院根据侵权行为的情节，判决给予五十万元以下的赔偿。

（二）行政责任

侵犯他人著作权的，同时损害公共利益的，可以由著作权行政管理部门责令停止侵权行为，没收违法所得，没收、销毁侵权复制品，并可处以罚款。情节严重的，著作权行政管理部门还可以没收主要用于制作侵权复制品的材料、工具、设备等。

（三）刑事责任

侵犯他人著作权，情节严重，构成犯罪的，依法追究刑事责任。

第十章　商标法

第一节　概述

现行《中华人民共和国商标法》（以下简称《商标法》）于1982年8月23日经第五届全国人民代表大会常务委员会第二十四次会议通过，1993年2月22日经第七届全国人民代表大会常务委员会第三十次会议决定第一次修正，2001年10月27日经第九届全国人民代表大会常务委员会第二十四次会议决定第二次修正，2013年8月30日经第十二届全国人民代表大会常务委员会第四次会议决定第三次修正。

一、商标的概念

简单地讲，商标就是区别不同商品或服务的标志。尽管商标的功能很多，但识别功能是其最基本的功能，即通过商标可以区分商品或者服务的不同来源，使消费者在同类产品或者服务中做出选择。

二、商标的种类

我国《商标法》规定的注册商标包括以下几种类型：

1. 商品商标

商品商标是指生产者或经营者使用于商品的商标。

2. 服务商标

服务商标是指使用于服务项目，并置于服务场所或者服务、说明书上用来区别服务提供者的商标。

3. 集体商标

集体商标是指以团体、协会或者其他组织名义注册，供该组织成员在商事活动中使用，以表明使用者在该组织的成员资格的标志。

4. 证明商标

证明商标是指由对某种商品或者服务具有监督能力的组织所控制，而由该组织以外的单位或者个人使用于其商品或者服务，用以证明商品或者服务的原产地、原料、制造方法、质量或者其他特定品质的标志。

三、对驰名商标的法律保护

（一）驰名商标的概念

驰名商标指在中国为相关公众广为知晓并享有较高声誉的商标。

（二）驰名商标认定

1. 认定途径

在我国，要想获得驰名商标必须经过认定。我国于 1989 年就开始了驰名商标的认定工作。目前，我国认定驰名商标的途径主要有以下两种：

（1）司法认定。人民法院在商标民事、行政案件审理过程中，根据当事人的请求和案件的具体情况，可以对涉及的商标是否驰名依法做出认定。

（2）行政认定。依照《商标法》的相关规定，在商标注册审查、工商行政管理部门查处商标违法案件过程中，以及在商标争议处理过程中，有关当事人认为其商标构成驰名商标的，可以相应向商标局或者商标评审委员会请求认定驰名商标。商标局、商标评审委员会根据当事人的请求，在查明事实的基础上，依照商标法的有关规定，认定其商标是否构成驰名商标。

2. 认定标准

《商标法》规定，认定驰名商标应当考虑下列因素：

（1）相关公众对该商标的知晓程度。相关公众包括与使用商标所标示的某类商品或者服务有关的消费者，生产前述商品或者提供服务的其他经营者以及经销渠道中所涉及的销售者和相关人员等。

（2）该商标使用的持续时间，包括该商标使用、注册的历史和范围。

（3）该商标的任何宣传工作的持续时间、程度和地理范围，包括广告宣传和促销活动的方式、地域范围、宣传媒体的种类以及广告投放量等。

（4）该商标作为驰名商标受保护的记录，包括该商标曾在中国或者其他国家和地区作为驰名商标受保护的有关情况。

（5）该商标驰名的其他因素，包括使用该商标的主要商品近三年的产量、销售量、销售收入、利税、销售区域等有关情况。

（三）驰名商标的保护和使用

最早对驰名商标进行保护的是《巴黎公约》，其后，《与贸易有关的知识产权协议》将其保护范围扩大。为适应市场经济的发展，履行入世的承诺，2001 年我国修改了《商标法》，增加了对驰名商标的保护。

（1）就相同或者类似商品申请注册的商标是复制、模仿或者翻译他人未在中国注册的驰名商标，容易导致混淆的，不予注册并禁止使用。

（2）就不相同或者不相类似商品申请注册的商标是复制、模仿或者翻译他人已经在中国注册的驰名商标，误导公众，致使该驰名商标注册人的利益可能受到损害的，不予注册并禁止使用。

（3）将他人驰名商标作为企业名称登记，可能欺骗公众或者对公众造成误解的，工商行政机关不予核准登记，已经登记的，可请求工商行政机关予以撤销。

（4）生产、经营者不得将“驰名商标”字样用于商品、商品包装或者容器上，或者用于广告宣传、展览以及其他商业活动中。

（5）各级商标行政主管部门对涉及驰名商标违法犯罪案件，应当及时查处。

第二节　商标注册的申请

一、商标注册申请的主体

商标注册申请人包括自然人、法人和其他组织。申请人不限国籍，且多个主体可以共同申请，并共同享有和行使该商标的专用权。我国《商标法》明确规定，自然人、法人或者其他组织在生产经营活动中，对其商品或者服务需要取得商标专用权的，应当向商标局申请商标注册。

二、商标注册的条件

（一）具备法定构成要素

任何能够将自然人、法人或者其他组织的商品与他人的商品区别开的标志，包括文字、图形、字母、数字、三维标志、颜色组合和声音等，以及上述要素的组合，均可以作为商标申请注册。

（二）具有显著特征

申请注册的商标，应当有显著特征，便于识别。因此，仅有本商品的通用名称、图形、型号的仅仅直接表示商品的质量、主要原料、功能、用途、重量、数量及其他特点的；其他缺乏显著特征的，都不得作为商标注册。但是，前述所列标志经过使用取得显著特征，并便于识别的，可以作为商标注册。

此外，以三维标志申请注册商标的，仅由商品自身的性质产生的形状、为获得技术效果而须有的商品形状或者使商品具有实质性价值的形状，不得注册。

（三）商标注册的禁止条件

商标的禁止条件，也称商标的消极要件，是指注册商标的标记不应当具有的情形。

（1）不得侵犯他人的在先使用权利。比如：《商标法》规定，就同一种商品或者类似商品申请注册的商标与他人在先使用的未注册商标相同或者近似，申请人与该他人具有合同、业务往来关系或者其他关系而明知该他人商标存在，该他人提出异议的，不予注册。不得以不正当手段抢先注册他人已经使用并有一定影响的商标。

（2）不得恶意侵害被代理人或者被代表人的商标权。比如《商标法》规定，未经授权，代理人或者代表人以自己的名义将被代理人或者被代表人的商标进行注册，被代理人或者被代表人提出异议的，不予注册并禁止使用。

（3）不得虚假使用地理标志，误导公众。比如《商标法》规定，商标中有商品的地理标志，而该商品并非来源于该标志所标示的地区，误导公众的，不予注册并禁止使用；但是，已经善意取得注册的继续有效。前述所称地理标志，是指标示某商品来源于某地区，该商品的特定质量、信誉或者其他特征，主要由该地区的自然因素或者人文因素所决定的标志。

（4）不得使用某些禁止使用的标志。《商标法》规定，下列标志不得作为商标使用：①同中华人民共和国的国家名称、国旗、国徽、军旗、勋章相同或者近似的，以及同中央国家机关所在地特定地点的名称或者标志性建筑物的名称、图形相同的；②同外国的国家名称、国旗、国徽、军旗相同或者近似的，但该国政府同意的除外；③同政府间国际组织的名称、旗帜、徽记相同或者近似的，但经该组织同意或者不易误导公众的除外；④与表明实施控制、予以保证的官方标志、检验印记相同或者近似的，但经授权的除外；⑤同“红十字”“红新月”的名称、标志相同或者近似的；⑥带有民族歧视性的；⑦夸大宣传并带有欺骗性的；⑧有害于社会主义道德风尚或者有其他不良影响的。

县级以上行政区划的地名或者公众知晓的外国地名，不得作为商标。但是，地名具有其他含义或者作为集体商标、证明商标组成部分的除外；已经注册的使用地名的商标继续有效。

三、商标注册的原则

（一）自愿注册原则

根据法律规定，目前我国对普通商品的商标是否注册遵循所有人的自愿。但是，人用药品和烟草制品，包括卷烟、雪茄烟和有包装的烟丝必须使用注册商标。

（二）单一申请原则

单一申请原则即在一份商标注册申请中，只能请求在同一类商品中的一种或数种商品上使用一个商标。商标注册申请人在不同类别的商品上申请注册同一商标的，应当按商品分类表分别提出注册申请。

（三）申请在先为主、使用在先为辅的原则

两个或者两个以上的商标注册申请人，在同一种商品或者类似商品上，以相同或者近似的商标申请注册的，初步审定并公告申请在先的商标；同一天申请的，初步审定并公告使用在先的商标，驳回其他人的申请，不予公告。

（四）优先权原则

商标注册申请人自其商标在外国第一次提出商标注册申请之日起六个月内，又在中国就相同商品以同一商标提出商标注册申请的，依照该外国同中国签订的协议或者共同参加的国际条约，或者按照相互承认优先权的原则，可以享有优先权。要求优先权的，应当在提出商标注册申请的时候提出书面声明，并且在三个月内提交第一次提出的商标注册申请文件的副本。

此外，商标在中国政府主办的或者承认的国际展览会展出的商品上首次使用的，自该商品展出之日起六个月内，该商标的注册申请人可以享有优先权。要求优先权的，应当在提出商标注册申请的时候提出书面声明，并且在三个月内提交展出其商品的展览会名称、在展出商品上使用该商标的证据、展出日期等证明文件。

四、商标注册申请的办理

商标注册的国内申请人可以自己直接到商标局办理注册申请手续，也可以委托商标代理组织或者律师事务所办理。外国人或者外国企业在我国申请注册商标和办理其他商标事宜的，应当委托国家工商行政管理总局认可的国内商标代理组织或律师事务所代理。

第三节　商标注册的审查和核准

一、商标注册的审查

对商标的审查包括形式审查和实质审查两个方面。形式审查主要是审查商标注册申请文件和应办手续是否齐备，决定是否受理申请。受理之后，则要对商标注册的实体内容进行审查。实体内容的审查包括商标的构成要素是否符合法律的规定，是否具有显著性，易于识别，是否侵犯他人的优先权和其他合法权利等。对符合规定的或者在部分指定商品上使用商标的注册申请符合规定的，予以初步审定，并予以公告；对不符合规定或者在部分指定商品上使用商标的注册申请不符合规定的，予以驳回或者驳回在部分指定商品上使用商标的注册申请，书面通知申请人并说明理由。

二、复审与诉讼

在商标注册被核准之前，根据不同情况可能会出现两次复审与行政诉讼。第一次是商标注册申请人对驳回申请不服的，可依法向商标评审委员会申请复审，对复审决定不服的，可依法在收到通知之日 30 日内提起行政诉讼。第二次是商标局对初步审定的商标，在 3 个月内依法对其提起的异议进行裁定，当事人对该裁定不服的，可依法提起复审，当事人对复审裁定不服的，可依法提起诉讼。

三、异议与核准

对初步审定的商标，自公告之日起 3 个月内，任何人均可以提出异议。当事人对公告期满无异议的，予以核准注册，发给商标注册证，并予公告。经裁定异议不能成立而核准注册的，商标注册申请人取得商标专用权的时间自初审公告 3 个月期满之日起计算。经异议核准注册的商标，自该商标异议期满之日起至异议裁定生效前，对他人在同一种或者类似商品上使用与该商标相同或者近似的标志的行为不具有追溯力；但是，因该使用人的恶意给商标注册人造成的损失，应当给予赔偿。

第四节　注册商标的续展、转让和使用许可

一、注册商标的续展

注册商标的有效期为十年，自核准注册之日起计算。注册商标有效期满，需要继续使用的，应当在期满前六个月内申请续展注册；在此期间未能提出申请的，可以给予六个月的宽展期。宽展期满仍未提出申请的，注销其注册商标。注册商标的每次续展注册的有效期为十年。

二、注册商标的转让

根据《商标法》的规定，注册商标可以依法进行转让。转让注册商标的，转让人和受让人应当签订转让协议，并共同向商标局提出申请。受让人应当保证使用该注册商标的商品质量。转让注册商标经核准后，予以公告。受让人自公告之日起享有商标专用权。

三、注册商标的使用许可

商标注册人可以通过签订商标使用许可合同，许可他人使用其注册商标。许可人应当监督被许可人使用其注册商标的商品质量。被许可人应当保证使用该注册商标的商品质量。经许可使用他人注册商标的，必须在使用该注册商标的商品上标明被许可人的名称和商品产地。商标使用许可合同应当报商标局备案。

第五节　对注册商标专用权的保护

一、注册商标权的内容

（一）专用权

专用权是指商标权主体对其注册商标依法享有的自己在指定商品或服务项目上独占使用的权利。注册商标的专用权，以核准注册的商标和核定使用的商品为限。

（二）续展权

续展权是指商标权人在其注册商标有效期届满时，依法享有申请续展注册，从而延长其注册商标保护期的权利。

（三）转让权

商标转让权，是指商标权人依法享有的将其注册商标依法定程序和条件，转让给他人的权利。

（四）许可权

许可权是指商标权人可以通过签订商标使用许可合同许可他人使用其注册商标的权利。

（五）标示权

商标注册人使用注册商标，有权标明“注册商标”字样或者注册标记。在商品上不便标明的，可以在商品包装或者说明书以及其他附着物上标明。

（六）禁止权

商标禁止权是商标权人依法享有的禁止他人不经过自己的许可而使用注册商标和与之相近似的商标的权利。

二、侵犯注册商标专用权的行为

根据《商标法》的规定，侵犯注册商标专用权的行为主要有以下几种：

（1）未经商标注册人的许可，在同一种商品上使用与其注册商标相同的商标的；

（2）未经商标注册人的许可，在同一种商品上使用与其注册商标近似的商标，或者在类似商品上使用与其注册商标相同或者近似的商标，容易导致混淆的；

（3）销售侵犯注册商标专用权的商品的；

（4）伪造、擅自制造他人注册商标标识或者销售伪造、擅自制造的注册商标标识的；

（5）未经商标注册人同意，更换其注册商标并将该更换商标的商品又投入市场的；

（6）故意为侵犯他人商标专用权行为提供便利条件，帮助他人实施侵犯商标专用权行为的；

（7）给他人的注册商标专用权造成其他损害的。

三、侵权排除行为

注册商标中含有本商品的通用名称、图形、型号或者直接标示商品的质量、主要原料、功能、用途、重量、数量及其他特点或者含有地名，注册商标专用权人无权禁止他人正当使用。对他人在正当使用行为不能作为商标侵权行为查处。

四、保护措施

对注册商标专用权的保护措施主要有两种，一是行政措施，二是司法措施。

（一）行政措施

对侵犯注册商标专用权的行为，工商行政管理部门有权依法查处。工商行政管理部门在处理涉及注册商标专用权纠纷时，认定侵权行为成立的，有权责令立即停止侵权行为，没收、销毁侵权商品和专门用于制造侵权商品、伪造注册商标标识的工具，并可处以罚款。

（二）司法措施

商标注册人或者利害关系人认为他人侵犯自己注册商标专用权的，可以向人民法院起诉，工商行政管理部门在依法查处侵犯他人注册商标专用权行为时，认为涉嫌犯罪的，应当及时移送司法机关依法处理。

对侵犯商标专用权的赔偿数额的争议，当事人可以请求进行处理的工商行政管理部门调解，也可以依照《中华人民共和国民事诉讼法》向人民法院起诉。经工商行政管理部门调解，当事人未达成协议或者调解书生效后不履行的，当事人可以依照《中华人民共和国民事诉讼法》向人民法院起诉。

侵犯商标专用权的赔偿数额，按照权利人因被侵权所受到的实际损失确定；实际损失难以确定的，可以按照侵权人因侵权所获得的利益确定；权利人的损失或者侵权人获得的利益难以确定的，参照该商标许可使用费的倍数合理确定。对恶意侵犯商标专用权，情节严重的，可以在按照上述方法确定数额的一倍以上三倍以下确定赔偿数额。赔偿数额应当包括权利人为制止侵权行为所支付的合理开支。人民法院为确定赔偿数额，在权利人已经尽力举证，而与侵权行为相关的账簿、资料主要由侵权人掌握的情况下，可以责令侵权人提供与侵权行为相关的账簿、资料；侵权人不提供或者提供虚假的账簿、资料的，人民法院可以参考权利人的主张和提供的证据判定赔偿数额。权利人因被侵权所受到的实际损失、侵权人因侵权所获得的利益、注册商标许可使用费难以确定的，由人民法院根据侵权行为的情节判决给予三百万元以下的赔偿。

第十一章 专利法

第一节 概述

《中华人民共和国专利法》（以下简称《专利法》）于1984年3月12日第六届全国人民代表大会常务委员会第四次会议通过，根据1992年9月4日第七届全国人民代表大会常务委员会第二十七次会议《关于修改〈中华人民共和国专利法〉的决定》第一次修正，根据2000年8月25日第九届全国人民代表大会常务委员会第十七次会议《关于修改〈中华人民共和国专利法〉的决定》第二次修正，根据2008年12月27日第十一届全国人民代表大会常务委员会第六次会议《关于修改〈中华人民共和国专利法〉的决定》第三次修正，自2009年10月1日起施行。

一、专利

现代意义上的“专利”主要有三层含义：第一，指权利人所享有的专利权的简称，第二，指取得专利权并受专利法保护的发明创造，第三，指专利文献。我国《专利法》中的专利主要是指权利人所享有的专利权。

二、专利权

（一）专利权的含义

专利权是发明创造人或其权利受让人对特定的发明创造在一定期限内依法享有的独占实施权，是知识产权的一种。

（二）专利权的主体

专利权的主体即专利权人，是指有权申请专利并取得专利权，或以其他方式取得专利权并承担与此相适应的义务的人，他们既可以是个人，也可以是单位，既可以是本国人，也可以是外国人。主要有以下几种类型：

1. 发明人（或设计人）

发明人即完成发明创造的人。《专利法》所称发明人，是指对发明创造的实质性特点做出创造性贡献的人。在完成发明创造过程中，只负责组织工作的人，不应当被认为是发明人。只有自然人才能成为发明人。发明人在发明创造活动中处于核心地位。

我国《专利法》把发明人分为两类，即非职务发明人和职务发明人，并规定非职务发明创造，申请专利的权利属于发明人或者设计人；申请被批准后，该发明人或者设计人为专利权人。对于职务发明，如果发明人是利用本单位的物质技术条件所完成的发明创造，且单位与发明人或者设计人订有合同，合同约定申请专利的权利和专利权归发明人或设计人的，发明人或设计人是专利权人。

2. 职务发明的发明人或设计人所在单位

对职务发明创造，申请专利的权利属于发明人所在的单位，但发明人是利用本单位的物质技术条件所完成的发明创造，且单位与发明人或者设计人订立合同约定申请专利的权利和专利权归发明人或设计人的除外。在我国职务发明创造有两大类，即执行本单位任务所完成的发明创造和主要利用本单物质条件所完成的发明创造。执行本单位任务所完成的发明创造是指：在本职工作中做出的发明创造；履行本单位交付的本职工作之外的任务所做出的发明创造；退职、退休或调动工作后1年内做出的，与其在原单位承担的本职工作或原单位分配的任务有关的发明创造。所谓本单位的物质条件，是指本单位的资金、设备、零部件、原材料或不向外公开的技术资料等。

职务发明创造的专利权归发明人或设计人所在的单位的，发明人或设计人享有署名权和获得奖金、报酬的权利，即发明人和设计人有权在专利申请文件及有关专利文献中写明自己是发明人或设计人；被授予专利权的单位应当按规定向对职务发明创造的发明人或者设计人发给奖金；在发明创造专利实施后，单位应根据其推广应用的范围和取得的经济效益，对发明人或者设计人给予合理的报酬。发明人或设计人的署名权可以通过书面声明放弃。

3. 共同发明人

当一项发明创造由两人或两人以上共同完成时，这些完成发明创造的人即为共同发明人，其所完成的发明创造称为共同发明。共同发明人就其非职务发明有申请专利的权利，并成为专利权人。

4. 受让人

受让人是指通过合同或继承而依法取得专利权的单位或个人。专利申请权转让之后，如果获得了专利，那么受让人就是该专利权的主体；专利权转让后，受让人成为该专利权的新主体。

（三）专利权的客体

1. 发明

发明是指对产品、方法或者其改进所提出的新的技术方案。我国《专利法》将发明分为产品发明、方法发明和改进发明三种。产品发明是关于新产品或新物质的发明。方法发明是指为解决某特定技术问题而采用的手段和步骤的发明。改进发明是对已有的产品发明或方法发明所做出的实质性革新的技术方案。

2. 实用新型

实用新型是指对产品的形状、构造或者其结合所提出的适于实用的新的技术方案。

3. 外观设计

外观设计又称为工业产品外观设计，是指对产品的形状、图案或者其结合以及色彩与形状、图案相结合所做出的富有美感并适于工业上应用的新设计。外观设计的载体必须是产品。

（四）专利权的内容

1. 专利权人的权利

（1）独占实施权。发明和实用新型专利权被授予后，除专利法另有规定的以外，任何单位或者个人未经专利权人许可，都不得实施其专利，即不得为生产经营目的制造、使用、许诺销售、销售、进口其专利产品，或者使用其专利方法以及使用、许诺销售、销售、进口依照该专利方法直接获得的产品。

（2）实施许可权。它是指专利权人可以许可他人实施其专利技术并收取专利使用费。根据实施许可的程度和范围，实施许可权又可以分为三种：其一，独占实施许可。它是指在一定时间和地域范围内，专利权人只许可一个被许可人实施其专利，专利权人也不得实施该专利。其二，排他实施许可。它是指在一定时间和地域范围内，专利权人只许可一个被许可人实施其专利，但专利权人有权实施该专利。其三，普通实施许可。它是指在一定时间和地域范围内，专利权人可以许可多个被许可人实施其专利，专利权人自己也可实施该专利。

（3）转让权。专利申请权和专利权可以转让。转让专利申请权和专利权的，当事人应当订立书面合同，并向国务院专利行政部门登记，由国务院专利行政部门予以公告，专利权的转让自登记之日起生效。中国单位或者个人向外国人转让专利权的，必须经国务院有关主管部门批准。

（4）标示权。它是指专利权人享有在其专利产品或者该产品的包装上标明专利标记和专利号的权利。

2. 专利权人的义务

专利权人应当自被授予专利权的当年开始缴纳年费。未按规定交纳年费的，可能导致专利权终止。对于职务发明，在授予专利权后，专利权人应当按照规定对发明人或设计人进行奖励；专利实施后，根据其推广应用所取得的经济效益，应按规定对发明人或者设计发给合理的报酬。

三、专利的管理

国务院专利行政部门负责管理全国的专利工作，统一受理和审查专利申请，依法授予专利权，省、自治区、直辖市人民政府管理专利工作的部门负责本行政区域内的专利管理工作。

国务院专利行政部门设立专利复审委员会，负责对专利申请人对国务院专利行政部门驳回申请的决定不服的复审请求进行审查。

第二节 专利权授予的原则、条件和对象

一、专利权授予的原则

（一）一发明一专利原则

《专利法》规定，同样的发明创造只能授予一项专利权。但是，同一申请人同日对同样的发明创造既申请实用新型专利又申请发明专利，先获得的实用新型专利权尚未终止，且申请人声明放弃该实用新型专利权的，可以授予发明专利权。

（二）申请在先原则

《专利法》规定，两个以上的申请人分别就同样的发明创造申请专利的，专利权授予最先申请的人。

二、专利权授予的条件

（一）授予专利权的积极条件

1. 发明或者实用新型专利权授予的积极条件

（1）新颖性。新颖性是指该发明或者实用新型不属于现有技术，也没有任何单位或者个人就同样的发明或者实用新型在申请日以前向国务院专利行政部门提出过申请，并记载在申请日以后公布的专利申请文件或者公告的专利文件中。

《专利法》规定，申请专利的发明创造在申请日以前六个月内，有下列情形之一的，不丧失新颖性：①在中国政府主办或者承认的国际展览会上首次展出的；②在规定的学术会议或者技术会议上首次发表的；③他人未经申请人同意而泄露其内容的。

（2）创造性。创造性是指同现有技术相比，该发明有突出的实质性特点和显著的进步，该实用新型有实质性特点和进步。

（3）实用性。实用性是指该发明或者实用新型能够制造或者使用，并且能够产生积极效果。

其中，新颖性和创造性中所指的现有技术是指申请日以前在国内外为公众所知的技术。

2. 外观设计专利专利权授予的积极条件

（1）新颖性。授予专利权的外观设计应当不属于现有设计（现有设计是指申请日以前在国内外为公众所知的设计），也没有任何单位或者个人就同样的外观设计在申请日以前向国务院专利行政部门提出过申请，并记载在申请日以后公告的专利文件中。

（2）显著性。授予专利权的外观设计与现有设计或者现有设计特征的组合相比，应当具有明显区别。

（3）实用性。授予专利权的外观设计必须适于工业应用。这要求外观设计本身以及作为载体的产品能够以工业的方法重复再现，即能够在工业上指生产。

(二) 授予专利权的禁止条件

(1) 不得违反法律、社会公德或者妨害公共利益。《专利法》特别规定，对违反法律、社会公德或者妨害公共利益的发明创造，不授予专利权。对违反法律、行政法规的规定获取或者利用遗传资源，并依赖该遗传资源完成的发明创造，不授予专利权。

(2) 不得与他人在行取得的合法权利相冲突。他人在行取得的合法权利包括专利的在先申请权和专利权，也包括了商标权、著作权、企业名称权、肖像权、知名商品特有包装装潢使用权等。

三、专利权授予的对象

根据《专利法》及其实施细则的规定，对符合法律规定条件的发明、实用新型和外观设计专利申请，应当授予专利权，但是，下列各项不得授予专利权：

(1) 科学发现；

(2) 智力活动的规则和方法；

(3) 疾病的诊断和治疗方法；

(4) 动物和植物品种，但该产品的生产方法，可以依照本法规定授予专利权；

(5) 用原子核变换方法获得的物质；

(6) 对平面印刷品的图案、色彩或者两者的结合做出的主要起标识作用的设计。

第三节　专利的申请、审批

一、专利的申请

(一) 专利申请的原则

在提出专利申请时，应遵守一发明一专利的原则。一件发明或实用新型专利申请应仅限于一项发明或实用新型。属于一个总的发明构思的两项以上的发明或实用新型，可以作为一件申请提出。一件外观设计专利申请应当限于一种产品所使用的一项外观设计。用于同一类别并且成套出售或使用的产品的两项以上的外观设计，可以做出一件申请提出。

(二) 专利申请文件

申请发明或实用新型专利的，应当提交请求书、说明书及其摘要和权利要求书等文件。请求书应当写明发明或者实用新型的名称，发明人的姓名，申请人姓名或者名称、地址，以及其他事项；说明书应当对发明或者实用新型做出清楚、完整的说明，以所属技术领域的技术人员能够实现为准；权利要求书应当以说明书为依据，清楚、简要地限定要求专利保护的范围；依赖遗传资源完成的发明创造，申请人应当在专利申请文件中说明该遗传资源的直接来源和原始来源；申请人无法说明原始来源的，应当陈述理由。申请外观设计专利的，应当提交请求书以及该外观设计的图片或照片等文件，并且应当写明使用该外观设计的产品及其所属的类别。

（三）专利申请日的确定

申请日是指提出专利申请的日期。申请日的确定具有重要意义：申请日是审查发明创造新颖性和创造性的时间界线；同样的发明创造如有两个或两个以上的申请人分别提出，申请日便是确定专利权归属的客观标准。此外，申请日也是确定优先权的依据，专利权的有效期限也从申请日开始计算。专利局收到专利申请文件之日为申请日。如果申请文件是邮寄的，以寄出的邮戳日为申请日。

（四）优先权声明

申请人自发明或实用新型在外国第一次提出专利申请之日起 12 个月内，或自外观设计在外国第一次提出专利申请之日起 6 个月内，又在中国就相同主题提出专利申请的，依照该外国同中国签订的协议或共同参加的国际条约，或依照相互承认优先权的原则，可以享有优先权。申请人自发明或实用新型在中国第一次提出专利申请之日起 12 个月内，又向专利局就相同主题提出专利申请的，可以享有优先权。申请人要求优先权的，应当在申请的时候提出书面申请，并且在 3 个月内提出第一次提出的专利申请文件的副本；未提出书面声明或逾期未提交专利申请文件副本的，视为未要求优先权。

（五）专利申请的修改和撤回

1. 专利申请的修改

发明专利申请人在办理专利申请手续过程中，在提出实质审查请求或在对专利局第一次实质审查意见做出答复时，可以主动对其专利申请文件进行修改。实用新型或外观设计专利申请人自申请日起 3 个月内，可以对实用新型或外观设计专利申请主动提出修改。但是，对发明和实用新型专利申请文件的修改不得超出原说明书和权利要求书记载的范围，对外观设计专利申请文件的修改不得超出原图片或照片表示的范围。专利局对专利申请文件中的发明创造名称、摘要或请求书的明显错误可以予以修改，并通知申请人。

2. 专利申请的撤回

专利申请人可以在被授予专利权之前随时撤回其专利申请。发明专利申请人自申请日起 3 年内，不向专利局提出实质审查请求的，该发明专利申请即被视为撤回。

二、专利申请的审批

（一）发明专利申请的审批

一项发明专利申请经过受理、初步审查、公布、实质审查等程序才可能被授予专利权。

1. 受理

国务院专利行政部门对专利申请类别明确、材料齐全、打印正确规范、内容填写正确完整，以及代理申请等符合规定的，应当受理；反之，则不予受理。

2. 初步审查

专利局在受理发明专利申请后，须对该申请在形式上是否符合专利法的规定进行审查。初步审查的内容主要包括：

（1）发明专利申请是否具备《专利法》第二十六条所规定的专利申请文件；这些文件是否符合规定的格式。

（2）申请专利的发明是否明显属于《专利法》第五条规定的违反国家法律、社会公德或妨害公共利益的发明创造。

（3）申请专利的发明是否明显属于《专利法》第二十五条规定的不授予专利权的范围。

（4）在中国没有经常居所或营业所的外国人、外国企业或其他组织是否有资格在中国申请专利；是否按规定委托了专利代理机构。

（5）将在中国完成的发明或者实用新型向外国申请专利的，是否按规定先报经国务院专利行政部门进行了保密审查。

（6）发明专利申请是否采取一项发明一个专利申请。

（7）申请人对专利申请文件的修改是否符合《专利法》第三十三条的规定，是否明显超出原说明书和权利要求书记载的范围。

专利局在初步审查后，应将审查意见通知申请人，要求其在指定的期限内陈述意见或补正；申请人期满未答复的，其申请被视为撤回。申请人陈述意见或补正后，专利局仍认为不符合专利法规定的形式要求的，应当予以驳回。

3. 公布

专利局收到发明专利申请后，经初步审查认为符合专利法要求的，自申请日起满18个月，即行公布。专利局可根据申请人的请求早日公布其申请。申请人请求早日公布其发明专利申请的，应当向专利局声明。专利局对该申请进行初步审查后，除予以驳回的上，应当立即将申请予以公布。

4. 实质审查

发明专利申请自申请日起3年内，专利局可以根据申请人随时提出的请求，对其申请进行实质审查，申请人无正当理由逾期请求实质审查的，该申请即被视为撤回。专利局认为必要的时候，可以自行对发明专利申请进行实质审查，但应当通知申请人。发明专利的申请人请求实质审查的时候，应当提交在申请日前与其发明有关的参考资料。发明专利已在外国提出过申请的，申请人请求实质审查的时候，应当提交该国为审查其申请进行检索的资料或审查结果的资料；无正当理由不提交的，该申请即被视为撤回。专利局对发明专利申请进行实质审查后，认为不符合专利法规定的，应当通知申请人，要求其在指定的期间内陈述意见，或对其申请进行修改；无正当理由逾期不答复的，该申请即被视为撤回。

5. 专利申请的驳回、复审

（1）专利申请的驳回。发明专利申请经实质审查，属于以下情况的应予驳回：申请不符合《中华人民共和国专利法实施细则》（以下简称《专利法实施细则》）第二条第一款有关发明的规定；申请属于《专利法》第五条规定的违反国家法律、社会公德或妨害公共利益的发明创造；或属于《专利法》第二十五条规定的不授予专利权的情况；或不符合《专利法》第二十二条和《专利法实施细则》第二十二条规定的新颖性、创造性和实用性的要求；或依照《专利法》第九条规定不能取得专利权的；申请不符合《专利法》第二十六条规定，没有提供符合专利法要求的说明书或权利请求书的；或不符合《专利法》第三十一条规定的一发明一专利原则要求的；申请的修改或方案的申请超出原说明书和权利要求书记载范围的。

（2）专利复审。对专利局驳回申请的决定不服，或对专利局撤销或维持专利决定不服的，可以自收到通知之日起 3 个月内，向专利复审委员会请求复审。专利复审委员会进行复审后，认为复审请求不符合专利法规定的，应通知复审请求人，要求其在指定期限内陈述意见；期满未答复的，该复审请求被视为撤回。请求人陈述意见后，专利复审委员会经审查认为仍然不符合专利法规定的，则做出驳回该复审请求的决定。申请人对复审委员会的复审决定不服的，可以自收到通知之日起 3 个月内向人民法院提出诉讼。但专利复审委员会对请求人关于实用新型、外观设计的复审请求所做出的决定为终局决定。

6. 批准

发明专利申请经实质审查没有发现驳回理由的，专利局将做出授予发明专利权的决定，发给发明专利证书，并予以登记和公告。

（二）实用新型和外观设计专利申请的审批

实用新型和外观设计专利申请经初步审查没有发现驳回理由的，专利局应做出授予实用新型专利权或外观设计专利的决定，发给相应的专利证书，并予以登记和公告。实用新型和外观设计专利申请只有初步审查，没有实质审查。

第四节 专利权的期限、终止和无效

一、专利权的期限

专利权的期限，又称专利保护期。根据我国《专利法》规定，发明专利权的期限为二十年，实用新型专利权和外观设计专利权的期限为十年，均自申请日起计算。

二、专利权的终止

专利权的终止是指在专利权的有限期限内，专利权人的专利权归于消灭。《专利法》规定，有下列情形之一的，专利权在期限届满前终止：

（1）没有按照规定缴纳年费的；

（2）专利权人以书面声明放弃其专利权的。

专利权在期限届满前终止的，由国务院专利行政部门登记和公告。

三、专利权的无效

自国务院专利行政部门公告授予专利权之日起，任何单位或者个人认为该专利权的授予不符合本法有关规定的，可以请求专利复审委员会宣告该专利权无效。

专利复审委员会对宣告专利权无效的请求应当及时审查和做出决定，并通知请求人和专利权人。宣告专利权无效的决定，由国务院专利行政部门登记和公告。

对专利复审委员会宣告专利权无效或者维持专利权的决定不服的，可以自收到通知之日起三个月内向人民法院起诉。人民法院应当通知无效宣告请求程序的对方当事人作为第三人参加诉讼。

宣告无效的专利权视为自始即不存在。

宣告专利权无效的决定，对在宣告专利权无效前人民法院做出并已执行的专利侵权的判决、调解书，已经履行或者强制执行的专利侵权纠纷处理决定，以及已经履行的专利实施许可合同和专利权转让合同，不具有追溯力。但是因专利权人的恶意给他人造成的损失，应当给予赔偿。

第五节　专利权的限制和保护

一、专利权的限制

（一）专利实施的强制许可

（1）不实施时的强制许可。具备实施条件的单位以合理的条件请求发明或者实的新型专利权人许可实施其专利，而未能在合理长的时间内获得这种许可时，国务院专利行政部门根据该单位的申请，可以给予实施该发明专利或者实用新型专利的强制许可。请求国务院专利行政部门给予强制许可的，只有在专利权被授予之日起满 3 年后才可以申请。

（2）根据公共利益需要的强制许可。在国家出现紧急状态或者非常情况时，或者为了公共利益的目的，国务院专利行政部门可以给予实施发明专利或者实用新型专利的强制许可。

（3）从属专利的强制许可。一项取得专利权的发明或者实用新型比以前已经取得专利权的发明或者实用新型具有显著经济意义的重大技术进步，其实施又有赖于前一发明或者实用新型的实施的，国务院专利行政部门根据后一专利权人的申请，可以给予实施前一发明或者新型的强制许可。

（二）不视为侵犯专利权的行为

（1）专利权人制造、进口或者经专利权人许可而制造、进口的专利产品或者依照专利方法直接获得的产品售出后，使用、许诺销售或者销售该产品的。

(2) 在专利申请日前已经制造相同产品、使用相同方法或者已经做好制造、使用的必要准备，并且仅在原有范围内继续制造、使用的。

(3) 临时通过中国领陆、领水、领空的外国运输工具，依照其所属国同中国签订的协议或者共同参加的国际条约，或者依照互惠原则，为运输工具自身需要而在其装置和设备中使用有关专利的。

(4) 专为科学研究和实验而使用有关专利的。

二、专利权的保护

(一) 保护范围

发明或者实用新型专利权的保护范围以其权利要求的内容为准，说明书及附图可以用于解释权利要求的内容；外观设计专利权的保护范围以表示在图片或者照片中的该产品的外观设计为准，简要说明可以用于解释图片或者照片所表示的该产品的外观设计。

(二) 保护措施、途径

未经专利权人许可，实施其专利，即侵犯其专利权，引起纠纷的，由当事人协商解决；不愿协商或者协商不成的，专利权人或者利害关系人可以向人民法院起诉，也可以请求管理专利工作的部门处理。管理专利工作的部门处理时，认定侵权行为成立的，可以责令侵权人立即停止侵权行为，当事人不服的，可以自收到处理通知之日起十五日内依照《中华人民共和国行政诉讼法》向人民法院起诉；侵权人期满不起诉又不停止侵权行为的，管理专利工作的部门可以申请人民法院强制执行。进行处理的管理专利工作的部门应当事人的请求，可以就侵犯专利权的赔偿数额进行调解；调解不成的，当事人可以依照《中华人民共和国民事诉讼法》向人民法院起诉。

专利权人或者利害关系人有证据证明他人正在实施或者即将实施侵犯专利权的行为，如不及时制止将会使其合法权益受到难以弥补的损害的，可以在起诉前向人民法院申请采取责令停止有关行为的措施。为了制止专利侵权行为，在证据可能灭失或者以后难以取得的情况下，专利权人或者利害关系人可以在起诉前向人民法院申请保全证据。

假冒专利的，除依法承担民事责任外，由管理专利工作的部门责令改正并予公告，没收违法所得，可以并处违法所得四倍以下的罚款；没有违法所得的，可以处二十万元以下的罚款；构成犯罪的，依法追究刑事责任。

管理专利工作的部门根据已经取得的证据，对涉嫌假冒专利行为进行查处时，可以询问有关当事人，调查与涉嫌违法行为有关的情况；对当事人涉嫌违法行为的场所实施现场检查；查阅、复制与涉嫌违法行为有关的合同、发票、账簿以及其他有关资料；检查与涉嫌违法行为有关的产品，对有证据证明是假冒专利的产品，可以查封或者扣押。管理专利工作的部门依法行使前款规定的职权时，当事人应当予以协助、配合，不得拒绝、阻挠。

侵犯专利权的赔偿数额按照权利人因被侵权所受到的实际损失确定；实际损失难以确定的，可以按照侵权人因侵权所获得的利益确定。权利人的损失或者侵权人获得的利益难以确定的，参照该专利许可使用费的倍数合理确定。赔偿数额还应当包括权利人为制止侵权行为所支付的合理开支。权利人的损失、侵权人获得的利益和专利许可使用费均难以确定的，人民法院可以根据专利权的类型、侵权行为的性质和情节等因素，确定给予一万元以上一百万元以下的赔偿。

第十二章　合同法

第一节　概述

一、合同概述

1. 合同的概念

合同是平等主体的自然人、法人、其他组织之间设立、变更、终止民事权利义务关系的协议。而涉及婚姻、收养、监护等有关人身关系的协议，适用其他法律规定，不适用本章《中华人民共和国合同法》（以下简称《合同法》）的规定。

2. 合同的特征

合同作为现实交易活动中主要的、重要的法律事实，具有以下特征：

第一，主体的平等性。平等是指签订合同的当事人在法律上是平等的，平等地享有各项权利，也平等地受法律保护，这主要来源于合同是调整民事关系中的财产关系。

第二，行为的一致性。合同成立的实质是签订合同双方当事人意思表示一致。

第三，内容的确定性。合同的内容是指双方的权利义务，一定是事先协商确定的，所涉及的对象即标的是确定。

3. 合同的分类

根据不同的标准，合同有不同的分类，在学理上通常有如下分类：

第一，按合同的名称划分。合同分为有名合同、无名合同。有名合同是指《合同法》分则明确列举的15类特定名称的合同，反之为无名合同。划分的意义在于法律适用时，有名合同则按《合同法》分则中对应名称的法律规定优先适用，无名合同则按《合同法》总则中规定优先使用，总则中没有规定的再按与分则中相近的有名合同参照适用。若当事人的合同名称与合同的实际内容不一致时，则以实际内容所确定的权利义务来确定合同的名称。

第二，按合同是否要符合法律规定的特定的要件划分。合同分为要式合同、不要式合同。要式合同是指合同的成立或生效必须要履行特定的程序或采用书面形式法律才予以认可或保护的合同，比如中外合资经营企业合同、房屋抵押合同、公证合同均为要式合同。

第三，按合同的成立是否要以交付标的物为构成要件划分。合同分为诺成合同、实践合同。诺成合同是指当事人意思表示一致即可成立的合同，而实践合同是指除当事人意思表示一致外，还需要交付标的物方可成立的合同，比如民间借款合同为实践合同，银行借款就为诺成合同。划分的意义在于确定合同成立的时间以及标的物所有权和风险的转移。

第四，按当事人双方是否互负义务划分。合同分为双务合同、单务合同。双务合同是指当事人双方均有向对方履行给付义务的合同，单务合同是指一方当事人只享有权利而不承担义务，对方当事人只负有义务而不享有权利。划分的意义在于对履行义务有不同的规则。

第五，按当事人取得权利是否支付了相应代价划分。合同分为有偿合同、无偿合同。有偿合同是指当事人因取得权利（包括利益）须偿付一定代价的合同，无偿合同是指当事人一方只取得权利而不偿付任何代价的合同。区分该类合同的意义在于确定当事人不同的权利义务以及违约责任的大小。

第六，按合同之间是否具有的从属关系划分。合同分为主合同、从合同。当两个以上的合同相互关联时，其中一个合同对另外的合同存在制约或限制时，便产生了主从合同关系。主合同是指不以其他合同的存在为前提即不受其制约而独立存在的合同，从合同是指必须以其他合同存在为前提，自身不能独立存在的合同。如借贷合同为主合同，为借贷合同所设的抵押担保合同则是从合同。区分这类合同的意义在于明确相互之间的制约关系，从而判断合同之间的变更或消灭乃至合同的效力。

第七，按合同内容产生的方式来划分。合同分为格式合同、非格式合同。格式合同是指由格式条款组成的合同，格式条款是一方当事人为了重复使用而预先拟定，并在订立合同时未与对方协商的条款。非格式合同是指由当事人协商确定条款组成的合同。提供格式条款的一方应当遵循公平原则确定当事人之间的权利和义务，并采取合理的方式提请对方注意免除或者限制其责任的条款，按照对方的要求，对该条款予以说明。格式条款具有《合同法》第五十二条和第五十三条规定情形的，或者提供格式条款一方免除其责任、加重对方责任、排除对方主要权利的，该条款无效。对格式条款的理解发生争议的，应当按照通常理解予以解释。对格式条款有两种以上解释的，应当做出不利于提供格式条款一方的解释。格式条款和非格式条款不一致的，应当采用非格式条款。

二、合同法概述

1. 合同法的概念

合同法是指调整有关合同关系的各种法律规范的总称。其有广义和狭义之分，狭义的合同法指《中华人民共和国合同法》。《中华人民共和国合同法》于 1999 年 3 月 15 日，经第九届全国人民代表大会第二次会议通过，1999 年 10 月 1 日起生效。

2. 合同法的基本原则

合同法的基本原则是指合同立法的指导思想以及调整民事主体间合同关系所必须遵循的基本方针和准则，其贯穿于整个合同法律规范之中。《合同法》主要规定了如下基本原则：

第一，平等原则。平等原则是指合同当事人的法律地位平等，一方不得将自己的意志强加给对方。

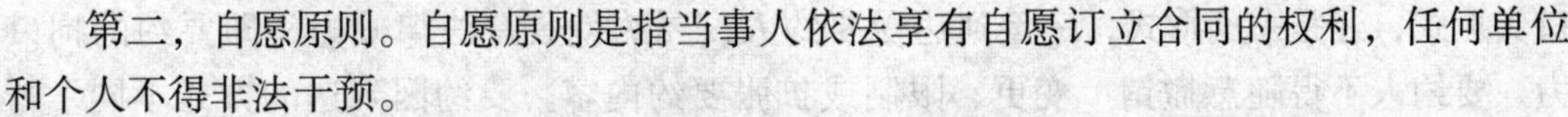

第二，自愿原则。自愿原则是指当事人依法享有自愿订立合同的权利，任何单位和个人不得非法干预。

第三，公平原则。公平原则是指当事人应当客观公正地确定各方的权利和义务。

第四，诚信原则。诚信原则是指当事人在行使权利、履行义务时应当诚实、守信。

第五，公序良俗原则。公序良俗原则是指当事人订立、履行合同，应当遵守法律、行政法规，尊重社会公德，不得扰乱社会经济秩序，损害社会公共利益。

第六，法律拘束力原则。法律拘束力原则是指依法成立的合同，对当事人具有法律约束力。当事人应当依照约定履行自己的义务，不得擅自变更或者解除合同。依法成立的合同，受法律保护。

第二节　合同的订立

合同的订立是指合同当事人签订合同的动态过程。整个动态过程包括合同订立的程序、合同的成立、合同的形式以及缔约过失责任。

一、合同订立的程序

合同经法律规定的程序签订才成立。合同订立的程序是指当事人相互做出意思表示并就合同条款达成一致协议的具体过程，该过程分为要约和承诺两个阶段。

（一）要约

1. 要约的概念

要约是希望和他人订立合同的意思表示。商业贸易中称为发盘。发出要约的当事人为要约人，领受要约的当事人为受要约人。

2. 要约的构成要件

一项要约的成立，应当具备下列条件：

第一，要约必须由特定的当事人做出。所谓特定的人，并不仅指某个具体确定的人，而是指凡能为外界客观所确定的人。

第二，要约必须向相对人做出。要约必须经过相对人的承诺才能发生要约人希望的效果，即订立合同，因此，要约必须是向相对人发出的意思表示。相对人一般为特定的人，也可以是不特定的人。

第三，要约的内容必须具体、确定，即要约应表明欲订立合同的主要条款，主要条款应视法律规定、要约的类型及要约的习惯而定。

第四，要约需表明经受要约人承诺，要约人即受该意思表示约束。

若是希望他人向自己发出要约的意思表示则是要约邀请。寄送的价目表、拍卖公告、招标公告、招股说明书、商业广告等为要约邀请。商业广告的内容符合要约规定的，视为要约。

3. 要约的生效

要约自到达受要约人时生效。一项意思表示，只要符合要约的构成要件，不论是口头形式，还是书面形式，一旦到达受要约人，要约就具有法律效力，即要约的拘束力，要约人不得随意撤销、变更、限制或扩张要约内容。要约因到达的方式不同，则到达认定也不同。口头要约则为受要约人听到为到达时间；书面要约则应以要约到达受要约人的住所或住址或营业所在地为到达时间；若采用数据电文形式订立合同，收件人指定特定系统接收数据电文的，该数据电文进入该特定系统的时间，视为到达时间；未指定特定系统的，该数据电文进入收件人的任何系统的首次时间，视为到达时间。

4. 要约的撤回和撤销

要约的撤回是指要约人在要约生效前使它不发生效力的意思表示。要约可以撤回，撤回要约的通知应当在要约到达受要约人之前或者与要约同时到达受要约人方可有效；要约的撤销是指受要约人在要约生效后受要约人做出承诺前使它失去效力的意思表示。要约可以撤销，撤销要约的通知应当在受要约人发出承诺通知之前到达受要约人方可有效。但要约人明确了承诺期限或者以其他形式明示要约不可撤销的，以及受要约人有理由认为该要约是不可撤销的，并已为履行合同作了准备工作的，该要约不可撤销。

5. 要约的失效

要约的失效是指要约生效后因法定事由对要约人不产生法律拘束力。要约失效的事由有：第一，拒绝要约的通知到达要约人；第二，要约人依法撤销要约；第三，承诺期限届满，受要约人未做出承诺；第四，受要约人对要约的内容做出实质性变更。

（二）承诺

1. 承诺的概念

承诺是受要约人同意要约的意思表示。商业贸易中称为接盘。

2. 承诺的构成要件

承诺要取得合同成立的法律效力，应当具备下列条件：第一，承诺必须由受要约人做出。第二，承诺必须向要约人做出；第三，承诺的内容应当与要约的内容一致。受要约人对要约的内容做出实质性变更的为新要约或称为反要约。有关合同标的、数量、质量、价款或者报酬、履行期限、履行地点和方式、违约责任和解决争议方法的变更，是对要约内容的实质性变更。做出非实质性变更的，除要约人及时表示反对或要约表明承诺不得对要约的内容做出任何变更的以外，该承诺有效，合同的内容以承诺的内容为准。第四，承诺须在承诺期内发出。要约若确定承诺期限的则承诺必须在该期限内发出，要约若没有确定承诺期限的，承诺应当依照下列规定发出：①要约以对话方式做出的，应当即时做出承诺，但当事人另有约定的除外；②要约以非对话方式做出的，承诺应当在合理期限内做出。第五，承诺的方式应符合要求。承诺应当以通知方式做出，但根据交易习惯或者要约表明可以通过行为做出承诺的除外，作为应当以积极作为，沉默和不作为本身不构成承诺。

3. 承诺的生效

承诺自到达要约人时生效。有关承诺到达的规定与要约到达的规定一致，承诺生效则合同成立。

4. 承诺的撤回

承诺的撤回是指承诺人在承诺发生效力前使它失去效力的意思表示。承诺可以撤回，撤回承诺的通知应当在承诺通知到达要约人之前或者与承诺通知同时到达要约人方可有效；承诺没有撤销和失效，因为承诺一旦生效，合同即宣告成立，任何单方变更合同内容或解除合同内容的行为均属于违约行为。

二、合同的形式

合同形式是指合同当事人设立、变更、终止民事权利义务关系的一致协议的表现形式，是合同内容的载体。通常使用的合同形式主要有口头形式、书面形式和默示方式三种。

1. 口头形式

口头形式是指合同当事人通过口头交谈而订立合同的方式。口头形式通常有当面口头和电话口头两种方式，口头合同一经成立，与书面合同有同等的法律效力，主要应用在零售贸易中，优点在于简便、易行、迅速、即时清结。

2. 书面形式

书面形式是指合同当事人以合同书、信件和数据电文（包括电报、电传、传真、电子数据交换和电子邮件）有形地表现所载内容的形式。书面形式的合同适用于标的数额比较大、内容较复杂、不能立即履行的合同。采用书面合同有两种原因：第一，法定原因。法律、行政法规规定采用书面形式。第二，约定原因。当事人约定采用书面形式。书面形式还可以分为一般书面形式和特殊书面形式，凡内容合法，只需当事人达成书面协议，不需要履行其他手续，合同即可成立的，为一般书面形式；凡需要经过公证、鉴证、登记或审批的形式合同才成立或生效的，为特殊书面形式。

3. 默示形式

默示形式是指合同当事人以某种表明法律意图的行为间接地表示合同内容的合同形式，又称推定形式，或称意思实现形式。

三、合同的成立

合同订立与合同成立两者之间的关系如同时间与时刻的关系，合同订立所关注的是从要约发出到承诺到达这一段过程，合同成立所解决的是承诺在何时到达这一时刻。

1. 合同成立的概念

合同成立是指对双方当事人产生约束内容的合同。

2. 合同成立的构成要件

合同成立是合同订立的结果之一，是事实评价，合同成立应当具备下列条件：第一，至少有两方当事人；第二，当事人达成合意，并且合意的内容明确。以合同书订立合同，在签字或盖章前，尽管双方的合意上尚未明确表明，但一方已履行主要义务，对方接受的，推定达成合意，合同已成立。

3. 合同成立的时间

合同自承诺生效时成立，根据合同形式的不同，合同成立的时间也有区别，口头合同在承诺人做出承诺时合同成立；书面合同自双方当事人签字或盖章时成立；默示合同在行为人做出行为推定合同成立。采用信件、数据电文等形式订立合同的，可以在合同成立之间要求签订确认书，签订确认书时合同成立。

4. 合同成立的地点

承诺生效的地点为合同成立的地点。当事人采用书面合同订立合同的，双方当事人签字或者盖章的地点为合同成立的地点；采用数据电文形式订立合同的，收件人的主营业地点为合同成立的地点；没有主营业的，其经常居住地为合同成立的地点，但当事人另有约定的，按照其约定。

四、缔约过失责任

1. 缔约过失责任的概念

缔约过失责任是指当事人于缔结合同之际，具有过失，从而导致合同不成立、被确认无效或被撤销，使对方当事人遭受损害而应承担的法律责任。

2. 缔约责任构成要件

承担缔约过失责任应具备下列条件：第一，缔约一方违反前契约义务的行为；第二，缔约相对方信赖利益受有损失；第三，违反前契约义务者有过错，表现为欺诈、隐瞒、胁迫等；第四，违反前契约义务的行为与损失之间有因果关系。

3. 承担缔约过失责任的事由

《合同法》采用列举的方式规定了下列情形之一，造成对方损失，应当承担缔约过失责任：第一，假借订立合同，恶意进行磋商；第二，故意隐瞒与订立合同有关的重要事实或者提供虚假情况；第三，违反保密义务，泄露或不正当地使用在订立合同过程中知悉对方的商业秘密；第四，有其他违背诚实信用原则的行为。

第三节　合同的效力

合同的效力是国家的司法裁判机关或仲裁机构对已成立的合同进行评判，确定该合同对合同当事人乃至第三人是否有法律拘束力。合同的效力涉及合同的有效、无效、效力待定和可变更或可撤销四种情形。

一、合同的有效

合同有效是指已成立的合同符合法律规定的有效条件，能发生当事人预期的法律后果。

1. 合同有效的构成要件

合同有效的一般构成要件有：第一，行为人具有相应的民事权利能力和民事行为能力。自然人应是年满 18 周岁精神健康的人，限制行为能力人可订立与其年龄、智力、精神状况相适应的合同，无民事行为能力人从事民事活动应当由其监护人代理，按通常理解，他不能不成为合同主体，但纯为收益的合同除外。法人或其他组织若超越经营范围订立合同，人民法院不因此认定合同无效，但违反国家限制经营、特许经营以及法律、行政法规静止经营规定的除外。第二，意思表示真实。指行为的意思表示是其内心意思的真实反映。合同成立需要解决的问题为缔约合同的双方之间的意思表示是否一致，而合同有效需要解决的问题为缔约合同的各方的意思表示是否真实。行为人若因外界的胁迫、欺诈或对内容有误解或处于危机状态所做出的意思表示可能是不真实的，故这样的合同不是当然有效的合同，属于生效要件欠缺的合同。第三，合法。合法是指不违反法律、行政法规强制性规定以及不损害社会公共利益。

2. 有效合同的生效

合同的生效是合同约定的内容（即权利和义务）从何时对当事人产生的法律拘束力。只有已成立的合同，处于有效的情况下，才有必要探讨合同从何时生效。依法成立的合同，自成立时生效，法律、行政法规规定应当办理批准、登记等手续生效的，依照其相关规定。当事人对合同的效力可以约定附条件，附生效条件的合同，自条件成就时生效，附解除条件的合同，自条件成就时失效。当事人为自己的利益不正当地阻止条件成就的，视为条件已成就；不正当地促成条件成就的，视为条件不成就。当事人对合同的效力可以约定附期限，附生效期限的合同，自期限届满时生效，附终止期限的合同，自期限届满时失效。

二、合同的无效

无效合同是指合同欠缺根本性有效条件，法律强制性规定其无效，任何组织和个人不能使之为有效的合同。无效合同又称为绝对无效的合同，其无效性具有绝对性、当然性、自始性。合同具有下列情形之一的，为无效合同：第一，一方以欺诈、胁迫的手段订立合同，损害国家利益；第二，恶意串通损害国家、集体或第三人利益；第三，以合法形式掩盖非法目的；第四，损害社会公共利益；第五，违反法律、行政法规的强制性规定。

当事人可在合同中约定免责条款，但下列免责条款绝对无效：①造成对方人身伤害的；②因故意或重大过失造成对方财产损失的。

三、合同的效力待定

合同效力待定是指已成立的合同欠缺合同有效条件，其有效与否尚待权利人是否追认来确定。效力待定合同是基于行为人主体资格不适格所签订的合同，其他条件符合合同有效条件。效力待定合同有：

1. 限制行为能力人订立的合同

限制行为能力人订立的合同，经法定代理人追认后，该合同有效，不追认的，则是无效合同。追认是指事后同意或承认，是单方行为，追认方式为明示，未明示追认的，视为拒绝追认。但限制行为能力的人订立纯获利益的合同或者与其年龄、智力、精神健康状况相适应的合同，不必经法定代理人追认而直接认定为有效。相对人享有催告权和撤销权，相对人可以催告法定代理人在一个月内予以追认，法定代理人未作表示的，视为拒绝追认。合同被追认之前，善意相对人有撤销的权利，撤销应当以通知的方式做出。

2. 无权代理人订立的合同

行为人没有代理权、超越代理权或者代理权终止后以被代理人名义订立的合同，未经被代理人追认，对被代理人不发生效力，由行为人承担责任。相对人可以催告被代理人在一个月内予以追认，被代理人未作表示的，视为拒绝追认。合同被追认前，善意相对人有撤销的权利，撤销应当以通知方式做出。

与无权代理相对应的还有两类合同是直接认定为有效，即表见代理和表见代表。表见代理是指行为人没有代理权、超越代理权或者代理权终止后以被代理人名义订立合同，相对人有理由相信行为人有代理权的，该代理行为有效。表见代表是指法人或者其他组织的法定代表人、负责人超越权限订立的合同，除相对人知道或者应当知道其超越权限的以外，该代表行为有效。

3. 无权处分人订立的合同

无权处分人订立的合同是指无处分权的人处分他人的财产，经权利人追认或者无处分权的人订立合同后取得处分权的，该合同有效。无处分权人应承担缔约过失责任，若此类合同已履行，相对人取得财产构成善意取得的，财产所有人不能因主张合同无效而要求返还财产。最高人民法院在2012年5月10日公布的《关于审理买卖合同纠纷案件适用法律问题的解释》中规定，当事人一方以出卖人在缔结时对标的物没有所有权或者处分权为由主张合同无效的，人民法院不予支持，出卖人因未取得所有权或者处分权致使标的物所有权不能转移，买受人要求出卖人承担违约责任或者要求解除合同并主张损害赔偿的，人民法院应予支持。

《中华人民共和国物权法》第一百零六条规定，无处分权人将不动产或者动产转让给受让人的，所有权人有权追回；除法律另有规定外，符合下列情形的，受让人取得该不动产或者动产的所有权：①受让人受让该不动产或者动产时是善意的；②以合理的价格转让；③转让的不动产或者动产依照法律规定应当登记的已经登记，不需要登记的已经交付给受让人。受让人依照前款规定取得不动产或者动产的所有权的，原所有权人有权向无处分权人请求赔偿损失。当事人善意取得其他物权的，参照前两款。

四、合同的可变更或撤销

1. 合同的可变更或撤销的概念

因合同变更对变更条款而言，事实上也是被撤销，故可变更或可撤销合同统称为可撤销合同。可撤销合同或合同可撤销是指合同欠缺一定生效要件，其有效与否，取决于有撤销权的一方当事人是否行使撤销权的合同。可撤销合同的产生主要来源于一方当事人意思表示不真实。

2. 可撤销合同的类型

可撤销的合同包括：第一，因重大误解而订立的合同。所谓重大误解是指当事人意思表示时，因自己的过失对涉及合同法律效果的重大事项认识上的显著错误而使自己遭受重大不利的法律事实。主要表现在对合同的性质、合同当事人、标的物品种、质量、数量和规格等方面的错误认识。第二，因显失公平而订立的合同。显失公平的合同是指一方当事人利用优势或利用对方没有经验，致使双方的权利义务明显不对等，使对方遭受重大不利的合同。第三，一方以欺诈、胁迫手段或乘人之危，使对方在违背真实意思的情况下订立的合同。欺诈是指行为人故意隐瞒与订立合同有关的重要事实或者提供虚假情况而使对方做出错误意思表示订立合同的行为；胁迫是指行为人以正在实施或将来实施的危害使相对人发生恐惧而接受胁迫人的条件而订立合同的行为；乘人之危是指行为人利用对方窘迫或危难之处境，迫使其违背真实意思表示而订立合同的行为。

3. 对可变更、可撤销合同的处理

对可变更、可撤销的合同，若当事人消极不作为，则转化为有效合同，若受损方通过积极的申请变更或撤销，则合同可能随之变更或被撤销。当事人若协商不能变更或撤销该合同，则只能向人民法院或仲裁机构申请变更或撤销，当事人申请变更合同内容的，人民法院或者仲裁机构不得撤销该合同。

行使撤销权的当事人有下列情形之一的，撤销权消灭：一是具有撤销权的当事人自知道或者应当知道撤销事由之日起一年内没有行使撤销权的；二是具有撤销权的当事人知道撤销后明确表示或者以自己的行为放弃撤销权的，撤销权均消灭。

五、合同无效或被撤销后的处理

合同当然无效、被撤销后无效或未经补正的无效，都属广义的无效，其法律后果均导致合同自始无效，即无效溯及既往，自合同成立之时就无效。合同部分无效，不影响其他部分效力的，其他部分仍然有效。合同无效或者被撤销的，不影响合同中独立存在的有关解决争议方法的条款的效力。合同被确认无效或被撤销后，因该合同取得的财产，应当予以返还；不能返还或者没有必要返还的，应当折价补偿。有过错的一方应当赔偿对方因此所受到的损失，双方都有过错的，应当各自承担相应的责任。当事人恶意串通，损害国家、集体或者第三人利益的，因此取得的财产收归国家所有或者返还集体、第三人。

第四节　合同的履行

一、合同履行的概念

合同的履行是指合同当事人按照合同约定的内容，全面、适当地完成各自所承担义务的行为。合同依法订立后，当事人应当重合同、守信用，全面履行合同义务，只有这样才能保证对当事人权利的实现，从而达到当事人双方订立合同时所预期的目的。

二、合同履行的原则

合同履行的原则是指合同当事人在履行合同义务中，必须遵循的一般性规则。其主要有以下原则：

1. 法定义务规则

法定义务是指法定合同义务，即当事人即使在合同中没有约定，依据法律规定也应承担的义务。当事人应当遵循诚实信用原则，根据合同的性质、目的和交易习惯履行通知、协助、保密、方便、减损、举证等法定义务。

2. 全面履行原则

全面履行原则，又称适当履行原则，是指当事人按照合同规定的标的、数量、质量、价款、期限、地点、方式等条款，亲自、全面完成合同所规定的义务。

3. 条款约定不明的履行原则

合同生效后，当事人就质量、价款或者报酬、履行地点等内容没有约定或者约定不明确的，可以协议补充；不能就补充内容达成协议的，按照合同有关条款或者交易习惯确定。对于按上述规定仍不能确定的，应适用下列规定：第一，质量要求不明确的，按照国家标准、行业标准履行；没有国家标准、行业标准的，按照通常标准或者符合合同目的的特定标准履行。第二，价款或者报酬不明确的，按照订立合同时履行地的市场价格履行；依法应当执行政府定价或者政府指导价的，按照规定履行。第三，履行地点不明确，给付货币的，在接受货币一方所在地履行；交付不动产的，在不动产所在地履行；其他标的，在履行义务一方所在地履行。第四，履行期限不明确的，债务人可以随时履行，债权人也可以随时要求履行，但应当给对方必要的准备时间。第五，履行方式不明确的，按照有利于实现合同目的的方式履行。第六，履行费用的负担不明确的，由履行义务一方负担。

4. 价格变动的履行原则

执行政府定价或者政府指导价的，若在合同约定的交付期限内政府价格发生调整，按照交付时的价格计价。逾期交付标的物的，遇价格上涨时，按照原价格执行；价格下降时，按照新价格执行。逾期提取标的物或者逾期付款的，遇价格上涨时，按新价格执行；价格下降时，按照原价格执行。

5. 第三人履行的原则

第三人履行是指在合同履行过程中，履行合同义务的人或者接受义务履行的人不是合同当事人，而是合同当事人以外的第三人的情形。《合同法》规定，当事人约定由债务人向第三人履行债务的，债务人未向第三人履行债务或者履行债务不符合约定，应当向债权人承担违约责任；当事人约定由第三人向债权人履行债务的，第三人不履行债务或者履行债务不符合约定，债务人应当向债权人承担违约责任。

6. 情势变更原则

情势变更是指构成合同基础的情势发生根本的变化。在合同有效成立之后、履行之前，如果出现某种不可归责于当事人原因的客观变化会直接影响合同履行结果时，若仍然要求当事人按原来合同的约定履行合同，往往会给一方当事人造成显失公平的结果。这时，法律允许当事人变更或者解除合同而免除违约责任的承担。这种处理合同履行过程中情势发生变化的法律规则就是情势变更原则。

三、合同履行中的抗辩权

合同履行中的抗辩权是指合同一方当事人对抗对方请求权，阻止该请求权发生效力的权利。它包括以下三个方面：

1. 同时履行抗辩权

同时履行抗辩权是指合同当事人互负债务，没有先后履行顺序的，应当同时履行。一方在对方履行之前或者在对方履行债务不符合约定时，有权拒绝其履行要求的权利。

2. 后履行抗辩权

后履行抗辩权是指合同当事人互负债务，有先后顺序，先履行一方未履行的或履行债务不符合约定的，后履行一方有权拒绝其履行要求的权利。

3. 先履行抗辩权

先履行抗辩权，又称不安抗辩权或称中止履行，是指双务合同中应先履行义务的一方当事人，有确切证据证明对方当事人不能或者可能不能履行合同义务时，有权中止履行合同义务的权利。行使不安抗辩权的当事人必须履行法定的两项义务，即举证义务和通知义务，否则应承担违约责任。举证义务是指应当提供确切的证据证明后履行义务一方有下列情形之一的事实：第一，经营状况严重恶化；第二，转移资产、抽逃资金，以逃避债务；第三，丧失商业信誉；第四，有丧失或者可能丧失履行债务能力的其他情形。通知义务是指行使不安抗辩权时应当及时通知对方。对方提供适当担保时，应当恢复履行。中止履行后，对方在合理期限内未恢复履行能力并且未提供适当担保的，中止履行方有权解除合同。

四、合同履行中的保全

合同履行中的保全是指为了保护合同债权人的债权不受债务人不当行为的侵害而赋予债权人一定保护措施的法律制度。它包括债权人的代位权和撤销权两项制度。

1. 债权人的代位权

债权人的代位权是指当债务人怠于行使其到期债权，对债权人造成损害，债权人可以向人民法院以自己的名义代位行使债务人的债权。

债权人应当以自己的名义行使，且必须通过向法院行使。行使的范围以债权人的债权为限，由第三人直接向债权人清偿。专属于债务人自身的债权不得代为行使，专属于自身的债权，是指基于扶养关系、抚养关系、赡养关系、继承关系产生的给付请求权和劳动报酬、退休金、养老金、抚恤金、安置费、人寿保险、人身伤害赔偿请求权等权利。

2. 债权人的撤销权

债权人的撤销权是指当合同的债务人实施危害债权实现的行为时，债权人有请求法院撤销该行为的权利。

债权人撤销权的成立要件为：①债权人实施了使其财产减少的处分行为，包括放弃到期债权、无偿转让财产、以明显不合理的低价转让财产或以明显的高价受让财产；②在不合理低价有偿处分中，要求受让人的主观上系恶意即知道该处分行为有害债权人的债权；③在无偿处分中，对债务人、受让人主观心态在所不同。

债权人通过人民法院行使撤销权，自知道或者应当知道撤销事由之日起一年内行使，自债务人的行为发生之日起五年内没有行使撤销权的，该撤销权消灭。撤销权的行使范围以债权人的债权为限，行使撤销权的必要费用，由债务人承担。

第五节　合同的变更和转让

一、合同的变更

1. 合同变更的概念

合同的变更是指在合同订立后，没有履行或者没有完全履行以前，当事人对合同的内容进行修改或者补充，修改或补充的是合同的内容，不是合同的主体。

2. 合同变更的方式

引起合同变更的法律事实不同，则合同变更所适用的方式亦不同，根据法律的规定，合同变更的方式主要有以下两种：

第一，合意。当事人协商一致，可以变更合同。以这种方式变更合同实质上就是成立新合同以取代旧合同，故合意变更合同的程序，应该遵循合同订立时的要约和承诺规则，而且变更后的合同内容欲发生法律效力，也应符合合同的生效要件。当事人对合同变更的内容约定不明确，推定为未变更。若法律、行政法规规定变更合同应当办理批准、登记手续的，必须依照规定办理相关手续后才能发生变更的效力。

第二，裁决。裁决变更合同是指出现法定事由是由一方当事人向法院或仲裁机构申请变更，最终由法院或仲裁机构做出合同内容的变更。法定的事由指法律规定的可变更事由。

二、合同的转让

1. 合同转让的概念

合同的转让是指在不变更合同内容的情况下，合同主体的变更。合同转让既可以是合同权利的转让，也可以是合同义务的转让，还可以是权利义务的一并转让。

2 合同权利的转让

合同权利的转让，又称债权转让，是指合同债权人将合同权利全部或者部分转让给第三人。以合同债权人与第三人订立转让合同的形式进行，债权转让后应当通知债务人，未经通知的，该转让对债务人不发生效力。

根据合同法规定，下列合同权利不允许转让：第一，根据合同性质不得转让。这主要是指与特定人身份有关的合同，如委托合同、赠与合同。第二，当事人约定不能转让。只要此类合同约定不违反法律禁止性规定或者社会公共道德均受保护。第三，依照法律规定不得转让。如我国担保法规定，最高额抵押的主合同债权不得转让。

合同的权利依法转让后，发生如下效力：①债务人应当向受让人履行合同义务，同时，有权依法向受让人主张抵销，也可以向受让人主张其对让与人的抗辩；②受让人取得转让的债权及与该债权相关的从权利，但从权利专属于债权人自身的除外；③权利转让通知到达债务人后，不得撤销，但经受让人同意的除外。

3. 合同义务的转让

合同义务的转让是指债务人将合同义务的全部或者部分转移给第三人的行为。债务人与第三人协议转让全部合同义务的，转让协议生效后，第三人取代了原债务人在合同中的地位，成为新的债务人，原债务人不再对合同义务的履行承担责任，但其并没有脱离合同关系，仍享有原合同中约定的权利。债务人与第三人协议转让部分合同义务的，转让协议生效后，新债务人加入到原合同关系中，与原债务人按照协议约定的份额承担各自的义务。如果转让协议未约定份额，则应由新债务人与原债务人对债权人承担连带债务。

由于合同义务的转让直接关系到债权人权利能否实现，因此，合同义务的转让必须经债权人同意，未经债权人同意的，债务人与第三人订立的转让合同义务协议无效。债务人转让合同义务，若属于法律、行政法规规定应当办理批准、登记手续的，应当依法办理相应的手续。

债务人转让义务后，其享有的对债权人的抗辩权自然转归新债务人所有。同时，与主债务有关的从债务，如支付利息、赔偿损失等债务，也因义务的转让而由新债务人承担，但专属于原债务人自身的从债务除外。

4. 合同权利义务的一并转让

合同权利义务的一并转让，是指当事人一方将其合同权利和义务一起转让给第三人的行为。

当事人一方可以与第三人订立合同，约定由第三人取代其在原合同中的地位，享有全部合同权利并承担全部合同义务。在这种情况下，转让协议签订后，必须经原合同的对方当事人同意，才发生法律效力。合同权利义务的一并转让，适用合同权利转让和合同义务转让的有关规定。

当事人订立合同后发生合并、分立时，也可以引起合同权利义务的转移，这种转移是由法律直接规定而发生的。当事人订立合同后合并的，由合并的法人或者其他组织行使合同权利，履行合同义务。当事人订立合同后分立的，除债权人和债务人另有约定的以外，由分立后的法人或者其他组织对合同的权利和义务享有连带债权，承担连带债务。

第六节　合同权利义务的终止

一、合同权利义务终止的概述

合同权利义务的终止即合同终止，是指合同当事人之间的权利义务关系消灭。

根据《合同法》规定，有下列情形之一的，合同的权利义务终止：①债务已经按协议履行；②合同解除；③债务相互抵销；④债务人依法将标的物提存；⑤债权人免除债务；⑥债权债务归于同一人；⑦法律规定或者当事人约定终止的其他情形。

合同终止后，当事人应当遵循诚实信用的原则，根据交易习惯履行通知、协助、保密、减损等义务。若当事人一方不履行上述义务，给对方当事人造成损失的，应负责赔偿。合同的权利义务终止，不影响合同中结算和清理条款的效力。

二、合同的解除

1. 合同解除的概念

合同解除是指合同依法成立后，因当事人单方或双方的意思表示，而使合同关系提前终止的行为。合同的解除分为约定解除和法定解除两种方式。

2. 约定解除的条件和程序

约定解除是指当事人通过协商一致解除合同或者行使约定的解除权的行为。《合同法》规定，当事人协商一致可以解除合同。当事人可以约定解除合同的条件，当解除合同的条件成立时，解除权人一方就享有单方解除合同的权利，而不必经对方当事人的同意。

享有解除权的一方在行使解除权时，应当及时通知对方当事人。如果当事人约定了解除权行使期限的，期限届满当事人不行使的，该权利消灭；当事人未约定解除权的行使期限，经对方催告后在合理期限内不行使的，该权利消灭。解除合同的通知到达对方时即发生解除合同的效力。如果对方当事人对解除合同有异议的，可以请求人民法院或者仲裁机构确认解除合同的效力。

法律、行政法规规定解除合同应当办理批准、登记手续的，应依法办理。

3. 法定解除的条件和程序

法定解除是指当出现法律规定的解除合同条件时，当事人一方依法解除合同的行为。《合同法》规定，有下列情形之一的，当事人可以解除合同：①因不可抗力致使合同目的不能实现的；②在履行期限届满之前，当事人一方明确表示或者以自己的行为表明不履行主要债务；③当事人一方迟延履行主要债务，经催告后在合理期限内仍未履行；④当事人一方迟延履行债务或者有其他违约行为致使合同目的不能实现的；⑤法律规定的其他情形。

当法定解除合同的情形出现时，合同一方或者双方当事人有权解除合同，其程序与当事人约定解除时解除合同的程序基本相同。

4. 合同解除的法律后果

合同一经解除，合同关系即告消灭。合同解除后，尚未履行的，终止履行；已经履行的，根据履行情况和合同的性质，当事人可以要求恢复原状、采取其他补救措施，并有权要求赔偿损失。

三、债务抵销

债务抵销是指当事人互负债务，各以其债权充当债务之清偿，从而使其债务与对方债务在对等数额内相互消灭。债务抵销有约定抵销和法定抵销之分。

1. 约定抵销

它是指由当事人双方协商一致发生的抵销。此种抵销须双方合意，单方主张不能发生抵销效力，主要适用于不同标的物、不同品质的两个债务之间的抵销。

2. 法定抵销

它是指在法定条件下，依当事人一方主张抵销的行为，即发生抵销效力的抵销。其构成要件为：①当事人互负的债务合法且均以到债务履行期；②两个债务标的物种类、品质相同；③不属于依法定或合同性质不得抵销的债务范围。不得抵销之债主要有侵权之债、法律禁止强制执行之等。主张抵销应通知对方，自通知到达对方时生效，抵销不得附条件和附期限。

四、提存

提存是指债务人无法交付标的物时，将标的物提交留存机关（现为公证机关），从而消灭合同关系的行为。

1. 提存原因

有下列难以履行债务情形之一的，债务人可以将标的物提存：①债权人无正当理由拒绝受领；②债权人下落不明；③债权人死亡未确定继承人或丧失民事行为能力未确定监护人；④法律规定的其他情形。

2. 提存的效力

提存自公证机关审查准予提存，债务人据此交付标的物时发生效力。它包括：①提存之债自提存之日即告清偿；②债务人负有通知义务，但债权人下落不明的除外；③标的物的意外风险由债权人承担，其孳息归债权人所有；④提存费用由债权人负担；⑤债权人有权随时领取提存物，但有两项限制：一是须自提存之日起 5 年内领取，逾期未领取的，提存物扣除提存费用后归国家所有；二是债权人对债务人负有到期债务，在未履行其到期债务或者提供担保之前，提存部门根据债务人的要求应当拒绝其领取提存物。

五、免除

免除是指债权人向债务人表示放弃其债权，从而消灭合同关系的行为。免除是一种单方法律行为，仅需债权人的意思表示即可生效。免除的表示应当向债务人做出，可以是部分免除，也可以是全部免除。主债务因免除而消灭，从债务也当然消灭。

六、混同

混同是指债权与债务同归于一人的事实，而使合同关系消灭。混同不需要当事人的意思表示，仅需这一事实就可以产生合同权利义务终止的效果。混同产生的原因可能基于合同权利义务的转让，也可能基于合同当事人的合并或分立。

第七节　违约责任

一、违约责任的概述

1. 违约责任的概念

违约责任是指合同当事人不履行合同义务或者履行合同义务不符合约定时，依法应承担的法律责任。

2. 违约责任的特征

违约责任是民事责任的一种形式，与其他民事责任相比，有如下特点：第一，违约责任的产生以合同当事人不履行或不适当履行合同债务为条件。如果不存在合法有效的合同关系，违约责任也就不存在；如果合同当事人已经全面履行了合同债务，则违约责任也就不可能产生。第二，违约责任具有相对性。违约责任只能发生在特定的合同当事人之间，只有受约方才能基于合同关系，向违约方提出请求或提起仲裁或诉讼。第三，违约责任主要具有补偿性。《合同法》对此作了原则性的规定，当事人一方不履行合同义务或履行合同义务不符合约定，给对方造成损失的，损失赔偿额应当相当于因违约而给对方造成的损失。第四，违约责任可由当事人约定。违约责任主要表现为财产责任，依据当事人意思自治原则，在法律规定的范围内，事先在合同中约定违约责任，具体包括约定违约金的数额、约定损害赔偿的计算办法、约定免除责任的条款等。

二、违约责任的归责原则

违约责任的归责原则是指确定合同当事人承担违约责任的根据和标准，它在违约责任制度中占有十分重要的地位，对于人民法院和仲裁机构在处理合同纠纷时决定是否追究违约责任具有重要的指导意义。

一般来说，违约责任的归责原则主要有两类，即过错责任原则和严格责任原则。过错责任原则是指在发生违约责任的情况下，确定违约方的责任以其主观上有过错为要件。严格责任原则是指在发生违约的情况下，确定违约方的责任不以过错的存在作为追究违约责任的要件。我国《合同法》规定违约责任的归责原则实行严格责任原则为主，仅在少数合同中以过错责任原则为例外，如《合同法》第一百八十条、第一百八十一条等为例。

三、违约行为

违约行为是指合同当事人违反合同约定义务或法定义务的行为。其构成要件有：①行为人是合同当事人；②有违反合同义务或违反合同履行中的附属义务的客观事实；③该行为具有违法性。凡违约首先被推定具有违法性，除非违约人能证明其行为有正当理由，如行使留置权、抗辩权等。结合违约行为人的主客观情况，可将违约行为分为如下类型：

1. 不能履行

不能履行，又称给付不能，指债务人在客观上没有能力，或者法律禁止该债务的履行。不能履行可分为自始不能和嗣后不能、全部不能或部分不能、事实不能或法律不能等。

2. 迟延履行

迟延履行是指在合同履行期限届满而未履行债务。包括债务人迟延履行和债权人迟延履行。债务人迟延履行是指合同履行期限届满，或者在合同未约定履行期限时，在债权人指定的合理期限届满，债务人未履行债务。债权人迟延履行，通常表现为债权人对于债务人应当接受而无正当理由拒不接受。

3. 瑕疵履行

瑕疵履行是指债务人履行的标的不符合合同约定的质量标准，可分为违约瑕疵和损害瑕疵。违约瑕疵是指债务人履行的标的物仅在品种、规格、技术要求等方面不符合合同的约定，尚未由其质量瑕疵造成他人人身或财产损失；损害瑕疵，又称加害履行或瑕疵结果损害，是指债务人因交付的标的物的缺陷而造成他人的人身、财产损害的行为。

4. 不适当履行

不适当履行是指债务人未按合同的标的、数量、履行方式和地点而履行债务的行为。有关质量的不适当履行属于瑕疵履行。

5. 拒绝履行

拒绝履行是指债务人能够履行却对债权人表示不履行合同。表示不履行合同的方式可以是明示的，也可以是默示的。拒绝履行发生在履行期限届满前的，构成预期违约；发生在履行期届满时或届满后的构成实际违约。对于预期违约，债权人可以在履行期届满前主张违约责任，也可以待履行期届满后主张违约责任。

四、违约责任方式

1. 继续履行

继续履行，又称实际履行、强制履行，是指受约方请求人民法院或仲裁机构强制违约方按照合同规定的内容实际履行合同义务的行为。当事人一方未支付价款或报酬的，对方可以要求其支付价款或者报酬。当事人一方不履行非金钱债务或履行非金钱债务不符合约定的，对方可以要求履行，但有下列情形之一的除外：①法律上或者事实上不能履行；②债务的标的不适于强制履行或者费用过高；③债权人在合理期限内未要求履行。

2. 补救措施

补救措施，是指因一方当事人不履行标的不符合合同约定，根据法律规定或者对方的要求所采取的特殊救济措施。在合同履行中，一方当事人虽然履行了合同，但所交付的标的不符合合同约定的质量标准，若对方仍需要该标的，则可由违约方采取必要的补救措施使其达到合同约定的质量，为此增加的费用由违约方支付。受损方根据标的的性质以及损失的大小，可以合理选择要求对方承担修理、更换、重作、退货、减少价款或报酬等违约责任。

3. 赔偿损失

当事人一方不履行合同义务或者履行合同义务不符合约定，给对方造成损失的，应当赔偿损失。损失赔偿额应相当于因违约所造成的损失，包括合同履行后可以获得的利益，但不得超过违反合同一方订立合同时预见到或者可能预见到的因违反合同约定可能造成的损失。但是，经营者对消费者提供商品或者服务有欺诈行为的，依照《消费者权益保护法》的规定承担违约赔偿责任，增加赔偿的金额为消费者购买商品的价款或者接受服务的费用的三倍。

4. 支付违约金

违约金，是指当事人事先约定的，一方当事人违约时应当根据违约情况向对方支付的一定数额的货币。一般来说，约定的违约金应与违约所造成的损失大体相当，当约定的违约金低于造成的损失的，当事人可以请求人民法院或者仲裁机构予以增加；约定的违约金过分高于造成的损失的，当事人可以请求人民法院或者仲裁机构予以减少，人民法院应当以实际损失为基础，兼顾合同的履行情况、当事人的过错程度以及预期利益等综合因素，根据公平原则和诚实信用原则予以衡量，并做出裁决，当事人约定的违约金超过损失的百分之三十的，一般可以认定为过分高于造成的损失。另外，在迟延履行情况下，如果合同当事人就迟延履行约定违约金的，违约金可以和继续履行并用。

5. 定金

定金是指为确保债权的实现，而由合同一方当事人预先向对方当事人交付一定数额的货币。定金是担保的一种方式，它也可以作为违约责任形式。当事人可以依照《担保法》约定一方向对方给付定金作为债权的担保，债务人履行债务后，定金应当抵作价款或者收回。给付定金的一方不履行约定债务的，无权要求返还定金；收取定金的一方不履行约定债务的，应当双倍返还定金。

五、违约责任与侵权责任的竞合

违约责任与侵权责任的竞合是指当事人一方的违约行为同时导致了违约责任和侵权责任的成立。当事人一方违约后，当然应承担违约责任，同时，由于违约行为可能给对方当事人造成人身、财产上的损害，也会产生侵权责任的问题，这就出现了违约责任与侵权责任的适用问题。

在违约责任与侵权责任竞合的情况下，由于两者都以赔偿损失为主要内容，因此受损害方不能提出双重要求，只能选择其一适用。违约责任不支持精神损害赔偿。

六、违约责任的免除

1. 违约责任免除的概念

违约责任免除是指由于法律规定或者当事人约定，一方当事人不履行合同时，可以免除承担相应的违约责任。

2. 免责事由

免责事由是指基于法律规定或者当事人约定，一方当事人不履行合同时可以免除承担违约责任的具体条件或情形。一般来说，免责事由分为法定的免责事由和约定的免责事由。法定的免责事由主要是指不可抗力。不可抗力是指不能预见、不能避免、不能克服的客观情况。因不可抗力不能履行合同的，根据不可抗力的影响，部分或者全部免除责任。当事人在迟延履行期间发生的不可抗力，不能免除责任。当事人因不可抗力不能履行合同的，应当及时通知对方，以减轻可能给对方造成的损失，并应当在合理期限内提供证明。约定的免责事由，主要是指双方当事人在合同中约定的免责条款。

3. 免责条款的无效

免责条款是指当事人在合同中约定的免除其未来责任的条款。免责条款一般是合同当事人事先约定的，属于合同的组成部分。它必须经双方充分协商，并以明示的方式做出。免责条款作为合同的组成部分，其内容必须符合法律的规定，才具有法律效力。如果免责条款违反法律、行政法规的强制性规定，损害社会公共利益，该条款不具有法律效力。《合同法》第五十三条规定，合同中的下列免责条款无效：①造成对方人身伤害的；②因故意或者重大过失造成对方财产损失的。

第八节　常见的两类合同

一、买卖合同

1. 买卖合同的定义和特征

买卖合同是出卖人转移标的物的所有权于买受人，买受人支付价款的合同。它是以转移物之所有权为日的的合同，有别于租赁、借用等合同；以获得对等价款为转移所有权的对价，有别于互易、赠与等合同。

2. 买卖合同的当事人、标的物和条款

（1）买卖合同的当事人为出卖人和买受人。买受人须有相应民事行为能力，并且不为法律所禁止，例如，禁止经商的国家机关等不能成为商事经营中的合同买受人，公司的董事、经理非经董事会同意或章程许可，不得成为与公司同为当事人的买受人或出卖人，等等。出卖人除应有相应的民事行为能力外，还应对买卖标的物有所有权或他有处分权。他有处分权人主要有抵押权人、质押权人、留置权人、法定优先权人（如建筑工程承包人）、行纪人、国有资产经营权人、人民法院。

（2）买卖合同标的物应为流通物或限制流通物。就限制流通物进行买卖，当事人应当有经营资格；否则，合同无效。就禁止流通物成立的合同无效。另外，标的物可以是既有的，也可以是将来可能存在的。

（3）买卖合同的条款一般包括标的、质量和数量、履行期限、地点和方式、价款、违约责任、包装方式、检验标准和方法、结算方式、合同使用的文字及其效力。

3. 出卖人的义务

出卖人的义务包括以下三个方面：

（1）交付标的物并转移标的物所有权于买受人。交付是以转移所有权为目的而转移标的占有的行为，除将标的物转移为买受人实际占有的现实交付外，还包括简易交付、占有改定、指示交付。简易交付指合同成立前，买受人已占有标的物，合同生效时视为交付完成。占有改定指标的物所有权转移给买受人，但仍由出卖人依约定占有，所有权转移时视为交付完成。指示交付指标的物为第三人占有时，出卖人将向第三人请求返还的权利让与买受人，以代替标的物的实际交付。让与返还请求权时，视为交付完成，如提单、包单等的交付。

标的物的所有权自标的物交付时开始转移，但法律另有规定或当事人另有约定的除外。不动产所有权转移法定为登记变更；非经登记，仅交付标的物的不能发生物权变动效果。就动产而言，当事人可以约定所有权保留，即买受人先取得标的物之占有，在约定条件成就前，标的物所有权仍归出卖人所有。船舶、航空器、车辆等特殊的动产，所有权自交付时转移，但未依法登记的转移不能对抗第三人。出卖具有知识产权的标的物，除法律另有规定或当事人另有约定外，取得标的物的所有权不等于取得标的物的知识产权。这是由知识产权的无形性和可复制性决定的。

（2）瑕疵担保义务。瑕疵担保义务是出卖人负有的，担保其交付标的物符合法定或约定质量标准，并保证第三人不就标的物向买受人主张任何权利的义务。前者称为质量瑕疵担保义务，后者称为权利瑕疵担保义务。

违反质量瑕疵担保义务的，在我国，应承担违约责任。但其构成要件较一般违约责任之构成特殊：第一，须标的物存有瑕疵，即不符合约定或法定质量标准。凭样品买卖中，存在隐蔽瑕疵的，尽管符合约定质量标准，仍视为有瑕疵。第二，须瑕疵于标的物风险转移给买受人时业已存在。第三，买受人善意且无过失。买受人明知存在瑕疵却订约的，出卖人不负责任；存在明显瑕疵，买受人因重大过失不知而订约的，出卖人不负责，但是，出卖人予以保证无瑕疵的除外。第四，买受人应及时履行瑕疵通知义务；否则，标的物视为无质量瑕疵。但是，出卖人知道或应当知道标的物不符合约定的，买受人通知时间不受“及时”的期间限制。违反质量瑕疵担保义务的责任方式有修理、更换、减少价款、解除合同（退货）及赔偿损失等。

权利瑕疵担保主要有三类：第一，保证有出卖标的物的合法权利。第二，保证标的物上不存在未披露的第三人的合法权利。第三，保证标的物不存在侵犯第三人的知识产权等。构成权利瑕疵责任的要件有：第一，权利瑕疵须于合同成立时业已存在，其后存在的，是出卖人违约。第二，合同履行时，该瑕疵仍存在。第三，买受人不知该瑕疵仍存在。第四，不存在法律另有规定的情形。权利瑕疵担保的责任方式，依具体情形，买受人可主张缔约过失责任、违约责任，中止支付相应价款，但出卖人提供适当担保的除外。

（3）合同从义务，即依约定或交易习惯向买受人交付提取标的物单证以外的有关单证和资料等的合同从义务。

4. 买受人的义务

买受人的义务包括以下三个方面：

（1）支付价款。价款数额依约定；无约定或约定不明的，可以协议补充；不能达成补充协议的，依合同有关条款或交易习惯确定；仍不能确定的，依订立合同时履行地的市场价格履行；依法应执行政府定价或指导价的，依其规定。约定执行的政府定价或指导价调整，发生在交付期内的，按交付时的价格计价；逾期交付标的物或逾期提取标的物或逾期付款所发生的，按不利逾期方价格计价。买受人迟延支付的，要承担继续履行并支付迟延利息等违约责任。

（2）受领标的物。买受人有义务依约定或交易习惯受领标的物。出卖人违约交付的，买受人有拒绝受领权。

（3）及时检验出卖人交付的标的物。买受人违反此义务，应自己承担因此造成之损失，但不发生对出卖人的违约责任。

5. 买卖标的物的意外风险的负担与利益承受

（1）标的物意外风险的负担。当事人可以约定标的物风险的负担，无约定的，按如下原则确定：第一，标的物意外风险依标的物交付而转移，即交付前由出卖人承担，交付后由买受人承担。交付是以转移所有权为目的而转移标的物之占有，至于所有权是否已转移则在所不问。第二，因买受人原因致使标的物不能按约定期限交付的，自约定交付之日起，意外风险由买受人承担。第三，出卖人交由承运人运输的在途标的物，意外风险自合同成立时起由买受人承担。第四，未明确约定交付地点，按规定标的物需要运输的，自出卖人将标的物交付给第一承运人后，意外风险由买受人承担。第五，按约定或规定出卖人应在特定地点交付标的物的，出卖人将标的物置于交付地点，买受人违约没有收取的，自买受人违反约定之日起意外风险由买受人承担。第六，因标的物质量不符合约定致使不能实现合同目的，买受人拒绝接受标的物或解除合同目的的，意外风险由出卖人承担。

应注意的是：已交付标的物但未依约交付有关标的物的单证和资料的，不影响意外风险的转移。分期付款买卖中，除另有约定外，意外风险自出卖人交付的标的物为买受人占有时转移，意外风险由买受人承担。试用合同中，除另有约定外，试用期间的意外风险由出卖人承担。

（2）买卖标的物的利益承受指在买卖合同订立后，标的物所生孳息归谁所有的问题。此种归属与标的物意外风险转移相一致，即除另有约定外，标的物在交付前所生的孳息归出卖人所有，交付后所生的孳息归买受人所有。

6. 买卖合同终止

买卖合同除可依合同的一般终止事由终止外，还有下列特殊规定：

（1）因标的物主物不符合约定而解除合同的，解除合同的效力及于从物；因标的物的从物不符合约定而解除的，解除效力不及于主物。主物是对标的物发挥其功用起决定作用的物；反之，起辅助作用的是从物。

（2）标的物为数物，其中一物不符合约定的，买受人可以就该物解除合同，但该物与他物分离使标的物的价值显受损害的，当事可以就数物解除合同。

（3）出卖人分批交付标的物的，出卖人对其中一批不交付或交付不符合约定，致使该批标的物不能实现合同目的的，买受人可就该批标的物解除合同；致使今后其他各批标的物的交付不能实现合同目的的，买受人可就该批今后各批标的物解除合同。买受人就其中一批标的物解除合同，而该批标的物与其他各批标的物相互依存，买受人可以就已交付和未交付的各批标的物解除合同。

7. 特种买卖合同

特种买卖合同包括以下三个方面：

（1）分期付款买卖。它是买受人将其应付的总价款按一定期限分批向出卖人支付的买卖。有别于一般买卖，它有如下特征：第一，法定义务上，买受人未支付到期价款的金额达到全部价款的五分之一的，出卖人可以要求买受人支付全部价款或解除合同。出卖人解除合同的，可向买受人要求支付该标的物的使用费。第二，实践中，分期付款买卖通常附有所有权保留特约，即买受人先行占有、使用标的物，在约定条件（通常为交付约定全部或部分价款）成就前，出卖人得保留标的物所有权；条件成就后，再将所有权转移给买受人。

（2）样品买卖。它是当事人约定一定的样品，出卖人交付的标的物应与样品具有相同品质的买卖。样品即样货，是当事人选定用以确定标的物品质的实物。对样品买卖的特殊规定有：第一，当事人应当封存样品，并可以对样品质量予以说明。第二，出卖人交付的标的物应当与样品及其说明的质量相同。第三，买受人不知道样品有隐蔽瑕疵，即使交付的标的物与样品相同，出卖人交付的标的物的质量仍应当符合同种物的通常标准。

（3）试用买卖。它是当事人约定，合同成立时，出卖人将标的物交付买受人实验或检验，并以买受人在试用期内对标的物的认可为生效要件的买卖合同。试用期内，买受方有权选择购买或拒绝购买。试用期间届满，买受人对是否购买标的物未作表示的，视为购买。

二、租赁合同

1. 租赁合同的定义和特征

租赁合同是出租人将租赁物交付承租人使用、收益，承租人支付租金的合同。其特征有四：第一，是转让财产使用权的合同。第二，是双务、有偿、诺成合同。第三，是有期合同，即租赁期限不得超过20年。超过20年的，超过部分无效。第四，不仅引起债权关系也引起物权关系，即承租人获得物权性质的租赁权和先买权。

2. 出租人的义务

（1）按约定将租赁物交付承租人。

（2）在租赁期间保持租赁物符合约定的用途。除当事人另有约定外，出租人应当履行租赁物的维修义务。但因承租人过错引起的，承租人应承担相关费用。出租人在合理期限内未履行维修义务的，承租人可以自行维修，其费用由出租人负担。因维修影响承租人使用的，出租人应相应减少租金或延长租期，但维修因承租人过错所致的除外。

（3）瑕疵担保义务，即质量瑕疵担保义务和权利瑕疵担保义务。前者除保证租赁物适用约定用途外，还含租赁物不得危及承租人的安全或者健康；否则，即使承租人订立合同时明知道该租赁物质量不合格，承租人仍可随时解除合同。后者是指出租人应担保不因第三人对承租人主张租赁物上的权利而致使承租人无法依约对租赁物进行使用收益；否则，承租人可以要求减少租金或不支付租金，但承租人订约时明知该权利瑕疵存在的除外。承租人负有将第三人主张权利的情况及时通知出租人的义务。

（4）返还有益费用。承租人经出租人同意，对租赁物进行改善或者增设他物，倘使租赁物改善或增值的，出租人应返还相关费用给承租人。未经出租人同意的，出租人不负返还相关费用的义务，并且可要求承租人恢复原状或赔偿损失。承租人的改善或增设他物行为旨在使租赁物能正常使用收益的，该行为实为维修，其费用承担按修缮费处理。

3. 承租人的义务

（1）支付租金的义务。承租人应按约定的期限支付租金。未约定支付期限，并且依我国《合同法》第六十一条仍不能确定的，租期不满一年的，应在租期届满时支付；租期在一年以上的，应每届满一年时支付。承租人无正当理由未支付或迟延支付租金的，出租人可要求其在合理期限内支付。承租人超出该合理期限不支付的，出租人可解除合同。

（2）按约定方法或租赁物的性质使用租赁物。由此致使租赁物受到损耗的，承租人不负损害赔偿责任；反之，致使租赁物受到损失的，出租人可以解除合同并要求赔偿损失。

（3）妥善保管租赁物。因保管不善造成租赁物毁损、灭失的，承租人应承担损害赔偿责任。

（4）经出租人同意转租给第三人的，原租赁合同有效。第三人对租赁物造成损失的，承租人应当赔偿损失。转租期限超过承租人剩余租赁期限的，超过部分的约定无效。但出租人与承租人另有约定的除外。出租人知道或者应当知道承租人转租，但在六个月内未提出异议，其以承租人未经同意为由请求解除合同或者认定转租合同无效的，人民法院不予支持。

（5）租赁期届满，承租人应当返还租赁物。返还的租赁物应当符合约定或租赁物的性质使用后的状态。

4. 租赁物的风险负担规则

因不可归责于承租人的事由，致使租赁物部分或全部毁损、灭失的，承租人可以要求减少租金或不支付租金；因租赁物部分或全部毁损、灭失，致使不能实现合同目的的，承租人可以解除合同。可见，租赁物和租金的风险均由出租人负担。

5. 租赁合同的特别效力

（1）对抗第三人侵害租赁权的权利，即第三人侵权时，承租人既可以请求出租人排除妨碍，也可以直接向第三人主张侵权责任。

（2）买卖不影响租赁。租赁物在租赁期间发生所有权变动的，不影响租赁合同的效力。此处所有权变动的原因不仅适用于买卖，也适用于赠与、继承、互易等所有发生所有权变动的情形。另外，依《担保法》的规定，抵押也不影响原租赁之效力。

（3）房屋承租人优先购买权。房屋承租人于出租人出卖租赁房屋时，有以同等条件优先购买的权利。出租人出卖租赁房屋未在合理期限内通知承租人或者存在其他侵害承租人优先购买权情形，承租人请求出租人承担赔偿责任的，人民法院应予支持。但请求确认出租人与第三人签订的房屋买卖合同无效的，人民法院不予支持。

（4）同居人的居住权。承租人在房屋租赁期间死亡的，与其生前共同居住的人可以按原租赁合同租赁该房屋。

三、借款合同

1. 借款合同的定义和特征

借款合同是指当事人约定一方将一定种类和数额的货币所有权转移于他方，他方则应于一定期限返还同种类同数额货币并支付或不支付利息的合同。借款合同一般是诺成合同，合同的成立和生效在双方当事人没有特别约定时，不需要以贷款人贷款的交付作为要件，自然人之间借款合同则是实践合同，该借款合同自贷款人提供借款时生效。

2. 贷款人的义务

贷款人的义务包括：第一，按期提供借款的义务，贷款人应当按照约定的日期提供借款，不得无故拖延；第二，足额提供借款的义务，借款的利息不得预先在本金中扣除，若利息预先在本金中扣除的，应当按照实际借款数额返还借款并计算利息；第三，为借款人保密的义务，贷款人在订立合同和履行合同过程中所掌握借款人的各项商业秘密有保密义务。

3. 借款人的义务

借款人的义务包括：第一，提供真实情况的义务，按照贷款人的要求提供与借款有关的业务活动和财务状况的真实情况；第二，依照约定接受贷款人检查的义务；第三，按照约定用途使用借款的义务，不得将借款挪作他用或违法使用；第四，按期支付利息和返还本金的义务。

4. 违反借款合同应当承担的法律责任

（1）贷款人的违约责任。

贷款人应当按时、足额提供贷款，未按照约定的日期、数额提供借款，造成借款人损失的，应当赔偿损失；贷款人一方对于其在合同订立和履行阶段所掌握的借款人的各项商业秘密，自己使用或许可他人使用的，应当赔偿因此给借款人造成的损失。

（2）借款人的违约责任。

借款人未按照合同约定提供担保或提供虚假的担保、提供虚假的财务信息，致使贷款人提供贷款的，贷款人可以解除合同，并可以要求赔偿损失；借款人未按照约定的用途使用借款的，贷款人可以停止发放贷款、提前收回借款或解除合同；借款人未按照约定支付本息的，应承担违约责任。

四、委托合同

1. 委托合同的定义和特征

委托合同，又称委任合同，是指一方请求另一方代为处理某项事务，另一方允诺处理该事务的合同。委托他人处理事务的一方为委托人，允诺为他人处理事务的一方为受托人。订立委托合同以双方相互信任为前提，由受托人以委托人的名义和费用处理或管理委托人的事务，但该事务不适用于具有人身性质的行为（如立遗嘱）和履行人身性质的债务的行为（如表演）。

2. 委托人的义务

（1）支付费用的义务。

委托人应当预付处理委托事务的费用，受托人为处理委托事务垫付的必要费用，委托人应当偿还该费用及其利息。该费用不管委托合同是否有偿，委托方都必须承担该费用。

（2）支付报酬的义务。

委托合同可以是无偿的，但当事人约定报酬的，委托人应当支付约定的报酬。因不可归责于受托人的事由，委托合同解除或者委托事务不能完成的，委托人应当向受托人支付相应的报酬，当事人另有约定的，按照其约定。

3. 受托人的义务

（1）服从指示的义务。

受托人应当按照委托人的指示处理委托事务，需要变更委托人指示的，应当经委托人同意，因情况紧急，难以和委托人取得联系的，受托人应当妥善处理委托事务，但事后应当将该情况及时报告委托人。

（2）亲自处理的义务。

委托人应当亲自处理委托事务，经委托人同意，受托人可以转委托，转委托未经同意的，受托人应当对转委托的第三人的行为承担责任，但在紧急情况下受托人为维护委托人的利益需要转委托的除外。

（3）报告处理的义务。

受托人应当按照委托人的要求，随时或定期报告受托事务的处理情况，在受托事务终结或者委托合同终止时，受托人应当报告委托事务的结果。

（4）转交财产的义务。

受托人因处理委托事务所取得的财产，不论是以委托人名义取得的，还是以受托人自己名义取得的，都应当转交给委托人。

4. 违反委托合同应承担的法律责任

在委托合同中，当事人因其不履行义务或不适当履行合同义务，应当承担违约责任。

（1）委托人的责任。

委托人应当对自己的委托负责，如因其指示不当或其他过错致使受托人蒙受损失的，委托人应予以赔偿；受托人处理事务时，因不可归责于自己的事由受到损失的，可以向委托人要求赔偿损失；委托人可以单方随时解除委托合同，因解除合同给对方造成损失的，除不可归责于该当事人的事由以外，应当赔偿损失。

（2）受托人的责任。

受托人违反或超出委托人的指示处理事务，或者在情势发生巨大变化的情况下未及时向委托人报告，因而造成委托人损失的，受托人应当赔偿损失；对于有偿的委托合同，因受托人的过错给委托人造成损失的，委托人可以要求赔偿损失，无偿的委托合同，因委托人的故意或者重大过失给委托人造成损失的，委托人也可以要求赔偿损失；两个以上的受托人共同处理委托事务，因其行为造成委托人损失的，对委托人承担连带赔偿责任。

第十三章　担保法

第一节　概述

一、担保的概念

担保是指为了保障债权人的债权得以实现，依据法律规定或当事人的约定而采取的法律措施。

二、担保法的概念

担保法是调整担保关系的法律规范的总称。《中华人民共和国担保法》（以下简称《担保法》），于1995年6月30日第八届全国人民代表大会常务委员会第十四次会议通过，并于1995年10月1日起施行。2000年12月8日，最高人民法院公布了《关于适用〈中华人民共和国担保法〉若干问题的解释》（以下简称《解释》），并于2000年12月13日起施行。2007年3月16日第十届全国人民代表大会第五次会议通过，并自2007年10月1日起施行的《中华人民共和国物权法》（以下简称《物权法》）对担保制度中抵押、质押和留置做出了若干新的规定，这也使我国的担保法律制度更加完善。同时，对于出现的法律规范之间的冲突，《物权法》第一百七十八条规定："担保法与本法的规定不一致的，适用本法。"

三、反担保

反担保是指债务人对为自己向债权人提供担保的第三人提供的担保。反担保方式可以是债务人提供的抵押或者质押，也可以是其他人提供的担保、抵押或者质押。反担保适用《担保法》关于担保的规定。

四、无效担保合同的法律后果

担保合同可能由于主合同无效而无效，也可能在主合同有效的情况下因自身缺乏有效要件而无效。

因为担保合同无效，担保人在有过错的情况下，根据其过错的程度承担相应的责任。例如，《解释》中规定，主合同有效而担保合同无效，债权人无过错的，担保人与债务人对主合同债权人的经济损失承担连带赔偿责任；债权人、担保人有过错的，担保人承担民事责任的部分不应超过债务人不能清偿部分的二分之一。主合同无效而导致担保合同无效，担保人无过错的，担保人不承担民事责任；担保人有过错的，担保人承担民事责任的部分不应超过债务人不能清偿部分的三分之一。

第二节 保证

一、保证的概念

保证是指保证人和债权人约定，当债务人不履行债务时，保证人按照约定履行债务或者承担责任的行为。保证人是以自己的一般财产为他人债务提供担保的第三人，被保证人是债务人，而债权人既是主合同关系中的债权人，又是保证合同关系中的债权人。

保证的成立是建立在保证人与债务人以及保证人与债权人相互信任基础之上的，保证是人的担保（包括单位和自然人），而不是物的担保。保证人所承担的保证责任在实质上仍属于一种财产责任。

二、保证人的资格

《担保法》规定，具有代为清偿债务能力的法人、其他组织或者公民，可以做保证人。这就是说“具有代为清偿债务能力”是取得保证人资格的法定条件。所谓代为清偿债务能力，是指保证人依约定清偿所保证的债务的能力。它是债权能够得以实现的重要保障。对于保证人来说，这种代为清偿债务的能力主要表现在其应当拥有足以承担保证责任的财产上。

根据《担保法》的规定，除经国务院批准为使用外国政府或者国际经济组织贷款进行转贷的以外，国家机关不得为保证人。学校、幼儿园、医院等以公益为目的的事业单位、社会团体不得为保证人。企业法人的分支机构、职能部门不得为保证人。但是，企业法人的分支机构有法人的书面授权的，可以在授权范围内提供保证。企业法人的分支机构未经法人的书面授权的或者超出授权范围与债权人订立保证合同的，该合同无效或者超出授权范围的部分无效。

三、保证合同

保证合同是指由保证人与债权人订立的，当债务人不履行债务时，由保证人代为履行或者承担责任的协议。保证合同应当以书面形式订立。

保证合同一般包括如下内容：①被保证的主债权种类、数额；②债务人履行债务的期限；③保证的方式；④保证担保的范围；⑤保证的期间；⑥双方认为需要约定的其他事项。上述内容对于保证合同来说是最基本的，它们与双方当事人的切身利益密切相关，需要在合同中明确约定。但是，保证合同不完全具备上述内容的，并不影响该合同的效力。对欠缺的内容，保证人和债权人可以根据具体情况协商补正；当事人没有补正的，依据《担保法》的规定予以确定。

四、保证方式

保证方式是指保证人承担责任的方式。保证方式有一般保证和连带责任保证两种。

（一）一般保证

一般保证是指当事人在保证合同中约定，债务人不能履行债务时，由保证人承担保证责任的保证。其主要特点是，只有当债务人在客观上无法履行债务或者没有能力履行债务时，保证人才承担保证责任。保证人和债务人在对债权人承担责任方面是有主次和先后顺序的，债务人是主要责任，保证人是补充责任；债务人是第一顺序，保证人是第二顺序。在一般保证方式下，当债权人向保证人请求承担保证责任时，保证人有权要求其先就债务人的财产诉请强制执行，在主合同纠纷未经审判或者仲裁，并就债务人的财产强制执行仍不能履行债务前，保证人可以拒绝承担保证责任。这就是保证人所享有的先诉抗辩权。

先诉抗辩权对于保护保证人的利益是十分必要的，但是，保证人对这一权利的行使不是无限制的。按照《担保法》的规定，有下列情形之一的，保证人不得行使先诉抗辩权：①债务人住所变更，致使债权人要求其履行债务发生重大困难的；②人民法院受理债务人破产案件，中止执行程序的；③保证人以书面形式放弃先诉抗辩权的。

（二）连带责任保证

连带责任保证是指当事人在保证合同中约定保证人与债务人对债务承担连带责任的保证。在这种保证方式下，当债务人在主合同规定的期限内没有履行债务时，债权人可以要求债务人履行债务，也可以直接要求保证人在其保证范围内承担保证责任。保证人与债务人在向债权人履行债务时，没有主次和先后顺序之分，即连带责任保证的保证人不享有先诉抗辩权。

当事人对保证方式没有约定或者约定不明确的，按照连带责任保证承担保证责任。

五、共同保证和最高额保证

（一）共同保证

共同保证是指两个以上的保证人同时为一个债务提供保证。一般来说，它适用于主合同标的额很大，一个保证人难以单独承担保证责任，或者有的保证人只愿意对主合同的债务提供部分担保而不愿意提供全部担保的情况。共同保证对于债权人和保证人都有好处，它既可以使债权的实现更为可靠，又可以分散保证风险。

共同保证有两种情况：一种情况是在保证合同中约定每个保证人的保证份额，各个保证人仅以约定的份额为限承担保证责任。另一种情况是保证人在合同中没有约定保证份额，各保证人对全部债务都负有清偿责任，保证人之间承担连带责任。在后一种情况下，债权人可以要求任何一个有履行能力的保证人承担全部保证责任，有履行能力的保证人一经债权人请求，便负有保证全部债权实现的义务。当然，承担了保证责任的保证人，有权向债务人追偿，或者要求承担连带责任的其他保证人偿付其应当承担的份额。

（二）最高额保证

最高额保证是指保证人在最高债权额限度内就一定期间连续发生的借款合同或者某项商品交易合同所提供的保证。在通常情况下，保证人是为债权人和债务人的某次特定交易行为提供保证的。但是，在经济活动中经常发生在一定时期内连续进行数个同一性质的交易的情况，在这种情况下，双方可以订立一个保证合同，约定保证人在最高限额内承担保证责任。这种保证形式就是最高额保证。

最高额保证合同中未约定保证期间的，保证人享有单方终止保证合同的权利，即可以随时书面通知债权人终止保证合同。通知一经到达债权人，保证合同即为终止，保证人对以后发生的债权不再承担保证责任。但是，对于通知到债权人以前所发生的债权，保证人应承担保证责任。

六、保证责任

（一）保证责任的范围

保证责任的范围，也称保证担保的范围，是指保证人按照保证合同约定或者担保法规定所承担的责任范围。当债务人不履行债务时，保证人一般通过两种形式向债权人承担责任；或者是代债务人履行债务，或者是承担赔偿责任。在依约应为履行债务，而保证人在事实上又不能承担代为履行责任时，代为履行也可以转变为损害赔偿。

按照《担保法》的规定，保证担保的范围包括：①主债权及利息；②违约金；③损害赔偿金；④实现债权的费用。保证合同的当事人可以根据实际情况，在合同中约定保证范围所包括的具体内容。当事人对保证范围作了约定的，按照约定。当事人对保证范围没有约定或者约定不明确的，保证人应当对全部债务承担责任，即应按上述法定范围承担保证责任。

（二）保证期间

保证期间是保证责任的存续期间。保证期间具有任意性，即法律允许当事人对其长短予以约定，但保证期间不因任何事由发生中断、中止、延长的法律后果。在实践中，经常出现当事人对保证期间不加约定的情况。对此，《担保法》规定，一般保证的保证人与债权人未约定保证期间的，保证期间为主债务履行期届满之日起 6 个月。连带责任保证的保证人与债权人未约定保证期间的，债权人有权自主债务履行期届满之日起 6 个月内要求保证人承担保证责任。可见，不论采取何种保证方式，在当事人对保证期间未作约定的情况下，保证期间均为 6 个月，自主债务履行期届满之日起算。保证合同约定保证人承担保证责任直至主债务本息还清时为止等类似内容的，视为约定不明，保证期间为主债务履行期届满之日起二年。

在一般保证方式下，由于保证人承担的是补充责任，只有在人民法院采取一切必要的措施使债务人最大限度地清偿债务后，对其不足部分再由保证人予以赔偿。否则，保证人可以拒绝承担保证责任。因此，债权人必须在保证期间先就债务人的财产诉请强制执行。如果债权人在保证期间未对债务人提起诉讼或者申请仲裁，保证人则免除保证责任，对于债权人已提起诉讼或者申请仲裁的，保证期间适用诉讼时效中断的规定。这样，在保证期间一旦债权人提起诉讼或者申请仲裁，就使已经过的保证期间归于无效，待中断事由消除后，保证期间重新计算。这对于维护一般保证的债权人利益是完全必要的。

在连带责任保证方式下，不存在保证期间中断的问题。因为在连带责任保证中，债务人在主合同规定的债务履行期届满没有履行债务的，债权人既可以要求债务人履行债务，也可以直接要求保证人履行债务。不管债权人是否向债务人主张权利，只要其在保证期间未向保证人主张保证债权，保证人即免除保证责任。

（三）保证责任的免除

出现下列情况，保证人可免除保证责任：①保证合同约定债权人转让主债权，保证人免除保证责任的；②保证期间，债权人许可债务人转让债务，但没有取得保证人书面同意的；③债权人与债务人协议变更合同，未经保证人书面同意的；④在保证期间，债权人没有行使相应请求权的；⑤同一债权既有保证又有物的担保的，债权人放弃物的担保时，保证人在债权人放弃权利的范围内免除保证责任；⑥一般保证的保证人在主债权履行期间届满后，向债权人提供了债务人可供执行财产的真实情况，债权人放弃或者怠于行使权利致使该财产不能被执行，保证人可以请求人民法院在其提供可执行财产的实际价值范围内免除保证责任；⑦债权人知道或者应当知道债务人破产，既未申报债权也未通知保证人，致使保证人不能预先行使追偿权的，保证人在该债权在破产程序中可能受偿的范围内免除保证责任。

保证期间，债权人与债务人对主合同数量、价款、币种、利率等内容做了变动，未经保证人同意的，如果减轻债务人的债务，保证人仍应当对变更后的合同承担责任；如果加重债务人的债务，保证人对加重的部分不承担责任。债权人与债务人对主合同履行期限做了变动，未经保证人书面同意的，保证期间为原合同约定的或者法律规定的期间。债权人与债务人协议变动主合同内容，但未实际履行的，保证人仍应当承担保证责任。

（四）保证合同无效时保证人的责任承担

1. 主合同无效导致保证合同无效时保证人的责任承担

在由于主合同无效导致保证合同无效的情况下，保证人不承担保证责任，仅应就自己由于过错为无效的主合同提供保证承担相应的民事责任。保证人过错大的，承担较大的民事责任；过错小的，承担较小的民事责任。如果保证人对此没有过错，则不承担民事责任。

对于在主合同无效情况下保证人过错的认定，在实践中是一个较为复杂的问题。通常认为，保证人知道或者应当知道主合同无效而仍然为之提供保证的，其主观上就有过错，应当承担民事责任。

2. 主合同有效，保证合同无效时保证人的责任承担

在主合同有效，保证合同无效的情况下，应视保证合同无效的具体情况，确定保

证人应当承担的民事责任。这主要包括：

第一，若保证人不具备法定资格，属于保证人自身有过错的，应承担民事责任。债权人与债务人也有一定过错的，应分别承担相应的民事责任。《担保法》规定，企业法人的分支机构未经法人书面授权或者超出授权范围与债权人订立保证合同的，该合同无效或者超出授权范围的部分无效，债权人和企业法人有过错的，根据其过错各自承担相应的民事责任；债权人无过错的，由企业法人承担民事责任。

第二，主合同当事人双方串通，骗取保证人提供保证的，造成保证合同无效完全在于主合同当事人双方的过错，因此，保证人对此不承担民事责任。

第三，主合同债权人采取欺诈、胁迫等手段，使保证人在违背真实意思的情况下提供保证的，造成保证合同无效的原因是债权人的过错，而非保证人的过错，故保证人对这种无效合同不承担民事责任。

第四，主合同债务人采取欺诈、胁迫等手段，使保证人在违背真实意思的情况下提供保证的，债权人知道或者应当知道欺诈、胁迫事实的，保证人不承担民事责任。

第五，主合同当事双方协议以新贷偿还旧货，除保证人知道或者应当知道的外，保证人不承担民事责任。但新贷与旧货系同一保证人的，不适用这一规定。

此外，根据有关规定，债务人与保证人共同欺骗债权人，订立主合同和保证合同的，债权人可以请求人民法院予以撤销。因此给债权人造成损失的，由保证人与债务人承担连带赔偿责任。

第三节　抵押

一、抵押的概念

抵押是指债务人或者第三人不转移对特定财产的占有，将该财产作为债权的担保，债务人不履行债务时，债权人有权依法以该财产折价或者以拍卖、变卖该财产的价款优先受偿。

在抵押法律关系中，债务人或者第三人为抵押人，债权人为抵押权人。债务人或者第三人提供的用于保障债权实现的特定财产，成为抵押财产或者抵押物。债权人所享有的在债务人不履行债务时依法以抵押物折价或者以拍卖、变卖抵押物的价款优先受偿的权利，称为抵押权。

二、抵押财产

（一）抵押财产的范围

根据《物权法》的规定，债务人或者第三人有权处分的下列财产可以抵押：①建筑物和其他土地附着物；②建设用地使用权；③以招标、拍卖、公开协商等方式取得的荒地等土地承包经营权；④生产设备、原材料、半成品、产成品、成品；⑤正在建造的建筑物、船舶、航空器；⑥交通运输工具；⑦法律、行政法规未禁止抵押的其他财产。抵押人可以将前款所列财产一并抵押。

经当事人书面协议、企业、个体工商户、农业生产经营者可以将现有的以及将有的生产设备、原材料、半成品、产品抵押，债务人不履行到期债务或者发生当事人约定的实现抵押权的情形，债权人有权就实现抵押权时的动产优先受偿。这就是动产浮动抵押制度。

（二）抵押担保中的房地关系

由于房屋等建筑物对于土地的依存性，在处理房地产关系问题上，我国始终坚持的一项重要原则是“地随房走”或者“房随地走”。“地随房走”是指转让房屋的所有权或者使用权时，该房屋占用范围内的土地使用权同时转让；“房随地走”是指转让土地使用权时，该土地上的房屋也应同时转让。根据这一原则，《物权法》规定，以建筑物抵押的，该建筑物占用范围内的建设用地使用权一并抵押。以建设用地使用权一并抵押的，该土地上的建筑物一并抵押，抵押人未按规定一并抵押的，未抵押的财产视为一并抵押。这一规定旨在避免实现抵押权过程中可能发生的关于土地或者房屋等建筑物权属纠纷，使房屋等建筑物和土地使用权得以同时转让，从而确保债权的顺利实现。

为了保护耕地，严格控制农村集体所有土地的转让，《物权法》规定，乡镇、村企业的建设用地使用权不得单独抵押。以乡镇、村企业的厂房等建筑物抵押的，其占用范围内的建设用地使用权一并抵押。

（三）禁止抵押的财产

根据《物权法》的规定，下列财产不得抵押：①土地所有权；②耕地、宅基地、自留地、自留山等集体所有的土地使用权，但法律规定可以抵押的除外；③学校、幼儿园、医院等以公益为目的的事业单位、社会团体的教育设施、医疗卫生设施和其他社会公益设施；④所有权、使用权不明或者有争议的财产；⑤依法被查封、抵押、监管的财产；⑥法律、行政法规规定不得抵押的其他财产。

三、抵押合同

抵押合同是指债权人、债务人或者第三人订立的关于设定抵押权的协议。抵押合同应以书面形式订立。《物权法》规定，抵押合同一般包括下列条款：①被担保债权的种类和数额；②债务人履行债务的期限；③抵押财产的名称、数量、质量、状况、所在地、所有权归属或者使用权归属；④担保的范围。抵押合同不完全具备上述内容的，可以补正。

《物权法》规定，抵押权人在债务履行期届满前，不得与抵押人约定债务人不履行到期债务时抵押财产的所有权归债权人所有。这主要是为了确保抵押活动在平等、公平的原则下进行而规定的，避免出现损害合同当事人利益的情况。如果允许当事人双方做出上述约定，在抵押物的价值高于债务额时，就会损害抵押人的合法权益；如果抵押财产严重贬值，也会对抵押权人的利益造成损害。同时，法律禁止这种约定也符合抵押担保的本质特征，因为抵押是以抵押财产的交换价值为债权提供担保的，当债务人不履行债务时，债权人只能依法将抵押财产变价并从中优先受偿，而不得直接取得抵押财产的所有权。

四、抵押物登记

（一）抵押物登记的作用

首先，通过抵押物登记，可以使抵押担保关系公布于世，抵押权人在实现抵押权时具有对抗第三人的效力。其次，抵押物登记便于债权人了解抵押财产是否已经抵押过以及其与担保债权在价值上的关系，以决定是否接受该财产作为抵押。再次，抵押物登记有助于与债务人进行交易的其他人了解抵押财产的状况，以便审慎地决定是否接受该项财产，以及如何采取必要措施防止因抵押权人行使抵押权给自己带来的损害。最后，抵押权登记对抵押权的实现顺序有重要影响。在同一财产向两个以上债权人抵押时，抵押物是否登记以及登记的先后是确定债权清偿顺序的依据，这有利于防止抵押纠纷的发生，保证债权的合理受偿。

（二）抵押物登记的范围和抵押物登记部门

根据《物权法》的规定，设立抵押时应当办理抵押物登记的财产有：①建筑物和其他土地附着物；②建设用地使用权；③以招标、拍卖、公开协商等方式取得的荒地等土地承包经营权；④正在建造的建筑物。

抵押物登记一般由抵押物的产权管理部门或者证照登记核发部门负责。当事人以上述必须办理抵押物登记的财产以外的其他财产抵押，自愿办理抵押物登记的，登记部门为抵押人所在地的公证部门。设定动产浮动抵押的，应当向抵押人住所地的工商行政管理部门办理登记。办理抵押物登记，应当向登记部门提供主合同和抵押合同、抵押物的所有权或者使用权证书的原件或者复印件。

（三）抵押物登记的效力

根据《物权法》的规定，以必须办理抵押物登记的财产抵押的，抵押权自登记之日起生效。在这种情况下，登记是抵押权生效的要件，不履行这一手续，抵押权不发生法律效力。但未办理登记的，不影响抵押合同的效力。

当事人以其他财产做抵押的，是否办理抵押物登记由当事人自行决定，法律并不做强制性规定。这时，登记并非抵押权生效的要件，抵押权自抵押合同生效时设立。如果当事人未办理抵押物登记，则不得对抗善意第三人。所谓不得对抗善意第三人，是指在抵押权存续期间，如果抵押人出卖、转让抵押物使其为善意第三人占有，抵押权人只能要求抵押人重新提供担保，或者要求债务人及时清偿债务，而不得向善意第三人主张实现抵押权。但设定动产浮动抵押的，无论是否登记，都不得对抗正常经营活动中已支付合理价款并取得抵押财产的买受人。

五、抵押的效力

（一）抵押担保的范围

抵押担保的范围，是指当债务人不履行债务时，抵押权人按照抵押合同的约定或者担保法的规定，就抵押物变价所得价款优先受偿的债权范围。它包括主债权及利息、违约金、损害赔偿金和实现抵押权的费用。抵押合同另有约定的，按照约定。

（二）对抵押物孳息的效力

抵押物孳息是指由抵押物产生的收益。孳息依产生的方式不同，可分为天然孳息和法定孳息。天然孳息，是指物依自然规律所产生的收益，如树木结出的果实、土地生长的庄稼等。法定孳息，是指依法律规定产生的收益，如银行贷款收取的利息、房屋出租收取的租金等。

在一般情况下，抵押权的效力不及于孳息。这是由于抵押不转移财产的占有，设立抵押后的财产仍由抵押人行使使用权和收益权，因此，抵押物所产生的孳息应归抵押人所有。但是，当债务履行期届满，债务人不履行债务致使抵押物被人民法院依法扣押的，自扣押之日起抵押权人有权收取由抵押物分离的天然孳息以及抵押人就抵押物可以收取的法定孳息。应当特别指出，若想使抵押权的效力及于法定孳息，抵押权人必须在抵押物被扣押后将该事实通知负有清偿法定孳息义务的当事人。因为只有这样，该义务人才能将该法定孳息交纳给抵押权人。

抵押权人收取的孳息按照下列顺序清偿：收取孳息的费用；主债权的利息；主债权。

（三）抵押对租赁关系的影响

同一财产上抵押与租赁的关系，在实践中主要表现为两种情况：一是租赁在先，抵押在后；一是抵押在先，租赁在后。抵押对租赁关系的影响，应区别不同情况进行分析。

（1）“租赁在先，抵押在后”是指抵押人将已出租的财产用于抵押。这时，抵押人应当书面告知承租人，原租赁合同继续有效。也就是说，已出租的财产是可以用于抵押的，抵押设立后，在该财产上已存在的租赁关系继续有效。抵押的效力对抵押物上已经存在的租赁关系不发生影响。这是符合其他国家在立法上采取的“买卖不破租赁”原则的。

（2）“抵押在先，租赁在后”是指抵押人将已抵押财产用于出租。在这种情况下，抵押物是否登记直接影响抵押权对租赁权的效力。无论是动产还是不动产设定抵押，只要登记，都可以取得对抗第三人的效力，当然也可以对抗承租人。但对于未登记的抵押权，则不得对抗承租人。可见，登记与否对于租赁关系有重大影响。如果抵押人将已抵押的财产出租时未书面告知承租人该财产已抵押的，抵押人对出租抵押物造成承租人的损失承担赔偿责任；如果抵押人已书面告知承租人该财产已抵押的，抵押权实现造成承租人的损失，由承租人自己承担。

（四）对抵押期间转让抵押物的限制

在抵押期间，抵押人对抵押物仍享有依法处分的权利。对抵押期间转让抵押物的限制主要表现为：首先，抵押人转让已办理登记的抵押物的，应当通知抵押权人并告知受让人转让物已经抵押的情况，其目的在于使抵押权人知道该转让事实和便于受让人考虑是否受让该物。如果抵押人未通知抵押权人或者未告知受让人，则该转让行为无效。其次，抵押人转让抵押物的价款明显低于其价值的，抵押权人可以要求抵押人提供相应的担保；抵押人不提供的，不得转让抵押物。这主要是为了防止抵押人以欺诈手段影响抵押权的实现，保障抵押权人的合法权益。再次，抵押人转让抵押物所得的价款，应当向抵押权人提前清偿债务，或者向与抵押权人约定的第三人提存。当转让抵押物所得价款超过债权数额时，超过的部分归抵押人所有，不足的部分由债务人清偿。

（五）抵押物价值减少时的补救

抵押担保设立后，抵押权人并不占有抵押物，该财产仍由抵押人占有、使用。这样，在抵押期间很有可能出现抵押物价值减少、危及抵押权实现的情况。为了防止由于抵押物价值减少给抵押权造成的损害，保护抵押权人的合法权益，《担保法》规定了必要的补救措施。抵押物价值的减少，可能是由于抵押人的过错造成的，也可能是由于不可归责于抵押人的原因造成的。

抵押人的过错造成抵押物价值的减少，是指抵押人以积极的行为（如擅自拆除抵押的房屋）或者消极的行为（如对抵押的房屋不进行必要的修缮），对抵押物造成了侵害，致使其价值减少。在这种情况下，如抵押人的行为足以使抵押物价值减少，抵押权人有权要求抵押人停止其行为。对于已经造成抵押物价值减少的，抵押权人有权要求恢复抵押物的价值，或者提供与减少的价值相应的担保。

由于不可归责于抵押人的原因造成抵押物价值减少，主要是指因自然灾害、意外事故等原因致使抵押物价值减少。在这种情况下，抵押人在主观上没有过错，因此，抵押权人只能在抵押人因损害而得到赔偿范围内要求提供担保。若抵押物受损害后仍有剩余，则抵押物价值未减少的部分，仍作为债权的担保。对于抵押物灭失且抵押人未得到赔偿的，抵押权消灭，抵押人因抵押物灭失得到赔偿的，该赔偿金应当作为抵押财产。

六、抵押权的实现

（一）抵押权实现的方式

债务履行期届满债务人不履行债务的，抵押权人可以行使抵押权，以使自己的债权优先获得清偿，抵押权实现的方式有两种：一是抵押权人与抵押人协议以抵押物折价或者以拍卖、变卖该抵押物所得的价款受偿；二是协议不成的，抵押权人可以向人民法院提起诉讼。这里所说的折价，是指抵押权人与抵押人通过协商，按照双方确定的价值将抵押物的所有权转让给抵押权人，以实现所担保的债权。抵押物折价应当参照市场价格。拍卖，是指以公开竞价的方法将抵押物卖给出价最高的竞买人，这种方式可以最大限度地体现抵押物的价值，从而使抵押权得到充分实现。变卖，是指以一般买卖的方式将抵押物出售。变卖抵押物主要是由抵押权人实施的，当然，也可以由抵押权人和抵押人共同委托有关部门实施。为了保证抵押物变卖价格合理，在变卖抵押物时，应当参照市场价格。

抵押物折价或者拍卖、变卖后，其所得价款一般不会与担保债权完全相同。其价款超过债权数额的部分归抵押人所有，不足部分由债务人清偿。

为债务人提供抵押担保的第三人，在抵押权人实现抵押权后，有权向债务人追偿。

（二）抵押担保债权的清偿顺序

根据法律规定，在不超过抵押物价值的条件下，抵押人可以在同一财产上为多个债权设立抵押担保。由于设立抵押时抵押物的估价和实现抵押权时抵押物的实际价值并不一定完全相同，当抵押人就同一财产为两个以上债权担保时虽未超过抵押物的价值，然而市场行情的变化却可能导致抵押物贬值，使抵押物的价值小于其所担保的债权额，从而影响全部债权的足额清偿。这时必然产生所担保债权的清偿顺序问题。

抵押权以抵押物登记为设立要件的，按照抵押物登记的先后顺序清偿。抵押物登记的顺序通常是依据在登记部门登记材料中所记载的时间先后顺序确定的。第一顺序抵押权人就拍卖、变卖抵押物的价款优先受偿。第二顺序抵押权人只能就第一顺序抵押权人允分受偿后的剩余部分受偿，依此类推。如果两个以上抵押物登记的顺序相同，则按照其债权比例清偿。

抵押权自抵押合同生效之日起设立的，抵押物已登记的优于未登记的受偿。如果抵押物均已办理登记，按照抵押物登记的先后顺序清偿；顺序相同的，按照债权比例清偿。如果抵押物未办理登记的，按照债权办理清偿。

从上述规定不难看出，抵押物是否办理登记以及登记的先后顺序，对于抵押权的实现具有非常重要的意义。

（三）抵押权实现的特殊规定

建设用地使用权抵押后，该土地上新增的建筑物不在抵押合同确定的抵押物范围之内，不属于抵押物。根据“房随地走”原则，在需要通过拍卖所抵押的建设用地使用权来实现抵押权时，可以将该土地上新增的建筑物与建设用地使用权一并处分。但是，抵押权人对于拍卖新增建筑物所得不享有优先受偿权。以招标、拍卖、公开协商等方式取得荒地等土地承包经营权抵押的，或者以乡镇、村企业的厂房等建筑物占用范围内的建设用地使用权一并抵押的，在实现抵押权后，未经法定程序不得改变土地所有权的性质和土地的用途。

七、最高额抵押

最高额抵押，是指抵押人与抵押权人协议，在最高债权额限度内，以抵押物对一定期间连续发生的债权做担保。

最高额抵押作为一种特殊的抵押形式，除适用关于最高额抵押的特别规定外，还适用有关普通抵押的一般规定。法律关于最高额抵押的特别规定，主要体现在对抵押权人转让主合同债权的限制上。《物权法》规定，最高额抵押担保的债权确定前，部分债权转让的，最高额抵押权不得转让，但当事人另有约定的除外。

第四节　质押

一、质押的概念

质押，是指债务人或者第三人将其动产或者权力移交债权人占有或者办理出质登记，将该财产作为债权的担保，债务人不履行债务时，债权人有权处分该动产或者权利的价款优先受偿。质押可分为动产质押和权利质押。

二、动产质押

（一）动产质押的概念

动产质押，是指债务人或者第三人将其动产移交给债权人占有，将该动产作为债权的担保，债务人不履行债务时，债权人有权依法以该动产折价或者以拍卖、变卖该动产的价款优先受偿。

在动产质押法律关系中，债务人或者第三人为出质人，债权人为质权人，用于质押的动产称为质押财产或者质物。债权人所享有的依法处分质物并就其价款优先受偿的权利，称为质权。

（二）质押合同

质押合同是出质人与质权人订立的以转移占有的质物为债权提供担保的协议。质押合同是要式合同、实践合同。质押合同应当采取书面形式；否则，质押合同不成立。质押合同自质物或者权利证书交付或者出质登记之日起生效，未交付质物的或未登记的，质押合同未生效。质押合同应包括以下内容：①被担保的主债权的种类、数额；②债务人履行债务的期限；③质物的名称、数量、质量、状况；④质押担保的范围，合同没有约定的，质押担保的范围包括主债权及利息、违约金、损害赔偿金、质物保管费用和实现质权的费用；⑤质物移交的时间；⑥当事人认为需要认定的其他事项。质押合同不完全具备上述内容的，可以协商补正。

法律规定，质权人在债务履行期届满前，不得与出质人约定债务人不履行到期债务时质押财产归质权人所有。同禁止当事人双方在抵押合同中约定直接转让抵押财产的所有权一样，这一规定的目的也在于保证质押活动的平等性和公正性，维护当事人的合法权益。

（三）动产质押的效力

1. 质押担保的范围

质押担保的范围可由当事人在质押合同中约定，当事人未作约定或者约定不明确的，应当适用担保法规定的质押担保的范围，即包括主债权及利息、违约金、损害赔偿金、质物保管费用和实现质权的费用。

2. 对质物孳息的效力

质物孳息是指由质物产生的收益，它可以分为天然孳息和法定孳息两类。除质押合同另有约定外，质权人有权收取质物的孳息。如果当事人双方对质权人是否可以收取孳息未作约定或者约定不明确，质权人亦有权收取质物的孳息。质权人收取的孳息应当首先充抵收取孳息的费用，其剩余部分再用来充抵主债权利息和主债权。

3. 质物的保管

在占有质物期间，质权人应当对质物妥善保管，如果因为质权人没有尽到妥善保管义务致使质物毁损或者灭失的，质权人应当承担赔偿责任。若质权人的行为可能使质物损毁损或者灭失的，出质人可以要求质权人将质物提存，或者要求提前清偿债务并返还质物。

质权人在质权存续期间，未经出质人同意，擅自使用、处分质物，因此给出质人造成损失的，由质权人承担赔偿责任。

4. 转质

转质是指质权人为担保自己债务的履行，将质物移交给自己的债权人而设定的新质权。质权人在质权存续期间，为担保自己的债务，经出质人同意，以其所占有的质物为第三人设定质权的，应当在原质权所担保的债权范围之内，超过的部分不具有优先受偿的效力。转质权的效力优于原质权。质权人在质权存续期间，未经出质人同意转质，造成质物毁损或者灭失的，应当向出质人承担赔偿责任。

5. 质物价值可能明显减少时的补救

在质押期间，由于自然原因可能造成质物损坏或者价值明显减少，为了保障质权人担保债权的实现，法律规定，对于质物有损坏或者价值明显减少的可能，并且足以危害质权人权利的，质权人有权要求出质人提供相应的担保。如果出质人不提供，质权人可以拍卖或者变卖质物，并与出质人协议将该所得价款用于提前清偿债务或者向双方约定的第三人提存。

（四）质权的实现

债务履行期届满，债务人不履行债务的，质权人可以通过行使质权使自己的债权优先受偿。质权的实现方式有折价、拍卖和变卖。在实践中，具体做法和抵押权实现的方式基本相同。

质物折价、拍卖和变卖后，如果所得价款超过担保债权数额，超过部分归出质人所有；如果所得价款少于所担保的债权数额，该价款清偿担保债权后，质权随之消灭，未受清偿的担保债权由债务人按普通债权清偿。当出质人为第三人时，在质权人实现质权后，该第三人有权向债务人追偿。

债务履行期届满，出质人可以请求质权人及时行使权利；质权人不行使的，出质人可以请求人民法院拍卖、变卖质物。质权人怠于行使权利造成损害的，由质权人承担赔偿责任。

三、权利质押

（一）权利质押的概念

权利质押是指以所有权以外的可转让的财产权利作为债权的担保，债务人不履行债务时，债权人有权以处分该权利的价款优先受偿。

权利质押和动产质押有很多相同之处，如出质人、质押合同的内容、质押担保的范围、质权的实现方式、第三人的追偿权等。因此，关于动产质押的有关规定同样适用于权利质押。

（二）可质押的权力范围

根据《物权法》的规定，可以质押的权利包括：①汇票、支票、本票；②债券、存款单；③仓单、提单；④可以转让的基金份额、股权；⑤可以转让的注册商标专用权、专利权、著作权等知识产权中的财产权；⑥应收账款；⑦法律、行政法规规定可以出质的其他财产权利。

（三）权利质押的设定和效力

1. 证券债权质押的设定和效力

以汇票、支票、本票、债券、存款单、仓单、提单出质的，当事人应首先签订书面的质押合同，然后由出质人在合同约定的期限内将权利凭证交付质权人。质权自权利凭证交付时设立；没有权利凭证时，质权自有关部门办理出质登记时设立。

上述权利凭证上都载有权利实现的日期，如果凭证的兑现或者提货日期先于主债权到期，质权人可以在债务履行期届满前兑现或者提货，并与出质人协议将兑现的价款或者提取的货物用于提前清偿债务或者提存。如果证券的兑现或者提货日期晚于债务履行期的，质权人只能在兑现或者提货日期届满时兑现款项或者提取货物。

2. 基金份额、股权质押的设定和效力

根据《物权法》的规定，以基金份额、股权出质设定质押的，出质人与质权人应当订立书面的质押合同。以基金份额、证券登记结算机构登记的股权出质的，质权自证券登记结算机构办理出质登记时设立；以其他股权出质的，质权自工商行政管理部门办理出质登记时设立。质权经证券登记结算机构登记后，社会公众可以通过向证券登记机构查询的方式获得该质押的情况，从而使该质押的事实为公众所知晓，以避免非法转让质押基金份额、股权和重复质押。而以其他股权出质的，在工商行政管理部门进行登记，有利于工商行政管理部门对股权变动进行监督，从而保障质权人的质权能够得到顺利实现。

基金份额、股权出质后，出质人丧失了对其的自由处分权，而质权人虽取得了该基金份额、股权的质权，但其所有权仍归出质人，质权人也无权处分。因此，基金份额、股权出质后不得转让，但经出质人与质权人协商同意的除外。出质人转让基金份额、股权所得的价款，应当向质权人提前清偿债务或者提存。

3. 知识产权质押的设定和效力

以注册商标专用权、专利权、著作权等知识产权中的财产权出质的，这里的主管部门是指国家对商标、专利和出版具有管理权的行政管理机关。国家市场监督管理总局是商标权出质登记的主管部门，国家知识产权局是专利权出质登记的主管部门，国家版权局是著作权出质登记的主管部门。质权自有关主管部门办理出质登记时设立。

上述知识产权出质后，为了维护质权人的利益，除经出质人与质权人协商同意者

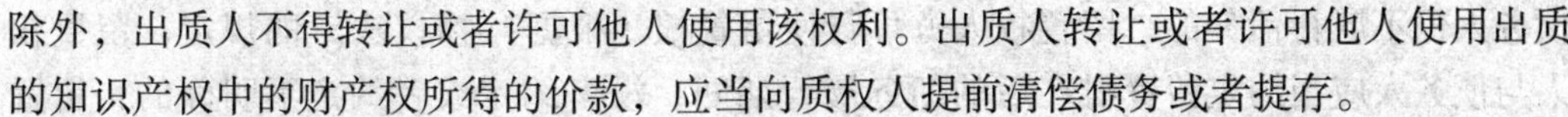

除外，出质人不得转让或者许可他人使用该权利。出质人转让或者许可他人使用出质的知识产权中的财产权所得的价款，应当向质权人提前清偿债务或者提存。

4. 应收账款质押的设定和效力

以应收账款出质的，当事人应当订立书面合同。质权自信贷征信机构办理出质登记时设立。我国目前的信贷征信机构包括中国人民银行征信中心建立的人民银行企业和个人征信系统。

应收账款出质后，不得转让，但经出质人与质权人协商同意者除外。出质人转让应收账款所得的款项，应当向质权人提前清偿债务或者提存。

第五节 留置

一、留置的概念

留置是指债权人已合法占有债务人的动产，债务人不履行到期债务的，债权人可以留置该动产，以该动产折价或者以拍卖、变卖该动产的价款优先受偿。在留置法律关系中，债权人为留置权人，占有的动产为留置财产或者留置物。

留置担保不是由当事人约定的，而是由法律直接规定产生的。根据《物权法》的规定，债务人不能履行到期债务的，对于债权人合法占有的债务人的动产，债权人有留置权。债权人留置的动产应当与债权属于同一法律关系，但企业之间的留置除外。法律规定或者当事人约定不得留置的动产，不得留置。留置财产为可分物的，留置财产的价值应当相当于债务的金额。

二、留置的效力

（一）留置担保的范围

留置担保的范围是指债务履行期届满债务人不能履行到期债务，债权人在处理留置物后就其价款优先受偿的债权范围。留置担保的范围包括主债权及利息、违约金、损害赔偿留置物保管费用和实现留置权的费用。

（二）留置权人对留置物的保管

在留置期间，留置权人对留置物负有妥善保管的义务。如果因为保管不善致使留置物毁损或者灭失的，留置权人应当承担赔偿责任。留置权人未经债务人的同意，不得使用留置物，也不得将其出租或者提供担保，当然，为了保管上的必要使用除外。

三、留置权的实现

留置权的实现是指债权人留置财产后一定期限债务人仍不履行债务时，债权人可以处置留置物并就该价款优先受偿。与抵押权和质权的行使不同，当债务人不履行到期债务时，债权人不得立即行使留置权，而应当给债务人一定的宽限期。过了宽限期债务人仍不履行债务的，留置权人方可行使留置权。根据《物权法》的规定，留置权人与债务人应当约定留置财产后的债务履行期间；没有约定或者约定不明确的，留置权人应当给债务人 2 个月以上履行债务的期间，但鲜活易腐等不易保管的动产除外。

过了宽限期债务人仍不履行债务的，留置权人可以与债务人协议以留置财产折价，也可以就拍卖、变卖留置财产所得的价款优先受偿。留置财产折价或者变卖的，应当参照市场价格。留置财产折价或者拍卖、变卖后，其价款超过债权数额的部分归债务人所有，不足部分由债务人清偿。同一动产上已设立了抵押权或者质权，该动产又被留置的，留置权人有优先受偿权。

债务人可以请求留置权人在债务履行期届满后行使留置权；留置权人不行使的，债务人可以请求人民法院拍卖、变卖留置财产。

四、留置权的消灭

留置权的消灭主要有以下几种原因：①主债权消灭。作为担保物权，留置权同其他担保物权一样因被担保债权消灭（清偿、抵销、免除、提存等）而消灭。例如，在留置期间债务人全部履行了合同约定的义务，债权人的债权都得以实现，这时留置权也自然随债权的消灭而消灭。②留置权人对留置财产丧失占有。丧失占有，是指留置权人丧失对留置物的事实上的控制。例如，留置权人在留置期间，主动将留置物归还给债务人，此时留置权消灭。③留置权人接受债务人另行提供担保。由于设定留置权的目的是担保债权的实现，因此，虽然留置是法定担保方式，但只要有利于债权的实现，它可以被其他担保方式所替代。如果债务人提供了价值相当于担保债权的保证、抵押、质押等担保，并且留置权人表示接受的，留置权消灭。

第六节　定金

一、定金的概念和种类

（一）定金的概念

定金是指为了确保合同的履行，当事人一方按照合同金额的一定比例预先给付对方当事人一定数额的货币。

（二）定金的种类

根据《担保法》及《解释》的规定，定金主要可分为以下几种：

1. 立约定金

立约定金是指为确保将来正式订立主合同而交付的定金。当事人约定以交付定金作为订立主合同担保的，给付定金的一方拒绝订立主合同的，无权要求返还定金；收受定金的一方拒绝订立主合同的，应当双倍返还定金。

2. 成约定金

成约定金是指作为主合同成立或者生效的必要条件而交付的定金。在成约定金情况下，给付定金的一方未交付定金的，除了有特别规定外，主合同不成立或者不生效。但给付定金的一方未交付定金，主合同已经履行或者已经履行主要部分的，不影响主合同的成立或者生效。

3. 违约定金

违约定金是指作为当事人不履行主合同而承担惩罚后果所交付的定金，违约定金是实践中最常见、应用最普遍的一种定金。我国《担保法》上所规定的定金，一般是指违约定金。

4. 解约定金

解约定金是指作为保留主合同解除权的代价而交付的定金。当事人双方可以承担定金处罚为代价达到解除主合同的目的。定金交付后，交付定金的一方可以按照合同的约定以丧失定金为代价解除主合同，收受定金的一方可以双倍返还定金为代价而解除主合同。

二、定金的设立

采用定金担保时，当事人应当以书面形式订立合同。定金合同是实践合同，它从实际交付定金之日起生效。由于定金的交付对于定金合同的生效具有决定意义，因此，定金的交付期限是该合同的重要内容，对此双方当事人应当在合同中明确约定。

当事人交付留置金、担保金、保证金、订约金、押金或者定金等，但没有约定定金性质的，当事人主张定金权利的，人民法院不予支持。

对于定金的数额，当事人可以自行约定，但不得超过主合同标的额的 20%。如果当事人双方约定的定金数额超过这一标准，其超过部分无效。实际交付的定金数额多于或者少于约定数额，视为变更定金合同；收受定金一方提出异议并拒绝接受定金的，定金合同不生效。

三、定金的效力

定金的效力主要表现在对不履行债务的当事人一方所进行的制裁上，即适用定金罚则。定金的担保作用正是通过适用定金罚则得以实现的。根据担保法的规定，给付定金的一方不履行约定的债务，无权要求返还定金；收受定金的一方不履行约定的债务，应当双倍返还定金。当事人部分不履行债务，就不履行部分适用上述规定。

因当事人一方延迟履行或者其他违约行为，致使合同目的不能实现，可以适用定金罚则，但法律另有规定或者当事人另有约定的除外。

因不可抗力、意外事件致使主合同不能履行，不适用定金罚则。因合同关系以外的第三人的过错，致使主合同不能履行，适用定金罚则。受定金处罚的一方当事人，可以依法向第三人追偿。

第十四章　会计法律制度

第一节　概述

一、会计法律制度的概念

会计法律制度是国家机关制定、用以处理会计关系的各种法律规范的总称。广义的会计法律制度是指国家权力机关和行政机关制定的各种会计法规性文件的总称，包括会计法律、会计行政法规、会计部门规章、地方性会计法规等。狭义的会计法律制度仅是指国家最高权力机关通过一定的立法程序，颁发施行的会计法律。目前实施的《中华人民共和国会计法》（以下简称《会计法》）是全国人大常务委员会于2017年修订并于2017年11月5日起开始实施的。该法分为总则、会计核算、会计监督、会计机构和会计人员、法律责任、附则等7章。

《会计法》是会计机构、会计人员开展会计工作，进行会计核算，实施会计监督的基本依据，也是各级有关管理部门进行会计管理和监督的基本依据。

二、会计法的基本原则

1. 各单位必须依法办理会计事务

根据《会计法》的规定，单位办理会计事务必须依照《会计法》的规定进行。无论何种单位进行独立核算，独立记载经济业务，独立办理会计事务，都必须依照《会计法》的规定进行。

2. 各单位必须依法设置会计账簿，并保证其真实、完整

根据《会计法》的规定，国家机关、社会团体、公司、企业、事业单位和其他组织都必须依法设置会计账簿，并保证其真实、完整。会计账簿是指具备一定格式，用以记载各项经济业务的账册。会计账簿是编制会计报表的主要依据，也是审计工作的重要依据。

3. 单位负责人对本单位的会计工作和会计资料的真实性、完整性负责

单位负责人是指一个单位的最高领导者。国家机关的负责人是指该机关的最高行政首长；社会团体的负责人是指该社会团体的行政事务负责人，如有的是会长负责制，有的则为秘书长负责制；企业单位和事业单位的负责人是指其法定代表人；其他组织的负责人是指该组织的最高行政负责人等。

根据《会计法》的规定，单位负责人对本单位的会计工作负责，是指对本单位的

会计工作负领导责任，即要领导本单位的会计机构、会计人员和其他有关人员认真执行《会计法》，按照国家规定组织好本单位的会计工作，支持本单位的会计机构和会计人员依法独立开展会计工作，并保障会计人员的职权不受侵犯。对本单位的会计资料的真实性和完整性负责，即要保证本单位的会计资料不存在弄虚作假、隐瞒等情况。

4. 会计机构、会计人员依法进行会计核算，实行会计监督

任何单位或者个人不得以任何方式授意、指使、强令会计机构、会计人员，伪造、变造会计凭证、会计账簿和其他会计资料，提供虚假财务会计报告。任何单位或者个人不得对依法履行职责、抵制违反本法规定行为的会计人员实行打击报复。

5. 对认真执行会计法，忠于职守，坚持原则，做出显著成绩的会计人员，给予精神的或物质的奖励

为了充分调动会计人员依法做好本职工作的积极性，提高会计人员的地位，《会计法》突出了对认真执行本法，忠于职守，坚持原则，做出显著成绩的会计人员，给予精神或物质奖励的基本精神。具体奖励办法和标准，由各地区、部门、单位根据实际情况灵活掌握。

三、会计管理体制

会计管理体制就是一定的主体在一定的时期根据自己所处的社会经济环境，介入会计活动，对会计活动进行干预、干涉、控制所做出的一系列制度和机制上的安排，以及据此所制定的一系列会计规范。

我国的会计管理体制主要包括会计工作的行政管理、会计工作的行业自律管理和单位内部的会计工作管理等内容。

我国会计工作行政管理体制实行统一领导、分级管理的原则。国务院财政部门主管全国的会计工作。县级以上地方各级人民政府财政部门管理本行政区域内的会计工作。会计工作行政管理的内容包括：制定国家统一的会计准则制度、会计市场管理、会计专业人才评价、会计监督检查。

会计行业自律管理制度有助于督促会计人员依法开展会计工作，树立良好的行业风气，促进行业的发展。目前，我国会计工作的行业自律管理组织主要有中国注册会计师协会、中国会计学会和中国总会计师协会。

单位内部的会计工作管理是会计管理的基础性环节，主要包括：单位负责人的职责、会计机构的设置、会计人员的选拔任用和会计人员的回避制度。

第二节　会计核算

会计核算是会计工作的重要组成部分，是会计的基本职能之一。所谓会计核算，是指各单位以货币为主要计量单位，通过专门的程序和方法对其经济业务事项进行确认、计量、记录和报告的行为。

一、会计核算的要求

《会计法》第九条规定："各单位必须根据实际发生的经济业务事项进行会计核算，填制会计凭证，登记会计账簿，编制财务会计报告。任何单位不得以虚假的经济业务事项或者资料进行会计核算。"这就要求会计核算应当以实际发生的经济业务为依据，如实反映企业财务状况和经营成果，会计核算的过程应当如实再现经济活动的全貌。

《会计法》从法律的角度，对会计资料提出了最基本的要求，做出了限制性、禁止性规定。《会计法》第十三条规定："会计凭证、会计账簿、财务会计报告和其他会计资料，必须符合国家统一的会计制度的规定。任何单位和个人不得伪造、变造会计凭证、会计账簿及其他会计资料，不得提供虚假的财务会计报告。"

二、会计年度

我国《会计法》第十一条规定："会计年度自公历 1 月 1 日起至 12 月 31 日止。"我国会计年度采用公历制，这是为了与我国的财政、税务、计划、统计等年度保持一致，从而便于国家宏观经济管理。

三、记账本位币

《会计法》第十二条规定："会计核算以人民币为记账本位币。业务收支以人民币以外的货币为主的单位，可以选定其中一种货币作为记账本位币，但是编报的财务会计报告应当折算为人民币。"在一般情况下，企业采用的记账本位币都是企业所在国使用的货币。记账本位币是与外币相对而言的，凡是记账本位币以外的货币都是外币。

四、会计凭证

会计凭证是记录经济业务、明确经济责任、按一定格式编制的据以登记会计账簿的书面证明。其用来记载经济业务的发生，明确经济责任，作为记账根据的书面证明。会计凭证按其编制程序和用途的不同，分为原始凭证和记账凭证。

（一）原始凭证

原始凭证是记录经济业务已经发生、执行或完成，用以明确经济责任，作为记账依据的最初的书面证明文件，如出差乘坐的车船票、采购材料的发货票、到仓库领料的领料单等，都是原始凭证。原始凭证是在经济业务发生的过程中直接产生的，是经济业务发生的最初证明，在法律上具有证明效力，所以也可叫作"证明凭证"。

原始凭证按其取得的来源不同，可以分为自制原始凭证和外来原始凭证两类。

1. 自制原始凭证

自制原始凭证是指在经济业务发生、执行或完成时，由本单位的经办人员自行填制的原始凭证，如收料单、领料单、产品入库单等。自制原始凭证按其填制手续不同，又可分为一次凭证、累计凭证、汇总原始凭证和记账编制凭证四种。

（1）一次凭证。

一次凭证，是指只反映一项经济业务，或者同时反映若干项同类性质的经济业务，其填制手续是一次完成的会计凭证。如企业购进材料验收入库，由仓库保管员填制的“收料单”；车间或班组向仓库领用材料时填制的“领料单”；报销人员填制的、出纳人员据以付款的“报销凭单”等，都是一次凭证。

（2）累计凭证。

累计凭证是指在一定期间内，连续多次记载若干不断重复发生的同类经济业务，直到期末，凭证填制手续才算完成，以期末累计数作为记账依据的原始凭证，如工业企业常用的限额领料单等。使用累计凭证，可以简化核算手续；能对材料消耗、成本管理起事先控制作用，是企业进行计划管理的手段之一。

（3）汇总原始凭证。

汇总原始凭证是指在会计核算工作中，为简化记账凭证的编制工作，将一定时期内若干份记录同类经济业务的原始凭证按照一定的管理要求汇总编制一张汇总凭证，用以集中反映某项经济业务总括发生情况的会计凭证，如“发料凭证汇总表”“收料凭证汇总表”“现金收入汇总表”等都是汇总原始凭证。

汇总原始凭证在大中型企业中使用得非常广泛，因为它可以简化核算手续，提高核算工作效率；能够使核算资料更为系统化，使核算过程更为条理化；能够直接为管理提供某些综合指标。

（4）记账编制凭证。

记账编制凭证是根据账簿记录和经济业务的需要编制的一种自制原始凭证。记账编制凭证是根据账簿记录，把某一项经济业务加以归类、整理而重新编制的一种会计凭证。例如在计算产品成本时，编制的“制造费用分配表”就是根据制造费用明细账记录的数字按费用的用途填制的。

2. 外来原始凭证

外来原始凭证是指在同外单位发生经济往来关系时，从外单位取得的凭证。外来原始凭证都是一次凭证。如企业购买材料、商品时，从供货单位取得的发货票，就是外来原始凭证。

（二）记账凭证

记账凭证是会计人员根据审核无误的原始凭证或汇总原始凭证，用来确定经济业务应借、应贷的会计科目和金额而填制的，作为登记账簿直接依据的会计凭证。

记账凭证按其适用的经济业务，分为专用记账凭证和通用记账凭证两类。

1. 专用记账凭证

专用记账凭证是用来专门记录某一类经济业务的记账凭证。专用凭证按其所记录的经济业务是否与现金和银行存款的收付有无关系，又分为收款凭证、付款凭证和转账凭证三种。

（1）收款凭证。

收款凭证是用来记录现金和银行存款等货币资金收款业务的凭证，它是根据现金和银行存款收款业务的原始凭证填制的。

（2）付款凭证。

付款凭证是用来记录现金和银行存款等货币资金付款业务的凭证，它是根据现金和银行存款付款业务的原始凭证填制的。

收款凭证和付款凭证是用来记录货币收付业务的凭证，它既是登记现金日记账、银行存款日记账、明细分类账及总分类账等账簿的依据，也是出纳人员收、付款项的依据。出纳人员不能依据现金、银行存款收付业务的原始凭证收付款项，必须根据会计主管人员或指定人员审核批准的收款凭证和付款凭证收付款项，以加强对货币资金的管理，有效地监督货币资金的使用。

（3）转账凭证。

转账凭证是用来记录与现金、银行存款等货币资金收付款业务无关的转账业务（即在经济业务发生时不需要收付现金和银行存款的各项业务）的凭证，它是根据有关转账业务的原始凭证填制的。

转账凭证是登记总分类账及有关明细分类账的依据。

2. 通用记账凭证

通用记账凭证的格式，不再分为收款凭证、付款凭证和转账凭证，而是以一种格式记录全部经济业务。在经济业务比较简单的经济单位，为了简化凭证可以使用通用记账凭证，记录所发生的各种经济业务。

记账凭证按其包括的会计科目是否单一，分为复式记账凭证和单式记账凭证两类。

（1）复式记账凭证。

复式记账凭证又叫作多科目记账凭证，要求将某项经济业务所涉及的全部会计科目集中填列在一张记账凭证上。复式记账凭证可以集中反映账户的对应关系，因而便于了解经济业务的全貌，了解资金的来龙去脉；便于查账，同时可以减少填制记账凭证的工作量，减少记账凭证的数量；但是不便于汇总计算每一会计科目的发生额，不便于分工记账。上述收款凭证、付款凭证和转账凭证的格式都是复式记账凭证的格式。

（2）单式记账凭证。

单式记账凭证又叫作单科目记账凭证，要求将某项经济业务所涉及的每个会计科目，分别填制记账凭证，每张记账凭证只填列一个会计科目，其对方科目只供参考，不据以记账。也就是把某一项经济业务的会计分录，按其所涉及的会计科目，分散填制两张或两张以上的记账凭证。

单式记账凭证便于汇总计算每一个会计科目的发生额，便于分工记账；但是填制记账凭证的工作量变大，而且出现差错不易查找。

（三）记账凭证和原始凭证的区别

记账凭证和原始凭证同属于会计凭证，但两者存在着以下差别：

（1）原始凭证是由经办人员填制的；记账凭证一律由会计人员填制。

（2）原始凭证是根据发生或完成的经济业务填制；记账凭证是根据审核后的原始凭证填制。

（3）原始凭证仅用以记录、证明经济业务已经发生或完成；记账凭证要依据会计科目对已经发生或完成的经济业务进行归类、整理。

（4）原始凭证是填制记账凭证的依据；记账凭证是登记账簿的依据。

五、会计账簿

会计账簿简称账簿，是由具有一定格式、相互联系的账页所组成，用来序时、分类地全面记录一个企业、单位经济业务事项的会计簿籍。设置和登记会计账簿，是连接会计凭证和会计报表的中间环节，做好这项工作，对于加强经济管理具有十分重要的意义。

1. 设立账簿的法定要求

《会计法》第十六条规定："各单位发生的各项经济业务事项应当在依法设置的会计账簿上统一登记、核算，不得违反本法和国家统一的会计制度的规定私设会计账簿登记、核算。"

按照《中华人民共和国税收征收管理办法实施细则》第十七条规定："从事生产经营的纳税人应当依照税收征管法第十二条规定，自领取营业执照之日起十五日内设置账簿。"《会计法》不仅规定各单位必须依法设账，还对设置会计账簿的种类做出规定："会计账簿包括总账、明细账、日记账和其他辅助性账簿。"其中，其他辅助账簿，也称备查簿，是为备忘备查而设置的。在会计实务中主要包括各种租借设备、物资的辅助登记或有关应收、应付款项的备查簿，担保、抵押备查簿等。各单位可根据自身管理的需要，设置其他辅助账。

2. 账簿的分类

账簿按其用途可以分为序时账簿、分类账簿、联合账簿和备查账簿四类。

（1）序时账簿。序时账簿，也称日记账，是按照经济业务发生时间的先后顺序，逐日连续登记的账簿。序时账簿按其记录的内容不同又分为普通日记账和特种日记账。

普通日记账，是用来登记各企业全部经济业务的日记账。在账簿中，按照每日发生的经济业务的先后顺序，逐项编制会计分录，因而这种日记账又称通用日记账、分录日记账或分录簿。设置普通日记账的单位，一般不再单设特种日记账，以免重复。

特种日记账，是用来登记某一类经济业务发生情况的日记账。如现金日记账、银行存款日记账等。在账簿中，将该类经济业务，按其发生的先后顺序记入账簿中，反映其详细情况。

（2）分类账簿。分类账簿是对各项经济业务按照账户进行分类登记的账簿，简称分类账。按账簿反映内容详细程度不同，分类账簿又分为总分类账（简称总账）和明细分类账（简称明细账）。总分类账是根据一级账户设置的，它是用来核算经济业务的总括内容的。明细分类账是根据二级或明细账户设置的，它是用来核算经济业务的明细内容的。在分类账簿中反映了资产、负债、所有者权益、费用成本和收入成果等增减变化的情况。总分类账簿的金额与其所属的明细分类账簿的金额之和相等。明细分类账是对总账的补充和具体化，并受总分类账的统筹控制。

（3）联合账簿。联合账簿是指把日记账和分类账结合在一起的账簿。日记总账便是典型的联合账簿。

（4）备查账簿。备查账簿是对某些在日记账簿和分类账簿中未能记载或记载不全的事项进行补充登记的账簿。它可以为某些经济业务的内容提供必要的参考资料。如租入固定资产登记簿等。

3. 账簿的基本内容

账簿是一种记录经济业务发生情况的簿籍。由于现代企业经济业务复杂，需要反映的经济信息很多，企业设置的账簿不可能只有一本（一般有几本到几十本不等）。不同的账簿，功能不同，其构成要素也不同，但一般应具有以下基本内容：

（1）封面要标明单位、账簿名称及会计年度。

（2）扉页一般用于记载账簿的启用日期、截止日期、页数、册次、经管账簿人员一览表、会计主管人员签章、账户目录等。

（3）账页是账簿的主体。一本账簿一般由几十到几百个账页联结而成，每个账页都有比较统一、事先印制好的格式，用来记录各项有关的经济业务。账页是一种由许多横线和竖线交织而成的表格。横线把账簿分隔成许多“行”，记账时一般都是按行次顺序记录发生的每一笔经济业务；竖线把账簿分隔成许多“栏”，每一栏记录一笔业务的某个要点（如时间、依据、摘要、数量等）。

尽管不同的账簿格式有差异，但基本上都包括下列内容：①账户名称。②日期栏。③凭证种类和编号栏。④摘要栏。⑤金额栏（根据需要可以设置为两栏式、三栏式、多栏式、数量金额式或复币式等）。⑥总页次和分户页次。

六、财务会计报告

财务会计报告是指单位根据经过审核的会计账簿记录和有关资料，编制并对外提供的反映单位某一特定日期财务状况和某一会计期间经营成果、现金流量的书面文件。财务会计报告通常分为年度、半年度财务会计报告和季度、月度财务会计报告两种。

（一）财务会计报告的构成

根据《会计法》第二十条第二款规定：“财务会计报告由会计报表、会计报表附注和财务情况说明书组成。”

1. 会计报表

会计报表是指企业以一定的会计方法和程序由会计账簿的数据整理得出，以表格的形式反映企业财务状况、经营成果和现金流量的书面文件，是财务会计报告的主体和核心。企业会计报表按其反映的内容不同，分为资产负债表、利润表、现金流量表、所有者权益（股东权益）变动表。其中，相关附表是反映企业财务状况、经营成果及现金流量的补充报表，主要包括利润分配表以及国家统一会计制度规定的其他附表。

2. 会计报表附注

会计报表附注是为便于会计报表使用者理解会计报表的内容而对会计报表的编制基础、编制依据、编制原则和方法及主要项目等所做的解释。会计报表附注是财务会计报告的一个重要组成部分，它有利于增进会计信息的可理解性，提高会计信息可比性和突出重要的会计信息。

3. 财务情况说明书

财务情况说明书是财务会计报告的组成部分。会计单位提供的财务情况至少应当

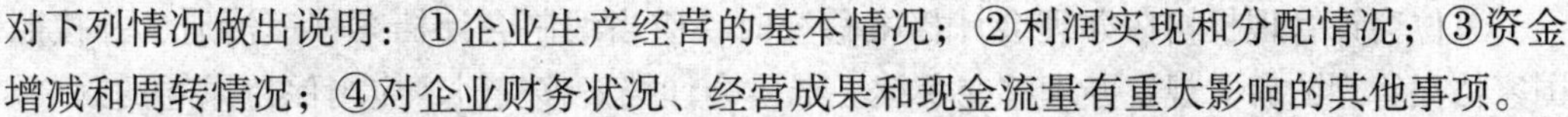

对下列情况做出说明：①企业生产经营的基本情况；②利润实现和分配情况；③资金增减和周转情况；④对企业财务状况、经营成果和现金流量有重大影响的其他事项。

（二）财务会计报告的对外提供

（1）企业对外提供的财务会计报告反映的会计信息应当真实、完整。

（2）企业应当依照法律、行政法规和国家统一的会计制度有关财务会计报告提供期限的规定，及时对外提供财务会计报告。

（3）企业对外提供的财务会计报告，应当一次编定页码，加具封面，装订成册，加盖公章。封面上应当注明企业名称和统一代码、组织形式、单位地址，财务会计报告所属年度、季度、月度，报送日期，并由企业负责人和主管会计工作的负责人、会计机构负责人（会计主管人员）签名并盖章。设置总会计师的企业，还应由总会计师签名并盖章。

（4）企业应当依照企业章程的规定，向投资者提供财务会计报告。

（5）企业应依照《企业财务会计报告条例》规定向有关各方提供财务会计报告，其编制基础、编制依据、编制原则和方法应当一致。

（6）财务会计报告须经注册会计师审计的，企业应当将注册会计师及其会计师事务所出具的审计报告随同财务会计报告一并对外提供。

另外，《企业财务会计报告条例》规定，接受企业财务会计报告的组织或者个人，在企业财务会计报告未正式对外披露前，应当对其内容保密。

七、会计档案管理

会计档案是单位在进行会计核算等过程中接受或形成的，记录和反映单位经济业务事项的，具有保存价值的文字、图表等各种形式的会计资料。另外，通过计算机等电子设备形成、传输和存储的电子会计资料也属于会计档案。而预算、计划、制度等文件材料，应当执行文书档案管理规定，不适用《会计档案管埋办法》的规定。

1. 会计档案的管理部门

财政部和国家档案局主管全国会计档案工作，共同制定全国统一的会计档案工作制度，对全国会计档案工作实行监督和指导。县级以上各级人民政府财政部门和档案行政管理部门管理本行政区域内的会计档案工作。

2. 会计档案的归档

单位的会计机构或会计人员所属机构（统称“单位会计管理机构”），负责会计资料整理、归档、立卷，编制会计档案保管清册。应当进行归档的会计资料包括会计凭证、会计账簿、财务会计报告及其他具有保存价值的会计资料。

3. 会计档案的移交

单位内部的会计档案，当年形成的，在会计年度终了后，可由单位会计管理机构临时保管一年，再移交单位档案管理机构保。因工作需要确需推迟移交的，应当经单位档案管理机构同意。单位会计管理机构临时保管会计档案最长不超过三年。出纳人员不得监管会计档案。

单位会计管理机构在办理会计档案移交时，应当编制会计档案移交清册，并按照国家档案管理的有关规定办理移交手续。纸质会计档案移交时，应当保持原卷的封装。电子会计档案移交时应当将电子会计档案及其元数据一并移交，特殊格式的电子会计档案应当与其读取平台一并移交。

单位之间交接会计档案时，交接双方应当办理会计档案交接手续。交接会计档案时，交接双方应当按照会计档案移交清册所列内容逐项交接，并由交接双方的单位有关负责人监督。交接完毕后，交接双方经办人和监督人应当在会计档案移交清册上签名或盖章。

4. 会计档案的查阅

各单位应当严格按照有关制度利用会计档案，在进行会计档案查阅、复制、借出时履行登记手续，严禁篡改和损坏。单位保存的会计档案一般不得对外借出。确因工作需要且根据国家有关规定必须借出的，应当严格按照规定办理相关手续。

5. 会计档案的保管期限

根据《会计档案管理办法》的规定，会计档案的保管期限分为永久和定期两类。定期保管的会计档案期限一般为10年和30年的类型（固定资产卡片在固定资产报废清理后保管5年）。永久保管的会计档案包括年度财务会计报告、会计档案保管清册、会计档案销毁清册、会计档案鉴定意见书。会计档案的保管期限，从会计年度终了后的第一天算起。

6. 会计档案的销毁

单位应当定期对已到保管期限的会计档案进行鉴定。经鉴定，仍需继续保存的会计档案，应当重新规划保管期限；对保管期限届满，确无保存价值的会计档案，可以销毁。保管期限届满但未结清的债权债务会计凭证和涉及其他未了事项的会计凭证不得销毁。

第三节　会计监督

《会计法》强调了会计监督在规范会计行为、提高会计信息质量方面的重要作用。它确立了单位内部监督、以注册会计师为主体的社会监督和以政府财政部门为主体的国家监督三位一体的会计监督体系，为会计监督的有效实施提供了法律依据和保障。

一、单位内部的会计监督

《会计法》第二十七条规定，建立、健全内部会计监督制度是各单位的法定义务。

1. 单位内部会计监督主体和对象

根据《会计基础工作规范》和《内部会计控制规范（试行）》的规定，各单位的会计机构、会计人员对本单位的经济活动进行会计监督。内部会计监督的主体是各单位的会计机构、会计人员；内部会计监督的对象是本单位的经济活动。根据《会计法》的规定，单位负责人负责单位内部会计监督制度的组织实施，对本单位内部会计监督制度的建立及有效实施承担最终责任。

会计机构、会计人员发现会计账簿与实物、款项及有关资料不相符的，按照国家统一的会计准则制度的规定有权自行处理的，应当及时处理；无权自行处理的，应当立即向单位负责人报告，请求查明原因，做出处理。

2. 单位内部会计监督制度的基本要求

单位内部会计监督的内容十分广泛，涉及人、财、物等诸多方面，根据《会计法》的规定，单位内部会计监督制度应当符合以下四个方面的要求：

（1）记账人员与经济业务事项或会计事项的审批人员、经办人员、财物保管人员的职责权限应当明确，并相互分离、相互制约，这是机构控制和职务控制的基本要求。

（2）重大对外投资、资产处置、资金调度和其他重要经济业务事项的决策和执行的相互监督、相互制约程序应当明确。这是对业务处理程序控制的基本要求，是对盲目对外投资，擅自处置资产，随意调度资金所做的限制性规定，具有很强的针对性。

（3）财产清查的范围、期限和组织程序应当明确。这是财产安全控制和会计信息控制的基本要求。

（4）对会计资料定期进行内部审计的办法和程序应当明确。这是内部审计控制的基本要求。

3. 会计机构和会计人员在单位内部会计监督中的职责

对企业而言，董事会负责内部控制的建立健全和有效实施。监事会对董事会建立与实施内部控制进行监督。经理层负责组织领导企业内部控制的日常运行。对行政事业单位而言，单位负责人对本单位内部控制的建立健全和有效实施负责。

《会计法》第二十八条至第三十一条明确规定了会计机构和会计人员的监督权力和义务，其内容包括：

（1）会计机构和会计人员对违反《会计法》和国家统一的会计制度规定的会计事项，有权拒绝办理或按照职权予以纠正。这体现在两个方面：一是《会计法》赋予会计机构和会计人员的监督权力，二是单位负责人在单位内部会计监督制度中赋予跨级机构和会计人员的监督权力。

（2）会计机构、会计人员有权对单位内部的会计资料和财产物资实施监督。应当在日常工作中做到以下几个方面：完善各种财产物资的定期或不定期的清查盘点制度，及时发现其短少或溢余情况；根据清查盘点结果和批准处理意见，按规定及时进行相关的账务处理，保证会计资料的真实性和完整性；任何单位和个人（包括会计机构和会计人员）有权检举违法违规行为。

二、社会监督

1. 会计工作的社会监督的概念

会计工作的社会监督，主要是指由注册会计师及其所在的会计师事务所依法对受托单位的经济活动进行审计、鉴证的一种监督制度。根据《会计法》的规定，法律、行政法规规定须经注册会计师进行审计的单位，应当向受委托的会计师事务所如实提供会计凭证、会计账簿、财务会计报告和其他会计资料以及有关情况。任何单位或者个人不得以任何方式要求或者示意注册会计师及其所在的会计师事务所出具不实或者不当的审计报告。任何单位和个人对违反《会计法》和国家统一的会计制度规定的行为，有权检举。这也属于会计工作的社会监督范畴。

2. 注册会计师审计与内部审计的关系

内部审计与注册会计师审计一样，都是现代审计体系的组成部分。从我国情况看，注册会计师审计与内部审计在许多方面存在很大区别：

（1）两者的审计目标不同。内部审计主要是对内部控制的有效性、财务信息的真实性和完整性以及经营活动的效率和效果所开展的一种评价活动；注册会计师审计主要对被审计单位财务报表的真实性（或合法性）和公允性进行审计。

（2）两者独立性不同。内部审计为组织内部服务，接受总经理或董事会的领导，独立性较弱。注册会计师审计为需要可靠信息的第三方提供服务，不受被审计单位管理层的领导和制约，独立性较强。

（3）两者接受审计的自愿程度不同。内部审计是代表总经理或董事会实施的组织内部监督，是内部控制制度的重要组成部分，单位内部的组织必须接受内部审计人员的监督。注册会计师审计是以独立的第三方对被审计单位进行的审计，委托人可自由选择会计师事务所。

（4）两者遵循的审计标准不同。内部审计人员遵循的是内部审计准则；而注册会计师遵循的是注册会计师审计准则。

（5）两者审计的时间不同。内部审计通常对单位内部组织采用定期或不定期审计，时间安排比较灵活；而注册会计师审计通常是定期审计，每年对被审计单位的财务报表审计一次。

三、政府监督

会计工作的政府监督是一种外部监督，主要是指财政部门代表国家对各单位和单位中相关人员的会计行为实施的监督检查，以及对发现的违法会计行为实施行政处罚。

财政部门是《会计法》的执行主体，是会计工作的政府监督实施主体。此外，《会计法》也规定，除财政部门外，审计、税务、人民银行、证券监管、保险监管等部门依照有关法律、行政法规规定的职责和权限，可以对有关单位的会计资料实施监督检查。

财政部门实施会计监督的对象是会计行为，并对发现的有违法会计行为的单位和个人实施行政处罚。

财政部门会计监督检查的主要内容包括：①对单位依法设置会计账簿的检查；②对单位会计资料真实性、完整性的检查；③对单位会计核算情况的检查；④对单位会计人员从业资格和任职资格的检查；⑤对会计师事务所出具的审计报告的程序和内容的检查。

第四节　会计机构和会计人员

会计机构是各单位办理会计事务的职能部门，会计人员是直接从事会计工作的人员。建立健全会计机构，配备与工作要求相适应、具有一定素质和数量的会计人员，是做好会计工作，充分发挥会计职能作用的重要保证。

一、会计机构的设置

各单位办理会计事务的组织方式有三种：一是单独设置会计机构，二是有关机构中配置专职会计人员，三是实行代理记账。

不具备设置会计机构和配备会计人员条件的，应当委托经批准设立从事会计代理记账业务的中介机构代理记账。财政部于 2005 年 1 月 22 日发布了《代理记账管理办法》，对代理记账机构设置的条件、代理记账的业务范围、代理记账委托人的义务、代理记账机构及从业人员的义务、代理记账的法律责任做了具体的规定。

设置会计机构，应当配置会计机构负责人，在有关机构中配备专职会计人员，应当在专职会计人员中指定会计主管人员。

国有的和国有资产占控股地位或者主导地位的大、中型企业必须设置总会计师。总会计师是单位行政领导成员，协助单位主要行政领导人工作，直接对单位主要行政领导人负责。总会计师组织领导本单位的财务管理、成本管理、预算管理、会计核算和会计监督等方面的工作，参与本单位重要经济问题的分析和决策；协助单位主要行政领导人对企业的生产经营、行政事业单位的业务发展以及基本建设投资等问题做出决策；参与新产品开发、技术改造、科技研究、商品（劳务）价格和工资奖金等方案的制订；参与重大经济合同和经济协议的研究、审查。

二、会计工作岗位设置

会计工作岗位可以一人一岗、一人多岗或者一岗多人。出纳不得监管稽核、会计档案保管和收入、费用、债权债务账目的登记工作；出纳以外的人员不得经管现金、有价证券、票据。

各单位应当建立会计岗位责任制，明确各项具体会计工作的职责范围、具体内容和要求，并落实到每个会计工作岗位或会计人员之中。会计人员应当定期或不定期地轮换工作岗位。

会计机构中对正式移交之前的会计档案进行保管的工作岗位属于会计岗位，但档案管理部门中对正式移交之后的会计档案进行保管的会计档案管理岗位，不再属于会计岗位。单位内部审计、社会审计和政府审计等工作相关的岗位也不属于会计岗位。

三、会计工作交接

会计人员因工作调动、离职或因病暂时不能工作，应与接管人员办理交接手续。

（一）交接的范围

《会计法》第四十一条规定：“会计人员调动工作或者离职，必须与接管人员办清交接手续。一般会计人员办理交接手续，由会计机构负责人（会计主管人员）监交；会计机构负责人（会计主管人员）办理交接手续，由单位负责人监交，必要时主管单位可以派人会同监交”。《会计基础工作规范》第二十五条也规定：“会计人员工作调动或者因故离职，必须将本人所经管的会计工作全部移交给接替人员。没有办清交手续的，不得调动或者离职。”

（二）交接的程序

具体办理会计工作交接，应按以下程序进行：

1. 提出交接申请

交接申请的内容通常应当包括：申请人姓名、申请调动工作或者离职的缘由、时间、会计交接的具体安排、有无重大报告事项或者建议等。

2. 做好办理移交手续前的准备工作

（1）已经受理的经济业务尚未填制会计凭证的应当填制完毕。

（2）尚未登记的账目应当登记完毕，结出余额，并在最后一笔余额后加盖经办人印章。

（3）整理好应该移交的各项资料，对未了事项和遗留问题要写出书面说明材料。

（4）编制移交清册，列明应该移交的会计凭证、会计账簿、财务会计报告、公章、现金、有价证券、支票簿、发票、文件、其他会计资料和物品等内容；实行会计电算化的单位，从事该项工作的移交人员应在移交清册上列明会计软件及密码、会计软件数据盘、磁带等内容。

（5）会计机构负责人（会计主管人员）移交时，应将财务会计工作、重大账务收支问题和会计人员的情况等向接替人员介绍清楚。

3. 移交点收

移交人员离职前，必须将本人经管的会计工作，在规定的期限内全部向接管人员移交清楚。接管人员应认真按照移交清册逐项点收。

具体要求是：

（1）现金、有价证券要根据会计账簿有关记录进行点交，接替人员发现不一致时，由移交人员在规定期限内负责查清处理。

（2）会计凭证、会计账簿、财务会计报告和其他会计资料必须完整无缺，不得遗漏。如有短缺，必须查清原因，并在移交清册中加以说明，由移交人负责。

（3）银行存款账户余额要与银行对账单核对相符，如有未达账项，应编制银行存款余额调节表调节相符；各种财产物资和债权债务的明细账户余额，要与总账有关账户的余额核对相符；对重要实物要实地盘点，对余额较大的往来账户要与往来单位、个人核对。

（4）公章、收据、空白支票、发票、科目印章以及其他物品等必须交接清楚。

（5）实行会计电算化的单位，交接双方应在电子计算机上对有关数据进行实际操作，确认有关数字正确无误后方可交接。

4. 专人负责监交

会计人员在办理会计工作交接手续时，要有专人负责监交，以起督促、公证作用。一般会计人员办理交接手续，由会计机构负责人、会计主管人员监交；会计机构负责人、会计主管人员办理交接手续，由单位负责人监交，必要时主管单位可以派人会同监交。

（三）交接人员的责任

根据《会计基础工作规范》第三十五条规定，移交人对自己经办且已经移交的会计凭证、会计账簿、会计报表和其他会计资料的真实性、完整性承担法律责任。即便接替人员在交接时因疏忽没有发现所接会计资料在合法性、真实性方面的问题而在事后发现，仍应由原移交人员负责，原移交人员不得以会计资料已移交而推脱应负的责任。

四、会计专业技术资格与职务

2017 年 11 月 5 日起，从事会计工作，不再需要取得会计从业资格证书。在国家机关、社会团体、公司、企业、事业单位和其他组织从事会计工作的人员（包括香港特别行政区、澳门特别行政区、台湾地区人员，以及外籍人员在中国大陆境内从事会计工作的人员），应当具备从事会计工作所需要的专业能力。会计从业资格证取消之后，初级会计就成为会计行业的入门证书，后续继续教育新规也全面实行。

会计专业技术资格，是指担任会计专业职务的任职资格，分为初级资格、中级资格和高级资格。会计专业技术初级资格考试科目包括初级会计实务、经济法基础，参加考试的人员必须在一个考试年度内通过全部科目的考试；会计专业技术中级资格考试科目包括中级会计实务、财务管理、经济法，考试以两年为一个周期，参加考试的人员必须在连续的两个考试年度内通过全部科目的考试。

从 2003 年开始，确定高级会计师资格实行考试与评审相结合的评价办法，凡申请参加高级会计师资格评审的人员，须经考试合格后，方可参加评审。高级会计师资格考试科目是《高级会计实务》，参加考试并达到国家合格标准的人员，由全国会计专业技术资格考试办公室核发高级会计师资格考试成绩合格证，该证在全国范围内 3 年有效。

会计专业职务是区别会计人员业务技能的技术等级，会计专业职务分为高级会计师、会计师、助理会计师、会计员。

第五节 法律责任

法律责任是指违反法律规定的行为应当承担的法律后果，也就是对违法者的制裁。违反《会计法》的法律责任形式包括行政责任、刑事责任。违反《会计法》的行为应如何承担法律责任通过以下六个方面体现。

一、不依法进行会计管理、核算和监督的法律责任

违反《会计法》的规定，有下列行为之一的，由县级以上人民政府财政部门责令限期改正，可以对单位并处3 000元以上5万元以下的罚款；对其直接负责的主管人员和其他直接责任人员，可以处2 000元以上2万元以下的罚款；属于国家工作人员的，还应当由其所在单位或者有关单位依法给予行政处分。

（1）不依法设置会计账簿的，包括：①应当设置会计账簿的单位不设置会计账簿；②未按规定的种类、形式及要求设置会计账簿。

（2）私设会计账簿的行为，即指不在依法设置的会计账簿上对经济业务事项进行统一登记核算，而另外私自设置会计账簿进行登记核算的行为。

（3）未按照规定填制、取得原始凭证或者填制、取得的原始凭证不符合规定。

（4）以未经审核的会计凭证为依据登记会计账簿或者登记会计账簿不符合规定的行为。

（5）随意变更会计处理方法的行为。

（6）向不同的会计资料使用者提供的财务会计报告编制依据不一致的行为。

（7）未按照规定使用会计记录文字或者记账本位币的行为。

（8）未按照规定保管会计资料，致使会计资料毁损、灭失的行为。

（9）未按照规定建立并实施单位内部会计监督制度，或者拒绝依法实施的监督，或者不如实提供有关会计资料及有关情况的行为。

（10）任用会计人员不符合会计法规定的行为。

二、伪造、变造会计凭证、会计账簿，编制虚假财务会计报告的法律责任

根据《会计法》第四十三条的规定，伪造、变造会计凭证、会计账簿，编制虚假财务会计报告，构成犯罪的，依法追究刑事责任。根据我国《刑法》的规定，伪造、变造会计凭证、会计账簿，编制虚假财务会计报告，如果是向股东和社会公众提供虚假的或者隐瞒重要事实的财务会计报告，严重损害股东或者其他人利益的，对其直接负责的主管人员和其他直接责任人员，处3年以下有期徒刑或者拘役，并处或者单处2万元以上20万元以下罚金。由于实施伪造、变造会计凭证、会计账簿，编制虚假财务会计报告行为的目的不同，因此将可能构成虚报注册资本罪，虚假出资、抽逃罪，妨害清算罪，徇私舞弊低价折股、出售国有资产罪，偷税罪，逃避追缴欠税罪等。伪造、变造会计凭证、会计账簿，编制虚假财务会计报告尚不构成犯罪的，由县级以上人民政府财政部门予以通报，可以对单位并处5 000元以上10万元以下的罚款；对其直接负责的主管人员和其他直接责任人员，可以处3 000元以上5万元以下的罚款；属于国家工作人员的，还应当尤其所在单位或者有关单位依法给予撤职直至开除的行政处分；会计人员有“不依法设置会计账簿的”“私设会计账簿的”“随意变更会计处理方法的”等行为之一，情节严重的，五年内不得从事会计工作。

三、隐匿或故意销毁依法应保存的会计凭证、会计账簿、财务会计报告的法律责任

隐匿或者故意销毁依法应当保存的会计凭证、会计账簿、财务会计报告，构成犯罪的，依法追究刑事责任。《刑法》第一百六十二条之一规定："隐匿或者故意销毁依法应当保存的会计凭、会计账簿、财务会计报告，情节严重的，处五年以下有期徒刑或者拘役，并处或者单处二万元以上二十万元以下罚金。单位犯前款罪的，对单位判处罚金，并对其直接负责的主管人员和其他直接责任人员，依照前款的规定处罚。"尚不构成犯罪的，由县级以上人民政府财政部门予以通报，可以对单位并处五千元以上十万元以下的罚款；对其直接负责的主管人员和其他直接责任人员，可以处三千元以上五万元以下的罚款；属于国家工作人员的，还应当由其所在单位或者有关单位依法给予撤职直至开除的行政处分；因有提供虚假财务会计报告，做假账，隐匿或者故意销毁会计凭证、会计账簿、财务会计报告，贪污，挪用公款，职务侵占等与会计职务有关的违法行为被依法追究刑事责任的人员，不得再从事会计工作。

四、授意、指使、强令会计机构、会计人员及其他人员伪造、变造会计凭证、会计账簿，编制虚假财务会计报告或隐匿、故意销毁依法应保存的会计凭证、会计账簿、财务会计报告的法律责任

《会计法》第五条规定，任何单位或者个人都不得以任何方式授意、指使、强令会计机构、会计人员及其他人员伪造、变造会计凭证、会计账簿或其他会计资料，提供虚假财务会计报告，授意、指使、强令会计机构、会计人员及其他人员伪造、变造会计凭证、会计账簿，编制虚假财务会计报告或隐匿、故意销毁依法应保存的会计凭证、会计账簿、财务会计报告，构成犯罪的，依法追究刑事责任；尚不构成犯罪的，可以处五千元以上五万元以下的罚款；属于国家工作人员的，还应当由其所在单位或者有关单位依法给予降级、撤职、开除的行政处分。

五、单位负责人对依法履行职责、抵制违反《会计法》规定行为的会计人员实行打击报复的法律责任

单位负责人对依法履行职责、抵制违反会计法规定行为的会计人员以降级、撤职、调离工作岗位、解聘或者开除等方式实行打击报复，构成犯罪的，依法追究刑事责任。我国《刑法》第二百五十五条规定："公司、企业、事业单位、机关、团体的领导人，对依法履行职责、抵制违反会计法、统计法行为的会计、统计人员实行打击报复，情节恶劣的，处三年以下有期徒刑或者拘役。"尚不构成犯罪的，由其所在单位或者有关单位依法给予行政处分。对受打击报复的会计人员，应当恢复其名誉和原有职务、级别。

六、其他违反会计法的法律责任

其他违反会计法的法律责任主要指两种情况：一是财政部门及有关行政部门的工作人员在实施监督管理中滥用职权、玩忽职守、徇私舞弊或者泄露国家秘密、商业秘密，构成犯罪的，依法追究刑事责任；二是指违反《会计法》第三十条的规定，将检举人姓名和检举材料转给被检举单位和被检举人个人的，由所在单位或者有关单位依法给予行政处分。

第十五章 票据法律制度

第一节 概述

一、票据的概念

票据，是由出票人依法签发的，约定自己或委托付款人在见票时或指定的日期向收款人或持票人无条件支付一定金额并可转让的有价证券。常见的票据有汇票、本票和支票。

1. 票据的特征

与其他有价证券相比，票据主要有以下特征：

（1）票据为完全有价证券。

票据权利的产生、行使及处分都以票据的存在为条件，即票据权利不能离开票据而存在，若票据丧失，持票人一般难以行使票据权利。

（2）票据为设权证券。

票据并非是证明已存在的权利（证权证券），而是创设票据权利。一般来说，票据权利的发生必须作成票据，无票据，即无票据上的权利。

（3）票据为金钱证券。

票据是以一定金额的金钱给付为目的而创设的证券，以非金钱的其他财物为给付标的的证券，不属于票据。

（4）票据为债权证券。

票据关系实质为一种债权债务关系，票据持票人可以就票据上所记载金额向特定票据债务人行使请求权，因而，票据不同于物权证券和社员权证券。

（5）票据为文义证券。

票据上的权利义务必须依票据上所记载的文义而定，不得以文义之外的任何事项来主张票据权利。

（6）票据为要式证券。

制作票据必须严格依照《票据法》所规定的形式要件，如不符合法律规定的款式，该票据不产生票据法上的效力。

（7）票据为无因证券。

票据权利人主张其权利，以提示票据为必要，而不必证明其取得票据的原因，票据关系一般不受原因关系的影响。

（8）票据为流通证券。

票据上的权利可依背书或交付的方式自由流通转让，而不须经债务人同意。

（9）票据为提示证券。

票据权利人向票据债务人行使权利时，必须提示票据，否则，债务人有权拒绝履行其义务。

（10）票据为返还证券。

票据权利人的债权满足后，必须将票据交还给债务人，当事人之间的票据关系才告消灭。

2. 票据的功能

票据的功能，是指票据在社会经济生活中的作用。票据的功能主要有：

（1）汇兑功能。汇兑是票据最初的功能，作为异地输送现金和兑换货币的工具，票据可以解决现金支付在空间上的障碍。

（2）支付功能。票据最简单、最基本的功能就是作为支付手段，代替现金的使用。用票据代替现金作为支付工具，具有便携、快捷、安全等优点。在现代经济中，票据支付在货币支付中占有越来越大的比重。

（3）结算功能。这是指票据作为货币支付的手段，可以用它在同城或异地的经济往来中，抵销不同当事人之间相互的收款、欠款或相互的支付关系。

（4）信用功能。票据可作为信用工具，在商业和金融中发挥融资等作用。在商品交易中，票据可作为预付货款或延期付款的工具，发挥商业信用功能；在金融活动中，企业可以通过将尚未到期的票据向银行进行贴现，取得货币资金，以解决企业一时发生的资金周转困难。票据能发挥银行信用的作用。

票据的以上功能，使票据制度成为现代市场经济的一项基本制度。商业信用、银行信用的票据化和结算手段的票据化，是市场经济高度发展的重要标志之一。

二、票据法概述

我国的票据法律制度主要包括：1995 年 5 月 10 日第八届全国人大常委会第十三次会议通过、2004 年 8 月 28 日第十届全国人大常委会第十一次会议修订、自 1996 年 1 月 1 日起施行的《中华人民共和国票据法》；1997 年 6 月 23 日经国务院批准、中国人民银行于 1997 年 8 月 21 日发布的《票据管理实施办法》；1997 年 9 月 19 日中国人民银行发布的《支付结算办法》；2000 年 2 月 24 日最高人民法院通过的《关于审理票据纠纷案件若干问题的规定》等。

第二节　票据法律关系

一、《票据法》上的关系

《票据法》上的关系是指因票据行为及与票据行为有关的行为而产生的票据当事人

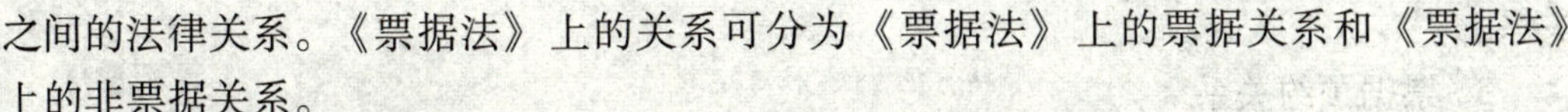

之间的法律关系。《票据法》上的关系可分为《票据法》上的票据关系和《票据法》上的非票据关系。

1.《票据法》上的票据关系

《票据法》上的票据关系，是指当事人基于票据行为而产生的票据权利义务关系。其中，票据的持有人（持票人）享有票据权利，对于在票据上签名的票据债务人可以主张行使《票据法》规定的相关权利。票据上签名的票据债务人负担票据责任（即票据义务），依自己在票据上的签名按照票据上记载的文义承担相应的义务。

票据关系当事人较复杂，一般包括出票人、持票人、付款人、背书人、保证人等。出票人，也称发票人，是指依法定方式做成票据并在票据上签名盖章，并将票据交付给收款人的人。收款人，是指票据到期并经提示后收取票款的人（收款人有时又是持票人）。付款人，是指根据出票人的命令支付票款的人。持票人，即持有票据的人。承兑人，是指接受汇票出票人的付款委托，同意承担支付票款义务的人。背书人，是指在转让票据时，在票据背面签字或盖章，并将该票据交付给受让人的票据收款人或持有人。被背书人，是指被记名受让票据或接受票据转让的人。保证人，是指为票据债务提供担保的人。

票据关系在不同的当事人间基于不同的票据行为而不同，如因出票行为而产生出票人与受款人间的关系、受款人与付款人间的关系；因汇票的承兑行为而产生持票人与承兑人间的关系；因背书行为而产生背书人与被背书人间的关系；因保证行为而产生保证人与持票人间的关系以及保证人与被保证人及其前手的关系等。在各种票据关系中，出票人、持票人、付款人三者之间的关系是票据的基本关系。

2.《票据法》上的非票据关系

《票据法》上的非票据关系，是指由票据法直接规定的，不基于票据行为而发生的票据当事人之间与票据有关的法律关系。如票据上正当权利人对法律规定不得享有票据权利的人行使票据返还请求权而发生的关系，因时效届满或手续欠缺而丧失票据上权利的持票人对出票人或承兑人行使利益偿还请求权而发生的关系，票据付款人付款后请求持票人交还票据而发生的关系等。

二、票据基础关系

票据基础关系，是指作为产生票据关系的事实和前提存在于票据关系之外而由民法规定的非基于票据行为产生的法律关系。票据基础关系主要有三种：票据原因关系、票据资金关系和票据预约关系。

1. 票据原因关系

票据原因关系，是指票据当事人之间授受票据的理由，如出票人与收款人之间签发和接受票据的理由等。原因关系只存在于授受票据的直接当事人之间，票据一经转让，其原因关系对票据效力的影响力即被切断。

2. 票据资金关系

票据资金关系，是指存在于汇票的发票人和付款人之间、支票的发票人和银行机构之间的票据基础关系。票据资金关系不以金钱为限，债权、信用等也可以构成资金关系。

3. 票据预约关系

票据预约关系，是指票据当事人在授受票据之前，就票据的种类、金额、到期日、付款地等事项达成协议而产生的法律关系。它是沟通票据原因和票据行为的桥梁。

三、票据法上的关系与票据基础关系

一般来说，票据关系的发生总是以票据的基础关系为原因和前提的，正因如此，《票据法》规定："票据的签发、取得和转让，应当遵循诚实信用的原则，具有真实的交易关系和债权债务关系。"这里的交易关系和债权债务关系就是基础关系的范畴。但是，票据关系一经形成，就与基础关系相分离，基础关系是否存在，是否有效，对票据关系都不起影响作用。

也就是说，如果票据当事人违反《票据法》的上述规定而签发、取得和转让了没有真实交易关系和债权债务关系的票据，该票据只要符合法定的形式要件，票据关系就是有效的，该票据关系的债务人就必须依票据上的记载事项对票据债权人承担票据责任，而不得以该票据没有真实的交易和债权债务关系为由进行抗辩。

除非依《票据法》规定，持票人是不履行约定义务的与自己有直接债权债务关系的人票据债务人才可进行抗辩。此外，票据关系因一定原因失效，也不影响基础关系的效力。《票据法》明确规定："持票人因超过票据权利时效或者因票据记载事项欠缺而丧失票据权利的，仍享有民事权利，可以请求出票人或者承兑人返还其与未支付的票据金额相当的利益。"因此，票据关系与票据的基础关系不容混淆。

第三节　票据行为

票据行为是指依照法定条件和法定程序进行，以发生、变更和消灭票据关系，确定和实现票据上的权利义务为目的的法律行为。

一、票据行为的特点

作为民事法律行为的票据行为，必须具备民事法律行为的基本特征。但票据行为是一种特殊的民事法律行为，与其他法律行为相比，票据行为具有以下特点：

（1）要式性。票据行为必须遵循法定的、严格的形式，不允许当事人自主决定或变更，否则，不能产生票据法上的效力。票据行为的要式性具体表现在：首先，任何一种票据行为都必须以书面形式作成，而且每一种票据行为在票据上记载的位置也都是特定的；其次，任何一种票据行为都必须由行为人签名或盖章；最后，各种票据行为都有一定的格式，即法定内容和记载方式。

（2）抽象性。票据行为只要具备法律规定的形式即自行产生效力，而不问其基于的原因关系或基础关系存在与否或是否有效。虽然票据行为大多以买卖、借贷或其他交易关系为基础，但票据行为不受其基础关系的影响，即票据关系与产生票据的原因相分离，所以票据只需抽象形式，不问内容。

(3) 文义性。票据行为的文义性，是指票据行为的内容及效力范围，由票据上所记载的文义构成并加以确定，即使票据记载与实际情况不符甚至出现错误，也不允许当事人以票据外的证据来变更或补充。票据权利义务只能通过书面形式确立，它绝对排除任何口头表述对票据所做出的补充性说明。

(4) 独立性。独立性是指若干个行为人在同一票据上各自所为的票据行为，都各自依其在票据上所载文义独立发生效力，相互不发生影响。某一票据行为无效，不影响其他票据行为的效力。票据行为的独立性主要表现在四个方面：①票据上有不完全行为能力人签名，不影响其他签名效力；②没有代理权而以代理人名义在票据上签章的，应当由签章人承担票据责任，代理人超越代理权限的，应当就其超越权限的部分承担票据责任；③票据的伪造或签名的伪造，对其他真正签名者的效力不影响；④保证人对合法取得汇票的持票人所享有的汇票权利，承担保证责任，但是，被保证人的债务因汇票记载事项欠缺而无效的除外。

(5) 确定性。票据签发时将确定的金额、收款人名称、出票日期、本人的签章和无条件的承诺写在票据上，并且票据的金额、日期、收款人不能更改。

二、票据行为的种类

票据行为一般包括出票行为、背书行为、提示行为、承兑行为、保证行为和付款行为。不同的票据，所涉及的具体票据行为是不同的，有些是汇票、本票和支票共有的，如出票、背书、付款等，有些则是某一种票据所独有的，如承兑是汇票独有的行为。票据的签发、取得和转让，应当遵循诚实信用的原则，应当具有真实的交易关系和债权债务关系。

1. 出票行为

出票行为即以设立票据权利为目的，制作票据并依法将其交给收款人的票据行为。出票行为也称为主票据行为，它是票据关系产生的基础。出票行为由制作票据和交付票据前后两个环节构成。前者是指出票人按票据法规定填写制作并签章从而完成票据的行为；后者是指出票人把签发的票据交付给收款人从而使票据发生法律效力的行为。

2. 背书行为

背书行为即在票据背书或者粘单上记载有关事项并签章的票据行为。票据在签发以后，持票人可以通过背书依法转让其票据权利或者将其票据权利授予他人代为行使，也可以设立质押。在票据背面或者粘单上记载有关事项并签章的人称为背书人，接受背书人对票据权利的转让、授权或者质押并取得票据的人称为被背书人。背书不得附有条件。背书时附有条件的，所附条件不具有汇票上的效力。将汇票金额的一部分转让的背书或者将汇票金额分别转让给两人以上的背书无效。背书人在汇票上记载“不得转让”字样，其后手再背书转让的，原背书人对后手的被背书人不承担保证责任。

3. 提示行为

提示行为即持票人为了取得票款而向付款人出示票据、主张请求权的票据行为，分为提示承兑行为和提示付款行为。两者均应当在法定期限内进行，否则持票人即丧失追索权。按照《票据法》的规定，定日付款或者出票后定期付款的汇票，持票人应当在汇票到期日前向付款人提示承兑；见票后定期付款的汇票，持票人应当自出票日起一个月内向付款人提示承兑；见票即付的汇票无须提示承兑；定日付款、出票后定期付款或者见票后定期付款的汇票，自到期日起十日内向承兑人提示付款。

4. 承兑行为

承兑行为即付款人承诺在汇票到期时无条件支付票据记载金额的行为。承兑只存在于汇票关系中。承兑只能在汇票正面做出记载，不能在背面，以免与背书人等相混同。按照《票据法》的规定，付款人承兑汇票的，应当在汇票正面记载“承兑”字样和承兑日期签章；见票后定期付款的汇票，应当在承兑时记载付款日期。付款人承兑汇票，不得附有条件；承兑附有条件的，视为拒绝承兑。付款人承兑汇票后，应当承担到期付款的责任。

5. 保证行为

票据保证主要是汇票和本票的保证。保证人不需要与票据债权人约定，保证人只要在汇票或本票上按照法定要求记载保证条款后，保证即成立，并由保证人担保票据债务的履行。保证行为是一种要式行为，必须符合法律规定的格式内容，否则不发生法律效力。票据保证必须是对票据记载的全部金额进行保证，而且票据保证人应当限于该票据债务人以外的人，票据债务人不能充当同一张票据的其他债务人的保证人。保证人为两人以上的，保证人之间承担连带责任。保证不得附有条件；附有条件的，不影响对汇票的保证责任。

6. 付款行为

付款行为即票据的持票人于付款到期日，向付款人或承兑人提示票据，付款人或承兑人应其要求支付票款的行为。持票人按照法律规定提示付款的，付款人必须在当日足额付款。付款人及其代理付款人付款时，应当审查汇票背书的连续，并审查提示付款人的合法身份证明或者有效证件。付款人及其代理付款人以恶意或者有重大过失付款的，应当自行承担责任。对定日付款、出票后定期付款或者见票后定期付款的汇票，付款人在到期日前付款后，全体汇票债务人的责任免除。

三、票据行为成立的有效要件

票据行为是一种民事法律行为，必须符合民事法律行为成立的一般条件。同时，票据行为又是特殊的要式民事法律行为，必须具备《票据法》规定的特别要件。根据有关规定，票据行为的成立，必须符合以下条件：

（1）行为人必须具有从事票据行为的能力。

从事票据行为的能力即票据能力，包括票据权利能力和票据行为能力。票据权利能力是指行为人可以享有票据上的权利和承担票据上的义务的资格。《票据法》规定，无民事行为能力人或者限制民事行为能力人在票据上签章的，其签章无效。也就是说，无民事行为能力人或者限制民事行为能力人不具有票据行为能力，只有具备完全民事行为能力的自然人才具有票据行为能力。法人的票据行为能力一般不受限制。

(2) 行为人的意思表示必须真实或无缺陷。

《票据法》规定，以欺诈、偷盗或或者明知有前列情形，出于恶意取得票据的，不得享有示据权利。也就是尽管票据的形式符合法定条件，但从事票据行为的意思表示不真实或存在缺陷，票据持有人也不得享有票据上的权利。

(3) 票据行为的内容必须符合法律、法规的规定。

《票据法》规定，票据活动应当遵守法律、行政法规，不得损害社会公共利益。凡违背法律的规定而进行的行为，将不取得票据行为的法律效果。需要明确的是，这里所指的合法主要是指票据行为本身必须合法，即票据行为的进行程序、记载的内容等合法，至于票据的基础关系涉及的行为是否合法，则与此无关。例如，当事人发出票据是基于买卖关系，如果该买卖关系违反法律、法规而无效，则不影响票据行为的有效性。

(4) 票据行为必须符合法定形式。

签章是票据行为生效的一个重要条件。我国《票据法》规定："票据上的签章，为签名、盖章或者签名加盖章。"法人和其他使用票据的单位在票据上的签章，为该法人或者该单位的盖章加其法定代表人或者其授权的代理人的签章。

票据上的签章是票据行为表现形式中绝对应记载的事项，如无该项内容，票据行为即为无效。票据上的签章因票据行为的性质不同，签章人也不相同。票据签发时，由出票人签章；票据转让时，由背书人签章；票据承兑时，由承兑人签章；票据保证时，由保证人签章；票据代理时，由代理人签章；持票人行使票据权利时，由持票人签章，等等。

《票据法》司法解释第四十一条和《支付结算办法》第二十三条，就票据的签章要求做出了详尽的规定。银行汇票的出票人在票据上的签章和银行承兑汇票的承兑人的签章，应为经中国人民银行批准使用的该银行汇票专用章加其法定代表人或其授权的代理人的签名或者盖章；商业汇票的出票人在票据上的签章，为该法人或者该单位的财务专用章或者公章加其法定代表人、单位负责人或者其授权的代理人的签名或者盖章银行本票的出票人在票据上的签章，应为经中国人民银行批准使用的该银行本票专用章加其法定代表人或者授权的代理人的签名或者盖章；单位在票据上的签章，应为该单位的财务专用章或者公章加其法定代表人或其授权的代理人的签名或者盖章个人在票据上的签章，应为该个人的签名或者盖章支票的出票人和商业承兑汇票的承兑人在票据上的签章，应为其预留银行的签章。

《票据法》规定："票据金额、日期、收款人名称不得更改，更改的票据无效。"有关人员在进行票据行为时，必须严格审查这三项内容是否有过更改。如果确属记载错误或需要重新记载的，只能由出票人重新签发票据。在前述情形下，付款人或者代理人对此类票据付款的，应当承担责任。

四、票据行为的代理

1. 票据行为代理

票据行为的代理，是指代理人在其代理权限范围内，在票据上记载被代理人的名称及为被代理人代理的意思，并在票据上签章的行为。《票据法》规定，票据当事人可以委托其代理人在票据上签章，并应当在票据上表明其代理关系。

2. 无权代理

票据无权代理是指行为人没有被代理人的授权而以代理人名义在票据上签章的行为。《票据法》规定，没有代理权而以代理人名义在票据上签章的，应当由签章人承担票据责任。

3. 越权代理

票据越权代理是指代理人超越代理权限而使被代理人增加票据责任的代理行为。《票据法》规定，代理人超越代理权限的，应当就其超越权限的部分承担票据责任。

四、涉外票据

涉外票据是指在出票、背书、承兑、保证、付款等行为中，既有发生在中华人民共和国境内又有发生在中华人民共和国境外的票据。

在涉外票据中，我国《票据法》与国际条约和国际惯例的关系是：我国缔结或者参加的国际条约同《票据法》有不同规定的，适用国际条约的规定，但我国声明保留的条款除外；我国《票据法》和我国缔结或者参加的国际条约没有规定的，可以适用国际惯例。

第四节　票据权利

一、票据权利概述

票据权利，是指持票人向票据债务人请求支付票据金额的权利，包括付款请求权和追索权。付款请求权，是指持票人对主债务人所享有的、依票据而请求支付票据所载金额的权利，具有主票据权利的性质。追索权，是指付款请求权得不到满足时，向付款人以外的票据债务人要求清偿票据金额及有关费用的权利，又称为偿还请求权。

票据权利是以获得一定金钱为目的的债权。债权是一种请求权，即为请求他人为一定行为或不为一定行为的权利。票据权利作为一种金钱债权，表现为请求支付一定数额货币的权利。

《票据法》规定，票据权利为付款请求权和追索权。这表明票据权利的内容与一般的金钱债权不同。一般的金钱债权是一种简单的一次性的请求权，而票据权利则体现为二次请求权。第一次请求权是付款请求权，这是票据上的主权利；第二次请求权为追索权，是一种附条件的权利，即有赖于第一次请求权不能实现才得以行使的权利，又叫从票据权利。通常情况下，持票人只有在首先向付款人行使付款请求权得不到付款时，才可以行使追索权。

二、票据权利的取得

1. 票据权利取得的情形

票据权利的取得，也称票据权利的发生。票据权利以持有票据为依据，行为人合法取得票据，即取得了票据权利。当事人取得票据的情形主要有：①出票取得。出票是创设票据权利的票据行为，从出票人处取得票据，即取得票据权利。②转让取得。票据通过背书或交付等方式可以转让他人，以此取得票据即获得票据权利。③通过税收、继承、赠与、企业合并等方式取得票据。

2. 票据权利取得的限制

（1）票据的取得，必须给付对价，即应当给付票据双方当事人认可的相对应的代价。无对价或无相当对价取得票据的，如果属于善意取得，即票据取得人取得票据不存在欺诈、偷盗、胁迫等情形，没有主观恶意，仍然享有票据权利，但票据持有人必须承受其前手的权利瑕疵，即该票据权利不得优于其前手。如果前手的权利因违法或有瑕疵而受影响或丧失，该持票人的权利也因此而受影响或丧失。前手是指在票据签章人或者持票人之前签章的其他票据债务人。

（2）因税收、继承、赠与可以依法无偿取得票据的，不受给付对价的限制。但是，所享有的票据权利不得优于其前手的权利。

（3）因欺诈、偷盗、胁迫、恶意取得票据或因重大过失取得不符合法律规定的票据的，不得享有票据权利。

三、票据权利的行使与保全

1. 票据权利的行使

票据权利的行使，是指票据权利人向票据债务人提示票据，请求实现票据权利的行为。如请求承兑、提示票据请求付款、行使追索权等。持票人行使票据权利，应当按照法定程序在票据上签章，并出示票据。

2. 票据权利的保全

票据权利的保全，是指票据权利人为防止票据权利丧失而实施的行为。如为防止付款请求权与追索权因时效而丧失，采取中断时效的行为；为防止追索权丧失而请求做成拒绝证明的行为等。

票据权利人为了防止票据权利丧失，在人民法院审理、执行票据纠纷案件时，可以请求人民法院依法对票据采取保全措施或者执行措施。根据《票据法司法解释》的规定，经当事人申请并提供担保，对具有下列情形之一的票据，可以依法采取保全措施和执行措施：①不履行约定义务，与票据债务人有直接债权债务关系的票据当事人所持有的票据；②持票人恶意取得的票据；③应付对价而未付对价的持票人持有的票据；④记载有“不得转让”字样而用于贴现的票据；⑤记载有“不得转让”字样而用于质押的票据；⑥法律或者司法解释规定有其他情形的票据。

3. 票据权利行使、保全的时间、地点

《票据法》规定，持票人对票据债务人行使票据权利，或者保全票据权利，应当在票据当事人的营业场所和营业时间内进行，票据当事人无营业场所的，应当在其住所进行。

四、票据权利的消灭

1. 票据权利消灭的概念

票据权利的消灭，是指因发生一定的法律事实而使票据权利不复存在。票据权利消灭之后，票据上的债权债务关系随之消灭。

2. 票据权利消灭的事由

（1）付款。付款人依法足额付款后，全体票据债务人的责任解除。

（2）票据时效期间届满。《票据法》规定，票据权利在下列期限内不行使而消灭：①持票人对票据的出票人和承兑人的权利，自票据到期日起 2 年。见票即付的汇票、本票，自出票日起 2 年。②持票人对支票出票人的权利，自出票日起 6 个月。③持票人对前手的追索权，在被拒绝承兑或者被拒绝付款之日起 6 个月。④持票人对前手的再追索权，自清偿日或者被提起诉讼之日起 3 个月。

除此之外，票据权利可因民事债权的消灭事由如免除、抵销等事由的发生而消灭。

第五节　票据抗辩

一、票据抗辩概述

票据抗辩，是指票据债务人依照《票据法》的规定，对票据债权人拒绝履行义务的行为。根据抗辩原因及抗辩效力的不同，票据抗辩可分为对物抗辩和对人抗辩。

1. 对物抗辩

对物抗辩，也称绝对的抗辩或客观的抗辩，是指基于票据本身存在的事由发生的抗辩。票据债务人可以以物的抗辩对抗一切票据债权人，即可以对任何持票人主张对物抗辩，与票据当事人之间的关系无关。

对物抗辩主要包括以下情形：

（1）票据行为不成立而进行的抗辩。如票据应记载的内容有欠缺，票据债务人无行为能力，无权代理或超越代理权进行票据行为，票据上有禁止记载的事项（如付款附有条件，记载到期日不合法），背书不连续，持票人的票据权利有瑕疵（如因欺诈、偷盗、胁迫、恶意、重大过失取得票据）等。

（2）依票据记载不能提出请求而进行的抗辩。如票据未到期、付款地不符等。

（3）票据载明的权利已消灭或已失效而进行的抗辩。如票据债权因付款、抵销、提存、免除、除权判决、时效届满而消灭等。

（4）票据权利的保全手续欠缺而进行的抗辩。如应作成拒绝证书而未作等。

（5）票据上有伪造、变造情形而进行的抗辩。

2. 对人抗辩

对人抗辩，也称相对抗辩或主观抗辩，是指基于人的事由发生的抗辩，是基于票据债务人和特定票据债权人之间的关系而发生的抗辩，多与票据基础关系有关。票据债务人可以对不履行约定义务的与自己有直接债权债务关系的持票人，进行抗辩。票据债务人只能对基础关系中的直接相对人不履行约定义务的行为进行抗辩，该基础关系必须是该票据赖以产生的民事法律关系，而不是其他的民事法律关系；如果该票据已被不履行约定义务的持票人转让给第三人，而该第三人属善意、已对价取得票据的持票人，则票据债务人不能对其进行抗辩。

二、票据抗辩的限制

《票据法》规定，票据债务人不得以自己与出票人或者与持票人的前手之间的抗辩事由，对抗持票人。但是，持票人明知存在抗辩事由而取得票据的除外。

《票据法》中对票据抗辩的限制主要表现在以下方面：

（1）票据债务人不得以自己与出票人之间的抗辩事由对抗持票人。如果票据债务人（如承兑人、付款人）与出票人之间存在抗辩事由（如出票人与票据债务人存在合同纠纷；出票人存入票据债务人的资金不够等)，该票据债务人不得以此抗辩事由对抗善意持票人。

（2）票据债务人不得以自己与持票人的前手之间的抗辩事由对抗持票人。如票据债务人与持票人的前手（如背书人、保证人等）存在抵销关系，而持票人的前手将票据转让给了持票人，票据债务人就不能以其与持票人的前手存在抗辩事由而拒绝向持票人付款。

（3）凡是善意的、已付对价的正当持票人可以向票据上的一切债务人请求付款，不受前手权利瑕疵和前手相互间抗辩的影响。如持票人不知道其前手取得票据存在欺诈、偷盗、胁迫、重大过失等情形，并已为取得票据支付了相应的代价，那么票据债务人不能以持票人的前手存在权利瑕疵而对抗持票人。

（4）持票人取得的票据是无对价或不相当对价的，由于其享有的权利不能优于其前手的权利，故票据债务人可以对抗持票人前手的抗辩事由对抗该持票人。

第六节 票据的伪造和变造

一、票据的伪造

1. 票据伪造的概念

票据的伪造，是指无权限人假冒他人名义或以虚构人名义签章的行为，包括假冒出票人名义签发票据的行为和假冒他人名义进行出票行为之外的其他票据行为，如伪造背书签章、承兑签章、保证签章等票据上的签章。

2. 票据伪造的效力

票据的伪造行为，在法律上不具有任何票据行为的效力。由于其自始无效，持票人即使善意取得，对被伪造人也不能行使票据权利。对伪造人而言，由于票据上没有以自己名义所作的签章，因此也不应承担票据责任。但是，如果伪造人的行为给他人造成损害的，必须承担民事责任，构成犯罪的，应承担刑事责任。

同时，票据上有伪造签章的，不影响票据上其他真实签章的效力。在票据上真正签章的人，应对被伪造票据的债权人承担票据责任，票据债权人依法提示承兑、提示付款或行使追索权时，在票据上真正签章人不能以票据伪造为由进行抗辩。

二、票据的变造

1. 票据变造的概念

票据的变造，是指无权更改票据内容的人，对票据上签章以外的记载事项加以变更的行为。如变更票据上的到期日、付款日、付款地、金额等。构成票据的变造，须符合以下条件：①变造的票据是合法成立的有效票据；②变造的内容是票据上所记载的除签章以外的事项；③变造人无权变更票据的内容。

2. 票据变造的效力

票据的变造应依照签章是在变造之前或之后来承担责任。如果当事人签章在变造之前，应按原记载的内容负责；如果当事人签章在变造之后，则应按变造后的记载内容负责；如果无法辨别是在票据被变造之前或之后签章的，视同在变造之前签章。实践中，变造人可能签章，也可能不签章，无论是否签章，其都应就行为承担法律责任，变造人的变造行为给他人造成经济损失的，应承担赔偿责任，构成犯罪的，应承担刑事责任。

《票据法》规定，票据上的记载事项应当真实，不得伪造、变造。伪造、变造票据上的签章和其他记载事项的，应当承担法律责任。票据上有伪造、变造的签章的，不影响票据上其他真实签章的效力。票据上其他记载事项被变造的，在变造之前签章的人，对原记载事项负责；在变造之后签章的人，对变造之后的记载事项负责；不能辨别是在票据被变造之前或者之后签章的，视同在变造之前签章。

第七节　票据的丧失和救济

票据丧失，是指票据因灭失、遗失、被盗等原因使票据权利人非出于自己的本意而丧失对票据的占有。票据权利与票据紧密相连，如果票据丧失，票据权利的实现就会受到影响。由于票据丧失并非出于持票人的本意，《票据法》规定了票据丧失后的三种补救措施，即挂失止付、公示催告、普通诉讼。

一、挂失止付

挂失止付，是指失票人将票据丧失的情况通知付款人并由接受通知的付款人暂停支付，以防止票据款项被他人取得，暂时保全失票人票据权利的一种补救措施。《票据法》规定，票据丧失，失票人可以及时通知票据的付款人挂失止付，但是，未记载付款人的票据或者无法确定付款人及其代理付款人的票据不能挂失止付。在票据实务中，已承兑的商业汇票、支票、填明“现金”字样和代理付款人的银行汇票以及填明“现金”字样的银行本票丧失，可以由失票人通知付款人或者代理付款人挂失止付。未填明“现金”字样和代理付款人的银行汇票以及未填明“现金”字样的银行本票丧失，不得挂失止付。

失票人在通知票据的付款人或者代理付款人挂失止付时，应当填写挂失止付通知书并签章。挂失止付通知书应当记载下列事项：①票据丧失的时间地点、原因；②票据种类、号码、金额、出票日期、付款日期、付款人名称、收款人名称；③挂失止付人的姓名（名称）、营业场所或者住所及联系方法。欠缺上述记载事项之一的，银行不予受理。

付款人或者代理付款人收到挂失止付通知书后，查明挂失票据确未付款时，应立即暂停支付；否则，应承担民事赔偿责任。付款人或者代理付款人自收到挂失止付通知书之日起12日内没有收到人民法院的止付通知书的，自第13日起，持票人提示付款并依法向持票人付款的，不再承担责任。如果付款人或者代理付款人在收到挂失止付通知书前，已经依法向持票人付款的，不再接受挂失止付。但是，付款人或者代理付款人以恶意或者重大过失付款的除外。

二、公示催告

公示催告，是指在票据丧失后，由失票人向人民法院提出申请，请求人民法院以公告方法通知不确定的利害关系人限期申报权利，逾期未申报者，由人民法院通过除权判决宣告所丧失票据无效的一种制度。我国《民事诉讼法》规定，按照规定可以背书转让的票据持有人，因票据被盗、遗失或者灭失，可以向票据支付地的基层人民法院申请公示催告。《票据法》规定，失票人应当在通知挂失止付后3日内，也可以在票据丧失后，依法向人民法院申请公示催告。票据丧失后的公示催告程序如下：

（1）失票人向票据支付地的基层人民法院提出公示催告的申请。银行汇票以出票人所在地为支付地；商业汇票以承兑人或付款人所在地为支付地；银行本票以出票人所在地为支付地；支票以出票人开户银行所在地为支付地。失票人向人民法院递交公示催告申请书时，应当写明票据金额、出票人、持票人、背书人等主要内容和申请的理由以及事实等。

（2）人民法院决定受理申请后，应当同时向付款人及其代理付款人发出止付通知，并自立案之日起3日内发出公告。止付通知是由人民法院向付款人发出的停止付款的通知，付款人接到停止付款通知后，应当停止支付，直至公示催告程序终结。如果付款人拒不止付，由此给失票人造成损失的，应承担相应的责任。公告是由人民法院在受理公示催告申请后，以公开文字形式向社会发出的旨在敦促利害关系人限期申报权利的一种告示。该公告应当在全国性的报刊上登载。人民法院应在受理申请后3日内发出公告，公示催告的期间不得少于60日，涉外票据可根据情况适当延长，但最长不得超过90日。

（3）人民法院收到利害关系人的申报后，应当裁定终结公示催告程序。人民法院在收到利害关系人提出的票据权利主张后，应通知公示催告申请人在指定的期间查看票据。如果公示催告的票据与利害关系人出示的票据不一致的，法院应裁定予以驳回利害关系人的申报。

（4）公示催告期间届满以及在判决做出前，没有利害关系人申报权利的，公示催告申请人应当自申报权利期间届满的次日起 1 个月内申请法院做出除权判决，判决丧失的票据无效。判决应当公告，并通知付款人。判决生效后，公示催告申请人有权依据该判决向付款人请求付款或向其他票据债务人行使追索权。

三、提起诉讼

提起诉讼，是指丧失票据的失票人向人民法院提起民事诉讼，要求法院判定付款人向其支付票据金额的活动。失票人向人民法院提起诉讼的主要内容及程序：

（1）被告一般是付款人，但在找不到付款人或付款人不能付款时，也可将其他票据债务人（出票人、背书人、保证人等）作为被告。

（2）诉讼请求的内容是要求付款人或其他票据债务人在票据到期日或判决生效后支付或清偿票据金额。

（3）失票人在向法院起诉时，应提供所丧失票据的有关书面证明。

（4）失票人向法院起诉时，应当提供担保，以防由于付款人支付已丧失票据票款后可能出现的损失。担保的数额相当于票据载明的金额。

（5）在判决前，丧失的票据出现时，付款人应以该票据正处于诉讼阶段为由暂不付款，而将情况迅速通知失票人和人民法院。法院应终结诉讼程序。失票人与票据提示人对票据债权人没有争议的，应由真正的票据债权人持有票据并向付款人行使票据权利；如失票人与提示人对票据债权人有争议的，任何一方均可向法院起诉，由法院确认。在法院判决生效后，丧失的票据出现时，付款人不为付款，应将情况通知失票人。如果失票人与提示人对票据权利没有争议的，由真正的票据权利人向付款人行使票据权利；如有争议，任何一方可向法院起诉，请求确认权利人。

第八节　汇票、本票及支票

一、汇票

汇票是出票人签发的、委托付款人在见票时或者在指定日期无条件支付确定的金额给收款人或者持票人的票据。

我国《票据法》将汇票分为银行汇票和商业汇票。银行汇票是汇款人将款项交存当地银行、由银行签发给汇款人持往异地办理转账结算或支取现金的票据。汇票人可以是单位、个体经营户或者个人。在银行汇票中，出票人和付款人都只能由银行担任。商业汇票是指银行和其他金融机构以外的工商企业签发的汇票，它是收款人或付款人（或承兑申请人）签发，由承兑人承兑，并于到期日向收款人或持票人支付款项的票据。

按其承兑人属于工商企业还是银行，商业汇票可分为商业承兑汇票和银行承兑汇票。其中，商业承兑汇票是由收款人签发，经非金融机构的付款人承兑，或由付款人签发并承兑的票据；银行承兑汇票是由收款人或承兑申请人签发，并由承兑申请人向开户银行申请，经银行审查同意承兑的票据。

汇票的基本当事人有三个：一是出票人，即签发票据的人；二是付款人，即接受出票人委托而无条件支付票据金额的人，付款人可以是包括银行在内的其他人，也可以是出票人；三是收款人，即持有汇票而向付款人请求付款的人。

汇票的内容可分为绝对记载事项、相对记载事项和非法定记载事项。其中，汇票的绝对记载事项包括七个方面的内容：表明“汇票”的字样；无条件支付的委托；确定的金额；付款人名称；收款人名称；出票日期；出票人签章。汇票的相对记载事项有付款日期、付款地和出票地三项。汇票上未记载付款日期的，为见票即付。汇票上未记载付款地的，付款人的营业场所、住所或者经常居住地为付款地。汇票上未记载出票地的，出票人的营业场所、住所或者经常居住地为出票地。按照《票据法》第二十四条的规定，汇票上可以记载法定事项以外的其他出票事项，但是该记载事项不具有汇票上的效力。在汇票的上述记载事项中，票据金额、日期、收款人名称不得更改，更改的票据无效。对其他的记载事项，原记载人可以更改，更改时应当由原记载人签章证明。

二、本票

本票是出票人签发的、承诺自己在见票时无条件支付确定的金额给收款人或者持票人的票据。本票是由出票人约定自己付款的一种自付证券，其基本当事人有两个，即出票人和收款人。

根据《票据法》的规定，木票仅限于银行本票，且为记名式本票和即期本祟。银行本票是银行签发的、承诺自己在见票时无条件支付确定的金额给收款人或者持票人的票据。

本票和汇票的区别主要有：第一，汇票的当事人有三个，而本票的当事人只有两个；第二，本票出票人（也是付款人）限于银行，而汇票的出票人和付款人不限于银行；第三，本票的付款方式只限于见票即付，而汇票可以定期付款。

本票自出票日起，付款期限最长不得超过 2 个月。本票的绝对记载事项包括六项内容：表明“本票”字样；无条件支付的承诺；确定的金额；收款人名称；出票日期；出票人签章。本票的相对记载事项包括两项：第一，付款地，本票上未记载付款地的，出票人的营业场所为付款地；第二，出票地，本票上未记载出票地的，出票人的营业场所为出票地。

三、支票

支票是由出票人签发的、委托办理支票存款的银行或者其他金融机构在见票时无条件支付确定的金额给收款人或者持票人的票据。支票的基本当事人有三个：一是出票人，即在开户银行有相应存款的签发票据的人；二是付款人，即银行等法定金融机构；三是收款人，即接受付款的人。

支票与汇票和本票相比，有两个显著的特点：第一，以银行或者其他金融机构为付款人；第二，见票即付，不得另行记载付款日期。《票据法》按照支付票款方式，将支票分为普通支票、现金支票和转账支票。

支票的内容包括绝对记载事项和相对记载事项。其中，绝对记载事项包括：表明“支票”字样；无条件支付的委托；约定的金额；付款人名称；出票人名称；出票人签章。按照规定，支票的以下两项绝对记载事项可以通过授权补记的方式记载：一是关于支票金额的授权补记；二是关于收款人名称的授权补记。支票的相对记载事项包括：第一，付款地，支票上未记载付款地的，付款人的营业场所为付款地；第二，出票地，支票上未记载出票地的，出票人的营业场所、住所或者经常居住地为出票地。

《票据法》对支票的其他法定要求有：第一，支票的出票人所签发的支票金额不得超过其付款时在付款人处实有的存款金额，签发空头支票是一种违法行为；第二，支票的出票人不得签发与其预留本名的签名式样或者印鉴不符的支票。

第十六章　税法

第一节　税法基本原理

一、税收的概念及特征

税收不仅是国家取得财政收入的一种活动或手段，而且也是国家用以加强宏观调控的重要经济杠杆。税收是国家为实现其职能，凭借政治权力，按照法律规定，通过税收工具强制地、无偿地参与国民收入和社会产品的分配和再分配取得财政收入的一种形式。它的特征主要表现在以下三个方面：第一，税收在征收上具有强制性。第二，税收在交纳性质上具有无偿性。第三，税收在征税对象和标准上具有固定性。其中，无偿性是核心，强制性是保障，固定性是对强制性和无偿性的一种规范和约束。

二、税法的概念和体系

（一）税法的概念

税法是国家制定的用以调整国家与纳税人之间在征纳税方面的权利及义务关系的法律规范的总称。首先，从法律性质上看，税法以规定纳税人的义务为主。其次，税法是由一系列单行税收法律法规及行政规章制度组成的体系，其内容涉及课税基本原则、征纳双方权利义务、税收管理、解决税务争议等。

（二）我国现行税法的体系

根据“一税一法”原则，按照各个税种相应制定的税种法是构成我国现行税法体系主体部分的税收实体法。按照征收对象的不同，税种可以分五类：①流转税；②所得税；③财产和行为税；④资源税；⑤特定目的税。

三、税法构成要素

税法的构成要素是指各种单行税法具有的共同的基本要素的总称。一般包括以下11个要素：

（1）总则。总则主要包括立法依据、立法目的、适用原则等。

（2）纳税义务人。纳税人又叫纳税主体，是税法规定的直接负有纳税义务的单位和个人。

与纳税人紧密联系的两个概念是代扣代缴义务人和代收代缴义务人。前者是指虽不承担纳税义务，但依照有关规定，在向纳税人支付收入、结算货款、收取费用时有义务代扣代缴其应纳税款的单位和个人。后者是指虽不承担纳税义务，但依照有关规定，在向纳税人收取商品或劳务收入时，有义务代收代缴其应纳税款的单位和个人。

（3）征税对象。征税对象又叫课税对象、征税客体，指税法规定对什么征税，是征纳税双方权利义务共同指向的客体或标的物，是区分不同税种的重要标志。

与课税对象相关的两个基本概念：税目和税基。税目本身也是一个重要的税法要素，下面单独讨论。而税基又叫计税依据，是据以计算征税对象应纳税款的直接数量依据，它解决对征税对象课税的计算问题，是对课税对象的量的规定。

（4）税目。税目是在税法中对征税对象分类规定的具体的征税项目，反映具体的征税范围，是对课税对象质的界定。

设置税目的目的首先是明确具体的征税范围，凡列入税目的即为应税项目，未列入税目的，则不属于应税项目。其次，划分税目也是贯彻国家税收调节政策的需要，来体现不同的税收政策。当然并非所有税种都需规定税目。

（5）税率。税率是对征税对象的征收比例或征收额度。税率是计算税额的尺度，也是衡量税负轻重与否的重要标志。

我国现行的税率主要有：

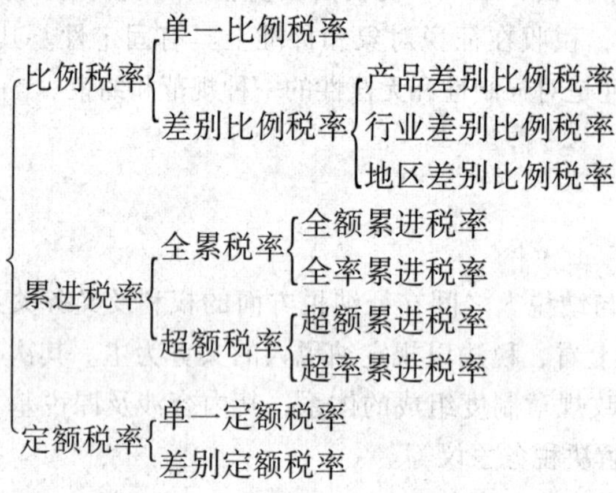

（6）纳税环节。纳税环节主要指税法规定的征税对象在从生产到消费的流转过程中应当缴纳税款的环节。

（7）纳税期限。纳税期限是指税法规定的关于税款缴纳时间方面的限定。税法关于纳税期限的规定，有三个概念：一是纳税义务发生时间，是指应税行为发生的时间。二是纳税期限，即每隔固定时间汇总纳税义务的时间，分为按期和按次两种。三是缴库期限，即税法规定的纳税期满后，纳税人将应纳税款缴入国库的期限。

（8）纳税地点。纳税地点主要是指根据各个税种纳税对象的纳税环节和有利于对税款的源泉控制而规定的纳税人（包括代征、代扣、代缴义务人）的具体纳税地点。

（9）减税免税。减税免税主要是指对某些纳税人和征税对象采取减少征税或者免予征税的特殊规定。

（10）罚则。罚则主要是指对纳税人违反税法的行为采取的处罚措施。

（11）附则。附则一般都规定与该法紧密相关的内容，比如该法的解释权、生效时间等。

第二节 税收实体法律制度

一、流转税

流转税，又称流转课税、流通税，指以纳税人商品生产、流通环节的流转额或者数量以及非商品交易的营业额为征税对象的一类税收。流转税是商品生产和商品交换的产物，各种流转税是政府财政收入的重要来源。

（一）增值税

增值税是对在我国境内销售货物或者提供加工、修理修配劳务以及进口货物的企业单位和个人，就其货物销售或提供劳务的增值额和货物进口金额为计税依据而课征的一种流转税。

依据实行增值税的各个国家允许抵扣已纳税款的扣除项目范围的大小，增值税分为生产型增值税、收入型增值税、消费型增值税三种类型。我国从2009年1月1日起实行消费型增值税，即允许将购置物质资料的价值和用于生产、经营的固定资产价值中所含的税款，在购置当期全部一次扣除。

2012年1月1日，国务院在上海交通运输业和部分现代服务业开展营业税改征增值税试点。2012年8月1日至2012年12月31日，国务院扩大营改增试点至10省市，内容上新增了广播影视作品的制作、发行、播放试点行业。2013年8月1日，“营改增”范围推广到全国试行。2014年1月1日，国务院将铁路运输和邮政服务业纳入营业税改征增值税试点。2014年6月1日，国务院将电信业纳入营业税改征增值税试点范围。2016年5月1日，国务院将试点范围扩大到建筑业、房地产业、金融业、生活服务业，并将所有企业新增不动产所含增值税纳入抵扣范围。

1. 纳税义务人

增值税的纳税人是在中华人民共和国境内销售货物或者提供加工、修理修配劳务，销售服务、无形资产或者不动产，以及进口货物的单位和个人。

境外的单位或个人在境内提供应税劳务，在境内未设有经营机构的，其应纳税款以境内代理人为扣缴义务人；在境内没有代理人的，以购买者为扣缴义务人。

根据纳税人的经营规模以及会计核算的健全程度不同，可以将增值税纳税人分为一般纳税人和小规模纳税人。

认定小规模纳税人的具体条件是：

（1）会计核算不健全。

（2）年销售额在法定标准以下：①从事货物生产或者提供应税劳务的纳税人，以及以从事货物生产或者提供劳务为主的纳税人，年应纳税销售额在50万元以下的；② 从事货物批发或者零售的纳税人，年应纳税销售额在80万元以下；③“营改增”的纳税人，年应纳税销售额在500万元以下。

下列纳税人不属于一般纳税人：

（1）年应税销售额未超过小规模纳税人标准的企业；

（2）个体工商户以外的其他个人；

（3）非企业性单位；

（4）不经常发生应税行为的企业。

区分一般纳税人和小规模纳税人的重要性在于，两者的税法地位、计税方法都是不同的。一般纳税人可以使用增值税专用发票，并可以用购进扣税法抵抗发票上注明的已纳增值税额；而小规模纳税人则不得使用增值税专用发票，也不能进行税款抵扣。

2. 征税范围

现行增值税征税范围的一般规定包括：①销售货物；②提供的加工、修理修配劳务；③销售服务；④销售无形资产；⑤销售不动产；⑥进口货物。

税法还规定了征税范围的特殊行为：

（1）视同销售货物行为。

单位或个体经营者的下列行为，视同销售货物：①将货物交付他人代销；②销售代销货物；③不在同一县（市）统一核算的两机构，相互移送货物；④将自产或委托加工的货物用于非增值税应税项目；⑤将自产、委托加工或购买的货物作为投资，提供给其他单位或个体工商户；⑥将自产、委托加工或购买的货物分配给股东或投资者；⑦将自产、委托加工的货物用于集体福利或个人消费；⑧将自产、委托加工或购买的货物无偿赠送给其他单位或者他人；⑨“营改增”规定的视同销售服务、无形资产或者不动产。

（2）混合销售行为。

一项销售行为如果既涉及货物又涉及服务，为混合销售行为。从事货物的生产、批发或零售的单位和个体工商户的混合销售行为，按照销售货物缴纳增值税，其他单位和个体工商户的混合销售行为，按照销售服务缴纳增值税。

（3）兼营行为。

纳税人兼营行为，是指纳税人的经营范围既包括销售货物和加工修理修配劳务，又包括销售服务、无形资产或者不动产。但是，销售货物、加工修理修配劳务、服务、无形资产或者不动产不同时发生在同一项销售行为中。根据有关规定，应分别核算适用不同税率或者征收率的销售额，未分别核算的，从高适用税率。

3. 税率

增值税实行比例税率，设基本税率和低税率两档，另外对出口货物适用零税率。营业税改征后，又增加了两档税率。

（1）基本税率为17%，从2018年5月1日起，降至16%。

（2）低税率包括11%、6%。纳税人销售下列货物、提供下列劳务，适用11%：①农业产品、食用植物油；②自来水、暖气、热水、冷气、煤气、石油液化气、天然气、沼气、居民用煤炭制品；③图书、报纸、杂志；④饲料、化肥、农药、农机、农膜；⑤食用盐；⑥音像制品、电子出版物；⑦二甲醚；⑧提供交通运输业服务、邮政、基础电信、建筑、不动产租赁服务；⑨销售不动产；⑩转让土地使用权。从2018年5月1日起，降至10%。

提供现代服务业服务（不动产租赁除外）、增值电信服务、金融服务、生活服务、销售无形资产（转让土地使用权除外），税率为6%。

（3）零税率。零税率，即税率为零，仅适用于法律不限制或不禁止的报关出口的货物，以及输往海关管理的保税工厂、保税仓库和保税区的货物。

（4）征收率。小规模纳税人适用3%的征收率，征收率的调整，由国务院决定。小规模纳税人（除其他个人外）销售自己使用过的固定资产，减按2%的征收率征收增值，并且只能开具普通发票。小规模纳税人（除其他个人外）销售自己使用过的除固定资产以外的物品，应按3%的征收率征收增值。一般纳税人提供不动产租赁满足简易计税方法条件选择简易计税方法，适用5%的征收率。纳税人销售旧货，按照简易办法依照3%征收率减按2%征收增值税。

4. 应纳税额的计算

（1）一般纳税人增值税应纳税额的计算。

一般纳税人销售货物或者提供应税劳务，应纳税额为当期销项税额抵扣当期进项税额后的余额。应纳税额的计算公式为：

应纳税额=当期销项税额-当期进项税额

因当期销项税额小于当期进项税额不足抵扣时，其不足部分可以结转下期继续抵扣。

销项税额是指纳税人销售货物或者提供应税劳务，按照销售额和税法规定的税率计算并向购买方收取的增值税额。销项税额的计算公式为：

销项税额=销售额×适用税率

销售额为纳税人销售货物或提供应税劳务向购买方收取的全部价款和价外费用，但是不包括收取的销项税额、受委托加工应征消费税的消费品所代收代缴的消费税、符合税法规定的代垫运费。价外费用是指价外向购买方收取的手续费、补贴、基金、集资费、返还利润、奖励费、违约金、滞纳金、延期付款利息、赔偿金、代收款项、代垫款项、包装费、包装物租金、储备费、优质费、运输装卸费及其他。凡是价外费用，无论其会计制度如何核算，均应并入销售额计算应纳税款。

如果销售收入中包含增值税税款的，则应将不含税的销售额和销项税分离开来，其计算公式为：

不含增值税的销售额=含增值税的销售额÷(1+增值税税率或征收率)

进项税额是指纳税人购进货物或者接受应税劳务所支付或者负担的增值税额。准予从销项税额中抵扣的进项税额包括：①从销售方取得的增值税专用发票上注明的增值税额；②从海关取得的海关进口增值税专用缴款书上注明的增值税额；③购进农产品，按照农产品收购发票或者销售发票上注明的农产品买价的11%计算的进项税额，从2018年5月1日起，调整为10%。

不得从销项税额中抵扣的进项税额包括：①用于简易计税方法计税项目、免征增值税项目、集体福利或者个人消费的购进货物、加工理修配劳务、服务、无形资产和不动产；②非正常损失的购进货物及相关的加工修理修配劳务和交通运输服务；③非正常损失的在产品、产成品所耗用的购进货物（不包括固定资产）、加工修理修配劳务和交通运输服务；④非正常损失的不动产或其在建工程，以及该不动产所耗用的购进货物、设计服务和建筑服务；⑤购进的旅客运输服务、贷款服务、餐饮服务、居民日常服务和娱乐服务；⑥财政部和国家税务总局规定的其他情形。

（2）小规模纳税人增值税应纳税额的计算。

小规模纳税人销售货物或者应税劳务，实行简易办法计算应纳税额，并不得抵扣进项税额。应纳税额计算公式：

应纳税额＝销售额×征收率

（3）进口货物增值税应纳税额的计算。

纳税人进口货物，按照组成计税价格和规定的税率计算应纳税额。组成计税价格和应纳税额计算公式：

组成计税价格＝关税完税价格＋关税＋消费税

应纳税额＝组成计税价格×税率

（二）消费税

消费税是对在我国境内从事生产、委托加工和进口应税消费品的单位和个人就其应税消费品征税的一种商品税。消费税的征税环节单一，是价内税，并且税率差别较大。现行消费税法是经修订自 2009 年 1 月 1 日起实施的。

1. 纳税义务人

消费税的纳税人是我国境内生产、委托加工、零售和进口《中华人民共和国消费税暂行条例》规定的应税消费品的单位和个人。

2. 征税范围

消费税主要是为了调节产品结构，引导消费方向，保证国家财政收入。现行消费税的征收范围主要包括：烟，酒，化妆品，贵重首饰及珠宝玉石，鞭炮及焰火，成品油，小汽车，摩托车，高尔夫球及球具，高档手表，游艇，木制一次性筷子，实木地板，电池，涂料。

3. 税率

消费税采用比例税率和定额税率两种形式，以适应不同应税消费品的实际情况。消费税根据不同的税目或子目确定相应的税率或单位税额。

4. 应纳税额的计算

消费税应纳税额的计算主要分为从价计征、从量计征和从价从量复合计征三种方法。

（1）从价计征。

在从价定率计算方法下，应纳税额的多少取决于应税消费品的销售额和适用税率。计算消费税的销售额的确定同增值税计税依据。

应纳税额＝不含增值税的销售额 × 适用税率

（2）从量计征。

在从量定额计算方法下，应纳税额的多少取决于应税消费品的销售数量和单位税额两个因素。

$$应纳税额=应税消费品销售数量×适用税额标准$$

（3）从价从量复合计征。

现行消费税的征税范围中，只有卷烟、白酒采用复合计征方法。

$$应纳税额=销售额×比例税率+销售数量×定额税率$$

自产自用应税消费品用于连续生产应税消费品的，不纳税；用于其他方面的，有同类消费品销售价格的，按照纳税人生产的同类消费品销售价格计算纳税，没有同类消费品销售价格的，组成计税价格。

$$组成计税价格=(成本+利润)÷(1-消费税税率)$$

$$应纳税额=组成计税价格×适用税率$$

委托加工应税消费品的由受托方交货时代扣代缴消费税。按照受托方的同类消费品销售价格计算纳税，没有同类消费品销售价格的，组成计税价格。

$$组成计税价格=(材料成本+加工费)÷(1-消费税税率)$$

$$应纳税额=组成计税价格×适用税率$$

进口应税消费品，按照组成计税价格计算纳税。计算公式为：

$$组成计税价格=(关税完税价格+关税)÷(1-消费税税率)$$

$$应纳税额=组成计税价格×消费税税率$$

（三）关税

关税是海关依法对进出境货物、物品征收的一种税。通常情况下，一国关境与国境是一致的，包括国家全部的领土、领海、领空。但当某国在国境内设立了自由港等，该国的关境就小于国境。当几个国家结成关税同盟，实施统一的关税法令和统一的对外税则，这些国家的关境就大于国境。

1. 纳税义务人

关税纳税义务人，是进口货物的收货人、出口货物的发货人、进出境物品的所有人。

2. 进出口税则

进出口税则是一国政府根据国家关税政策和经济政策，通过一定的立法程序制定公布实施的进出口货物和物品应税的关税税率表。

从内容上来看，海关税则一般包括两部分：一是海关征收关税的规章、条例和说明；二是关税分率表。关税税率表又由税则号、商品名称、海关税率等栏目组成。

关税的税率实行比例税率，分为进口税率和出口税率。在我国加入 WTO 之后，我国进口税则设有最惠国税率、协定税率、特惠税率、普通税率、关税配额税率等。国家仅对少数资源性产品及易于竞相杀价、盲目进口、需要规范出口秩序的半制成品征收出口关税。

3. 应纳税额的计算

进口货物以海关审定的成交价格为基础的到岸价格作为完税价格。到岸价格包括货价加上货物运抵中华人民共和国关境内输入地点起卸前的包装费、运费、保险费和其他劳务费等费用。出口货物应当以海关审定的货物售予境外的离岸价格，扣除出口关税后，作为完税价格。

进出口货物关税，以从价计征、从量计征或者国家规定的其他方式征收。

从价计征关税的应纳税额=应税进出口货物数量×单位完税价格×适用税率

从量计征关税的应纳税额=应税进口货物数量×关税单位税额

二、所得税

所得税是对单位或个人的收益所征收的一种税，又叫收益税。所得税的特点包括：税源普遍，课征有弹性；税额受成本、费用及利润大小的影响较大；税负较公平，体现量能负担的原则；一般不发生税负转嫁和重复征税的问题；计税方法相对复杂，征管难度也较大。

（一）企业所得税

企业所得税是对我国境内的企业和其他取得收入的组织的生产经营所得和其他所得征收的税种。现行企业所得税法的基本规范，是2007年3月16日第十届全国人民代表大会第五次全体会议通过，2017年2月24日第十二届全国人民代表大会常务委员会第二十六次会议通过修正的《中华人民共和国企业所得税法》和2007年11月28日通过的《中华人民共和国企业所得税法实施条例》。

1. 纳税义务人

企业所得税的纳税义务人，是指在中华人民共和国境内的企业和其他取得收入的组织，分为居民企业和非居民企业。居民企业，是指依法在中国境内成立，或者依照外国（地区）法律成立但实际管理机构在中国境内的企业。非居民企业，是指依照外国（地区）法律成立且实际管理机构不在中国境内，但在中国境内设立机构、场所的，或者在中国境内未设立机构、场所，但有来源于中国境内所得的企业。

对个人独资企业和合伙企业不征收企业所得税，其投资者的生产经营所得，比照个体工商户的生产、经营所得征收个人所得税。

2. 征税对象

企业所得税的征税对象，是指企业的生产经营所得、其他所得和清算所得。

3. 税率

企业所得税实行比例税率，基本税率25%，适用于居民企业和在中国境内设有机构、场所且所得与机构、场所有关联的非居民企业。低税率20%，适用于非居民企业和小型微利企业。但非居民企业实际征税时适用10%的优惠税率，国家需要重点扶持的高新技术企业适用15%的优惠税率。

4. 应纳税额计算

企业所得税应纳税额的计算公式为：

应纳税额=应纳税所得额 × 适用税率

应纳税所得额=收入总额-不征税收入-免税收入-各项扣除-以前年度亏损

纳税人的收入总额包括：①销售货物收入；②提供劳务收入；③转让财产收入；④股息、红利等权益性投资收益；⑤利息收入；⑥租金收入；⑦特许权使用费收入；

⑧接受捐赠收入；⑨其他收入。

准予在计算应纳税所得额时扣除的是，企业实际发生的与取得收入有关的、合理的支出，包括成本、费用、税金、损失和其他支出。注意区分收益性支出和资本性支出，除企业所得税法和实施条例另有规定外，企业实际发生的各项支出，不得重复扣除。

（二）个人所得税

个人所得税是以自然人取得的各类应税所得为征税对象而征税的一种所得税，是政府利用税收对个人收入进行调节的一种手段。现行的个人所得税法于 2011 年 9 月 1 日实施生效。

1. 纳税义务人

个人所得税的纳税义务人，包括中国公民、个体工商业户、个人独资企业、合伙企业投资者、在中国有所得的外籍人员和香港、澳门、台湾同胞，区分为居民和非居民，分别承担不同的纳税义务。

居民纳税义务人是指在中国境内有住所，或者无住所而在中国境内居住满 1 年的个人，负有无限纳税义务。非居民纳税人义务人，是指不符合居民纳税义务人判定标准的主体，仅就其来源于中国境内的所得，向中国缴纳个人所得税。

2. 征税范围

下列各项个人所得，应纳个人所得税：工资、薪金所得；个体工商户的生产、经营所得；对企事业单位的承包经营、承租经营所得；劳务报酬所得；稿酬所得；特许权使用费所得；利息、股息、红利所得；财产租赁所得；财产转让所得；偶然所得；经国务院财政部门确定征税的其他所得。

3. 税率

工资、薪金所得，适用七级超额累进税率，税率为 3%~45%。

个体工商户的生产、经营所得和对企事业单位的承包经营、承租经营所得，适用 5%~35%的五级超额累进税率。

稿酬所得，适用比例税率，税率为 20%，并按应纳税额减征 30%。

劳务报酬所得，适用比例税率，税率为 20%。对劳务报酬所得一次收入畸高的，可以实行加成征收，具体体现为三级超额累进税率。

特许权使用费所得，利息、股息、红利所得，财产租赁所得，财产转让所得，偶然所得和其他所得，适用比例税率，税率为 20%。

4. 应纳税额计算

①工资、薪金所得。

应纳税额=（每月收入-3 500 或 4 800）×适用税率-速算扣除数

②个体工商户的生产、经营所得。

应纳税额=（全年收入总额-成本、费用以及损失）×适用税率-速算扣除数

③对企事业单位的承包经营、承租经营所得。

应纳税额=（纳税年度收入总额-必要费用）×适用税率-速算扣除数

④劳务报酬所得。

每次收入不超过四千元的

$$应纳税额=(每次收入额-800)\times20\%$$

每次收入四千元以上的

$$应纳税额=每次收入额\times(1-20\%)\times适用税率-速算扣除数$$

⑤稿酬所得。

每次收入不超过四千元的

$$应纳税额=(每次收入额-800)\times20\%\times(1-30\%)$$

每次收入四千元以上的

$$应纳税额=每次收入额\times(1-20\%)\times(1-30\%)$$

⑥特许权使用费所得、财产租赁所得。

每次收入不超过四千元的

$$应纳税额=(每次收入额-800)\times20\%$$

每次收入四千元以上的

$$应纳税额=每次收入额\times(1-20\%)\times20\%$$

⑦财产转让所得。

$$应纳税额=(收入总额-财产原值-合理费用)\times20\%$$

⑧利息、股息、红利所得，偶然所得和其他所得。

$$应纳税额=每次收入额\times20\%$$

三、财产税和行为税

（一）房产税

房产税是以房屋为征税对象，按照房屋的计税余值或租金收入，向产权所有人征收的一种财产税。

财产税属于财产税中的个别财产税，征税范围限于城镇的经营性住房，并且区别房屋的经营使用方式规定征税办法。

1. 纳税义务人

房产税以在征税范围内的房屋产权所有人为纳税人。具体来说，有以下四种情况：

（1）产权属于国家所有的，由经营管理的单位缴纳。

（2）产权属于集体和个人所有的，由集体单位和个人缴纳。

（3）产权出典的，由承典人缴纳。

（4）产权所有人、承典人不在房产所在地的，或者产权未确定及租典纠纷未解决的，由房产代管人或者使用人缴纳。

2. 征税范围

房产税以房产为征税对象。所谓房产，是指有屋面和围护结构，能遮风避雨，供人们在其中生产、学习、工作、娱乐、居住或贮藏物资的场所。

房产税的征税范围是城市、县城、建制镇、工矿区，但不包括农村的房屋。

3. 税率

房产税采用的是比例税率。一种是按房产原值一次减除10%~30%后的余值计征，税率为1.2%；另一种是按房产出租的租金收入计征，税率为12%。从2001年1月1日起，对个人按市场价格出租的居民住房，用于居住的，可暂减按4%的税率征收房产税。

4. 应纳税额的计算

从价计征是按房产原值减除一定比例后的余值计征。

应纳税额=应税房产原值×(1-扣除比例)×1.2%

从租计征是按房产的租金收入计征。

应纳税额=租金收入×12%(4%)

（二）车船税

车船税是指在中华人民共和国境内的车辆、船舶的所有人或者管理人按照中华人民共和国车船税暂行条例应缴纳的一种税。

1. 纳税义务人

车船税的纳税人，是指在中华人民共和国境内的车辆、船舶的所有人或者管理人。

2. 征税范围

车船税的征税范围，是指依法应当在我国车船管理部门登记的车船（除规定减免的车船外）。车辆包括机动车辆和非机动车辆；船舶包括机动船舶和非机动船舶。

3. 税率

车船税实行定额税率，计算简便，适宜于从量计征。车船的适用税额依照《车船税税目税额表》执行。

4. 应纳税额的计算

车船税的计税依据是：乘人车辆，以辆为依据；载货汽车、机动船以净吨位；非机动船以载重吨位为依据。计算公式为：

年应纳税额=计税依据×适用单位税额

（三）印花税

印花税是以经济活动和经济交往中，书立、领受应税凭证的行为为征税对象的一种税。印花税因其采用在应税凭证上粘贴印花税票的方法缴纳税款而得名。印花税征税范围广，税负从轻，自行贴花纳税，多缴不退不抵。

1. 纳税义务人

印花税的纳税人是在中国境内书立、使用、领受印花税法所列举的凭证并应依法履行纳税义务的单位和个人。按照书立、使用、领受应税凭证的不同，印花税纳税人可以分别确定为立合同人、立据人、立账簿人、领受人和使用人五种。

2. 征税范围

印花税的征税范围具体划定为13个税目：购销合同、加工承揽合同、建设工程勘察设计合同、建筑安装工程承包合同、财产租赁合同、货物运输合同、仓储保管合同、借款合同、财产保险合同、技术合同、产权转移书据、营业账簿、权利及许可证照。

2018 年 5 月 1 日起，将对纳税人设立的资金账簿按实收资本和资本公积合计金额征收的印花税减半，对按件征收的其他账簿免征印花税。

3. 税率

印花税的税率有两种形式，即比例税率和定额税率。

印花税的比例税率分为 4 个档次，分别是 0. 05‰、0. 3‰、0. 5‰、1‰。定额税率是按件贴花，税额为 5 元。

4. 应纳税额的计算

纳税人的应纳税额，根据应纳税凭证的性质，分别按比例税率或者定额税率计算。计算公式为：

应纳税额=应税凭证计税金额(或应税凭证件数)×适用税率

(四) 契税

契税是以在中华人民共和国境内转移土地、房屋权属为征税对象，向产权承受人征收的一种财产税。契税属于财产转移税，由财产承受人纳税，有利于调控房地产交易价格。

1. 纳税义务人

契税的纳税人是境内转移土地、房屋权属，承受的单位和个人。

2. 征税对象

契税的征税对象是境内转移的土地、房屋权属。其具体包括以下几种情况：①国有土地使用权出让；②国有土地使用权转让；③房屋买卖；④房屋赠与；⑤房屋交换；⑥承受国有土地使用权支付的土地出让金。

3. 税率

契税实行在 3%~5%的幅度税率。

4. 应纳税额的计算

契税的计税依据是不动产的价格。依不动产的转移方式、定价方法不同，契税计税依据有以下几种情况：①国有土地使用权出售、房屋买卖，以成交价格为计税依据；②土地使用权赠与、房屋赠与，由征收机关参照土地使用权出售、房屋买卖的市场价格核定；③土地使用权交换、房屋交换，以所交换的土地使用权、房屋的价格差额为计税依据；④以划拨方式取得土地使用权，经批准转让房地产时，由房地产转让者补交契税，计税依据为补交的土地使用权出让费用或者土地收益；⑤对于个人无偿赠与不动产行为（法定继承人外），应对受赠人全额征收契税。

应纳税额=计税依据×税率

四、资源税和土地增值税

(一) 资源税

资源税是对在我国境内从事应税矿产品开采和生产盐的单位和个人课征的一种税，属于对自然资源占用课税的范畴。

资源税的征税范围小，征税目的主要在于调节级差收入，资源税属于中央和地方共享税。

1. 纳税义务人

资源税的纳税义务人是指在中华人民共和国境内开采应税资源的矿产品或者生产盐的单位和个人。

收购未税矿产品的单位为资源税的扣缴义务人，具体包括独立矿山、联合企业及其他收购单位。

2. 征税范围

根据国有资源有偿开采的原则，资源税的征税范围应包括一切可供开发利用的国有资源，但现行资源税只将关系国计民生且级差收入差异较大的矿产品和盐列入征税范围。

矿产品包括原油、天然气、煤炭、其他非金属矿原矿、黑色金属矿原矿、有色金属矿原矿。盐包括固体盐和液体盐。

3. 税率

我国现行资源税采用幅度定额税率，按应税资源产品的课税单位直接规定固定的税额幅度，实行从量定额征收。纳税人在开采主矿产品的过程中伴采的其他应税产品，凡未单独规定适用税额的，一律按主矿产品或视同主矿产品税目征收资源税。

4. 应纳税额的计算

资源税以应税资源产品的课税数量为计税依据，其应纳税额按应税产品的课税数量和规定的单位税额计算，具体计算公式为：

$$应纳税额=课税数量\times单位税额$$

（二）土地增值税

土地增值税是对有偿转让国有土地使用权及地上建筑物和其他附着物产权，取得增值收入的单位和个人征收的一种税。

与其他税种相比，土地增值税具有以下四个特点：①以转让房地产的增值额为计税依据；②征税面比较广；③实行超率累进税率；④实行按次征收。

1. 纳税义务人

土地增值税的纳税义务人为转让国有土地使用权、地上的建筑物及其附着物产权，并取得收入的单位和个人。

2. 征税范围

土地增值税征税范围的一般规定包括：

(1) 只对“转让”国有土地使用权的行为征税，对“出让”国有土地使用权的行为不征税。

(2) 既对转让国有土地使用权的行为征税，也对转让地上建筑物及其他附着物产权的行为征税。

(3) 只对“有偿转让”的房地产征税，对以“继承、赠与”等方式无偿转让的房地产，不予征税。

3. 税率

土地增值税采用四级超率累进税率：

增值额未超过扣除项目金额50%的部分，税率为30%。

增值额超过扣除项目金额50%、未超过扣除项目金额100%的部分，税率为40%。

增值额超过扣除项目金额100%、未超过扣除项目金额200%的部分，税率为50%。

增值额超过扣除项目金额200%的部分，税率为60%。

4. 应纳税额的计算

应纳税额=增值额×适用税率-扣除项目金额×速算扣除系数

（三）城镇土地使用税

城镇土地使用税是以城镇土地为征税对象，对拥有土地使用权的单位和个人征收的一种税。

1. 纳税义务人

在城市、县城、建制镇、工矿区范围内使用土地的单位和个人，为城镇土地使用税纳税人。

2. 征税范围

城镇土地使用税的征税范围，包括城市、县城、建制镇、工矿区内的国家所有和集体所有的土地。其中城市的征收范围为市区和郊区；县城的征收范围为县人民政府所在的城镇；建制镇的征收范围为镇人民政府所在地，不包括镇政府所在地所管辖的行政村。公园、名胜古迹内的索道公司所经营用地，按规定缴纳。

3. 税率

城镇土地使用税采用定额税率，即采用有幅度的差别税额，按大、中、小城市和县城、建制镇、工矿区分别规定每平方米土地使用税年应纳税额。

4. 应纳税额的计算

年应纳税额=实际占用应税土地面积(平方米)×适用税额

五、特定目的税

（一）城市维护建设税

城市维护建设税是对从事工商经营，缴纳增值税、消费税、营业税的单位和个人征收的一种税。城市维护建设税属于一种附加税，是根据纳税人所在城镇的规模及其资金需要设计的，税款专款专用。

1. 纳税义务人

城建税的纳税人，是指负有缴纳增值税、消费税和营业税义务的单位和个人。自2010年12月1日起，对涉外企业征收城市维护建设税。

2. 税率

城建税设置了三档地区差别比例税率：①纳税人所在地为市区，税率为7%；②纳税人所在地为县城、镇的，税率为5%；③纳税人所在地不在市区、县城或者镇的，税率为1%。

4. 应纳税额的计算

城建税纳税人的应纳税额大小是由纳税人实际缴纳的“三税”税额决定的。

应纳税额=实际缴纳的“三税”税额×适用税额

（二）车辆购置税

车辆购置税是以在中国境内购置规定车辆为课税对象、在特定的环节向车辆购置者征收的一种税。就其性质而言，属于直接税的范畴。车辆购置税的征收范围、征收环节、税率、征收方法单一，征税具有特定目的，是价外征收，税负不发生转嫁。

1. 纳税义务人

车辆购置税的纳税人是指在我国境内购置应税车辆的单位和个人。其购置是指购买使用行为、进口使用行为、受赠使用行为、自产自用的行为、获奖使用行为以及以拍卖、抵债、走私、罚没等方式取得并使用的行为。

2. 征税范围

车辆购置税以列举的车辆作为征税对象，未列举的车辆不纳税。其征税范围包括汽车、摩托车、电车、挂车、农用运输车。

3. 税率

车辆购置税实行统一比例税率，税率为10%。

4. 应纳税额的计算

应纳税额=应税计税价格×10%

（三）耕地占用税

耕地占用税是对占用耕地建房或者从事其他非农业建设的单位和个人，就其实际占用耕地面积、按照规定税额一次性征收的一种税，它属于对特定土地资源占用课税。

耕地占用税兼具资源税与特定行为税的性质，采用地区差别税率，在占用耕地环节一次性课征，税收收入专用于耕地开发与改良。

1. 纳税义务人

耕地占用税的纳税义务人，是占用耕地建房或从事非农业建设的单位和个人。

2. 征税范围

耕地占用税的征税范围包括纳税人为建房或从事其他非农业建设而占用的国家所有和集体所有的耕地。占用鱼塘及其他农用土地建房或从事其他非农业建设，也视同占用耕地，必须依法征收耕地占用税。

所谓“耕地”，是指种植农业作物的土地，包括菜地、园地。其中园地包括花圃、苗圃、茶园、果园、桑园和其他种植经济林木的土地。在占用之前三年内属于上述范围的耕地或农用土地，也视为耕地。

3. 税率

考虑到不同地区之间客观条件的差别以及与此相关的税收调节力度和纳税人负担能力方面的差别，耕地占用税在税率设计上采用了地区差别定额税率。

4. 应纳税额的计算

耕地占用税以纳税人实际占用的耕地面积为计税依据，以每平方米土地为计税单位，按适用的定额税率计税。

应纳税额=实际占用耕地面积（平方米）×适用定额税率

（四）烟叶税

烟叶税是指在中华人民共和国境内收购烟叶的单位按照《中华人民共和国烟叶税暂行条例》的规定缴纳的一种税。现行的《中华人民共和国烟叶税暂行条例》是国务院2006年4月28日颁布施行的。

1. 纳税义务人

烟叶税的纳税人是指在中华人民共和国境内收购烟叶的单位。

2. 征税范围

烟叶税的征税范围是指晾晒烟叶、烤烟叶。其中晾晒烟叶包括列入名晾晒烟名录的晾晒烟叶和未列入名晾晒烟名录的其他晾晒烟叶。

3. 税率

烟叶税实行比例税率，税率为20%。

4. 应纳税额的计算

烟叶税按照纳税人收购烟叶的收购金额为计税依据。收购金额包括纳税人支付给烟叶销售者的烟叶收购价款和价外补贴。

应纳税额=收购价款×（1+10%）×税率

第三节　税收征收程序法律制度

一、税务管理法律制度

税务管理制度是税务机关依据税收法律、行政法规对税务活动所进行的组织、协调和监督检查等一系列活动的制度。税务管理制度主要包括以下几个环节。

（一）税务登记

税务登记制度，又称纳税登记制度，是纳税人在开业、歇业前以及生产经营期间发生有关变动时，在法定时间内就其经营情况向所在地的税务机关办理书面登记的一项基本制度。建立税务登记制度，对加强税收征管、防止漏管漏征、增强纳税人依法纳税的观念，具有重要意义。

1. 税务登记的范围

（1）凡在我国从事生产经营，并经工商行政管理部门批准开业的企业，企业在外地设立的分支机构和从事生产、经营的场所、个体工商户及从事生产经营的事业单位，都应当自领取营业执照之日起30日内，持有关证件，向当地主管税务机关书面申报办理税务登记。

（2）从事生产经营的纳税人，税务登记内容发生变化的，应当自工商行政管理机关办理变更登记之日起30日内，持有关证件向原税务机关申报办理变更税务登记；如有的纳税人按规定不需要在工商行政管理部门办理注册登记的，应当自有关机关批准或宣布变更之日起30日内，持有关证件向原税务登记机关办理变更税务登记。

（3）纳税人发生解散、破产、撤销以及其他情形，依法终止纳税义务的，应当在工商行政管理机关办理注销登记前，持有关证件向原税务登记机关申报办理注销税务登记；按照规定不需要在工商行政管理机关办理注册登记的，应当自有关机关批准或者宣告终止之日起15日内，持有关证件向原税务登记机关申报办理注销税务登记。

（4）外出经营的纳税人，应于到达经营地之日，持原所在地税务机关填开的外出经营税收管理证明，向到达地税务机关申报办理报验登记。

另外，依照税收法律、行政法规负有代扣代缴、代收代缴税款义务的扣缴义务人，应当向主管税务机关申报办理扣缴税款登记，领取代扣代缴或代收代缴税款凭证。具体办理范围和办法由国务院规定。

2. 税务登记的内容

纳税人办理税务登记时，应当提出申请登记报告，如实填写税务登记表。

纳税人在填报登记内容时，应当根据不同情况相应提供有关证件和资料。

3. 税务登记证件

对纳税人填报的税务登记表、提供的证件和资料，税务机关应当自收到之日起30内审核完毕，对符合规定的，予以登记，并发给税务登记证件。

从事生产、经营的纳税人应当按照国家有关规定，持税务登记证件，在银行或者其他金融机构开立基本存款账户和其他存款账户，并将其全部账号向税务机关报告。银行和其他金融机构应当在从事生产、经营的纳税的账户中登录税务登记证件号码，并在税务登记证件中登录从事生产、经营的纳税人的账号。税务机关依法查询从事生产经营的纳税人开立账户情况时，有关银行和其他金融机构应当予以协助。

纳税人领取的税务登记证和扣缴义务人领取的代扣代缴、代收代缴税款凭证，不得转借、涂改、损毁、买卖或者仿造。税务机关对税务登记证件实行定期验证和换证制度，纳税人应在规定的期限到主管税务机关办理验证或换证手续。

（二）账簿、凭证管理

账簿、凭证是纳税人记录生产经营活动，进行经济核算的主要工具，也是税务机关确定应纳税额，进行财务监督和税务检查的重要依据。因此，加强账簿、凭证管理，不仅是保证纳税人正确计算应纳税款、严格履行纳税义务的重要环节，也是打击、查处偷漏税的有效途径。因而，加强账簿、凭证管理是税务管理的重要内容。

1. 依法设置会计账簿

纳税人、扣缴义务人都应该按照有关法律、行政法规和国务院财政、税务主管部门的规定设置账簿。这里所指的账簿包括总账、明细账、日记账及其他辅助账簿。

2. 财务、会计制度及其处理办法的管理

从事生产、经营的纳税人应当将其财务、会计制度或者财务、会计处理办法和会计核算软件，及时报送税务机关备案。纳税人、扣缴义务人的财务、会计制度或者财务、会计处理办法与国务院财政、税务主管部门有关税收的规定相抵触时，应依照国务院或者国务院财政、税务主管部门有关税收的规定计算纳税。

3. 账簿、凭证的保管

从事生产、经营的纳税人、扣缴义务人必须按照国务院财政、税务主管部门规定的保管期限妥善保管账簿、记账凭证、完税凭证及其他有关资料。一般来说，账簿、会计凭证、报表、完税凭证及其他有关资料应当保存10年。但是，外商投资企业和外国企业的会计凭证、账簿和报表，至少要保存15年；私营企业的会计凭证、账簿的保存期为15年，月、季度会计报表为5年；年度会计报表和税收年度决算报表要永久保存。

账簿、记账凭证、完税凭证及其他有关资料不得伪造、变造或者擅自损毁。

4. 税控装置的安装、使用

为适应市场经济的发展、科技水平的提高，加强税收征管信息系统建设，以强化税收征管，国家根据税收征管的需要，积极推广使用税控装置。纳税人应当按照规定安装、使用税控装置，不得损毁或者擅自改动税控装置。目前国家推广使用的税控装置主要有税控收款机、税控计价器等。

（三）纳税申报

纳税申报是纳税人发生纳税义务后，按照规定期限和内容就纳税事宜向税务机关提出书面报告的一种法定行为。广义上的纳税申报还包括扣缴义务人发生扣缴义务后，按照规定的期限和内容向税务机关报送代扣代缴、代收代缴税款报告表以及其他有关资料的法定行为。纳税申报既是纳税人履行纳税义务和扣缴义务人履行代扣、代缴税款义务的法定手续，也是税务机关办理税款征收业务、核定应纳税凭证的主要依据。

1. 纳税申报的范围

根据《中华人民共和国税收征管法》（以下简称《税收征管法》）的规定，纳税人和扣缴义务人在税法规定或税务机关依法确定的纳税期限或扣缴税款期内，无论有无应税收入、所得及其他应税项目，或无论有无代扣、代收税款，均应按照法律、行政法规规定或者税务机关依照法律、行政法规的规定所确定的申报期限申报内容，到主管税务机关办理纳税申报。纳税人即便是享受减税、免税待遇的，在减免税期间也应按照规定办理纳税申报。

2. 纳税申报的内容

纳税人在办理纳税申报时应如实填写纳税申报表。纳税申报表的主要内容包括税种、税目，应纳税项目或者应代扣代缴、代收代缴税款项目，适用税率或者单位税额、计税依据，扣除项目及标准，应纳税额或者应代扣代缴、代收代缴税额，税款所属期限等。

扣缴义务人办理代扣代缴、代收代缴税款报告时，应如实填写代扣代缴、代收代缴税款报告表，并报送代扣代缴、代收代缴税款的合法凭证及税务机关规定的其他有关文件、资料。

3. 纳税申报期限

纳税人、扣缴义务人必须在法律、行政法规规定或者税务机关依照法律、行政法规的规定所确定的申报期限内，到主管税务机关办理纳税申报或者报送代扣代缴、代收代缴税款报告表。一般来说，以1日、3日、5日、10日、15日为一期纳税的，应于期满后5日内申报缴纳税款；以1个月为一期纳税的，应于期满后10日内申报缴纳税款。

纳税人、扣缴义务人规定的期限办理纳税申报确有困难的，可以在规定的期限内向税务机关提出书面申请，经税务机关核准，在核准的期限内办理。经核准延期办理申报、报送事项的，应当在纳税期内按照上期实际缴纳的税额或者税务机关核定的税额预缴税款，并在核准的延期内办理税款的结算。

4. 纳税申报方式

纳税人、扣缴义务人可以直接到税务机关办理纳税申报或者报送代扣代缴、代收代缴税款报告表，也可以按照规定采取邮寄、数据电文或者其他方式办理上述申报、报送事项。新的申报方式的实行，有利于改革我国税收征管方式，方便纳税人、扣缴义务人履行纳税义务，提高申报质量和效率。

二、税款征收法律制度

税款征收制度是指税务机关按照税法规定将纳税人应纳的税款收缴入库的法定制度。它是税收征收管理的中心环节，直接关系到国家税收能及时、足额入库。税款征收是税务机关依照税收法律、法规规定将纳税人应当缴纳的税款组织征收入库的一系列活动的总称，是税收征收管理的核心内容，是税务登记、账簿票证管理、纳税申报等税务管理工作的目的和归宿。税款征收的主要内容包括税款征收的方式、程序，减免税的核报，核定税额的几种情况，税收保全措施和强制执行措施的设置与运用以及欠缴、多缴税款的处理等。

（一）税款征收方式

科学合理的税款征收方式是确保税款顺利足额征收的前提条件。由于各类纳税人的具体情况不同，因而税款的征收方式也应有所区别。中国现阶段可供选择的税款征收方式主要有以下几种：

1. 查账征收

查账征收，是指纳税人在规定的期限内根据自己的财务报告表或经营成果，向税务机关申报应税收入或应税所得及纳税额，并向税务机报送有关账册和资料，经税务机关审查核实后，填写纳税缴款书，由纳税人到指定的银行缴纳税款的一种征收方式。因此，这种征收方式比较适用于对企业法人的征税。

2. 查定征收

查定征收，是指由税务机关通过按期查实纳税人的生产经营情况确定其应纳税额，分期征收税款的一种征收方式。这种征收方式主要适用于对生产经营规模小，财务会计制度不够健全、账册不够完备的小型企业和个体工商户的征税。

3. 查验征收

查验征收，是指税务机关对某些难以进行源泉控制的征税对象，通过查验证照和实物，据以确定应征税额的一种征收方式。在实际征管工作中，这种方式又分就地查验征收和设立检查站两种形式。对财务会计制度不健全和生产经营不固定的纳税人，可选择采用这种征收方式。

4. 定期定额征收

定期定额征收，是指税务机关根据纳税人的生产经营情况，按税法规定直接核定其应纳税额，分期征收税款的一种征收方式。这种征收方式主要适用于一些没有记账能力，无法查实其销售收入或经营收入和所得额的个体工商户。

5. 委托征收

委托征收，是指税务机关委托有关单位或个人代为征收税款的征收方式。这种方式主要适用于一些零星、分散难以管理的税收。

6. 邮寄纳税

邮寄纳税是一种新的纳税方式。这种方式主要适用于那些有能力按期纳税，但采用其他方式纳税又不方便的纳税人。

7. 其他方式

如利用网络申报、用IC卡纳税等方式。

（二）税款延期征收

纳税人和扣缴义务人必须在税法规定的期限内缴纳、解缴税款。但考虑到纳税人在履行纳税义务的过程中，可能会遇到特殊困难的客观情况，为了保护纳税人的合法权益，《税收征管法》第三十一条第二款规定：“纳税人因有特殊困难，不能按期缴纳税款的，经省、自治区、直辖市国家税务局、地方税务局批准，可以延期缴纳税款，但最长不得超过三个月。”

纳税人在申请延期缴纳税款时应当注意以下几个问题：①在规定期限内提出书面申请。纳税人需要延期缴纳税款的，应当在缴纳税款期限届满前提出申请，并报送指定材料。税务机关应当自收到申请延期缴纳税款报告之日起20日内做出批准或者不予批准的决定；不予批准的，从缴纳税款期限届满之日起加收滞纳金。②税款的延期缴纳，必须经省、自治区、直辖市国家税务局、地方税务局批准，方为有效。③延期期限最长不得超过3个月，同一笔税款不得滚动审批。④批准延期内免予加收滞纳金。

（三）税收滞纳金征收制度

《税收征管法》第三十二条规定：“纳税人未按照规定期限缴纳税款的，扣缴义务人未按照规定期限解缴税款的，税务机关除责令限期缴纳外，从滞纳税款之日起，按日加收滞纳税款万分之五的滞纳金。”

加收滞纳金的具体操作应按下列程序进行：①先有税务机关发出催缴税款通知书，责令限期缴纳或解缴税款，告知纳税人如不按期履行纳税义务，将依法按日加收滞纳税款万分之五的滞纳金。②从滞纳之日起加收滞纳金（加收滞纳金的起止时间为法律、行政法规规定或者税务机关依照法律、行政法规的规定确定的税款缴纳期限届满次日起至纳税人、扣缴义务人实际缴纳或者解缴税款之日止）。③拒绝缴纳滞纳金的，可以按不履行纳税义务实行强制执行措施，强行划拨或者强制征收。

（四）税款的补缴、追征制度

1. 税款的退还

依《税收征管法》第五十一条的规定，纳税人不论何种原因超过应纳税额多缴纳的税款，税务机关发现后应当立即退还；纳税人自结算缴纳税款之日起 3 年内发现的，可以向税务机关要求退还多缴的税款并加算银行同期存款利息，税务机关及时查实后应立即退还；涉及从国库中退库的，依照法律、行政法规有关国库管理的规定退还。如果纳税人在结清缴纳税款之日起 3 年后才向税务机关提出退还多缴税款要求的，税务机关将不予受理。

2. 税款的追征

《税收征管法》第五十二条规定，税务机关对超过纳税期限未缴或少缴税款的纳税人可以在规定的期限内予以追征。根据该条规定，税款的追征具体有以下三种情形：

（1）因税务机关的责任，致使纳税人、扣缴义务人未缴或者少缴款的，税务机关在 3 年内可以要求纳税人、扣缴义务人补缴税款，但是不得加收滞纳金。

（2）因纳税人、扣缴义务人计算错误等失误，未缴或者少缴款的，税务机关在 3 年内可以追征税款，并加收滞纳金；有特殊情况的（即数额在 10 万元以上的），追征期可以延长到 5 年。

（3）对因纳税人、扣缴义务人和其他当事人偷税、抗税、骗税等原因而造成未缴或者少缴的税款，或骗取的退税款，税务机关可以无限期追征。

三、税款征收保障制度

（一）税收保全制度

税收保全措施是指税务机关对可能由于纳税人的行为或者某种客观原因，致使以后税款的征收不能保证或难以保证的案件，采取限制纳税人处理和转移商品、货物或其他财产的措施。

参照国际通行做法，中国现行《税收征管法》第三十八条明确规定了税收保全措施，即：税务机关有根据认为从事生产、经营的纳税人有逃避纳税义务行为的，可以在规定的纳税期之前，责令限期缴纳应纳税款；限期内发现纳税人有明显的转移、隐匿其应纳税的商品、货物以及其他财产或者应纳税的收入的迹象的，税务机关可以责成纳税人提供纳税担保。如果在纳税人不能提供纳税担保，经县以上税务局（分局）局长批准，税务机关可以采取下列税收保全措施：

（1）书面通知纳税人开户银行或者其他金融机构冻结纳税人的金额相当于应纳税款的存款；

（2）扣押、查封纳税人的价值相当于应纳税款的商品、货物或者其他财产。

《税收征管法》规定上述税收保全措施，旨在预防偷逃税，保护国家税款不受侵犯，赋予税务机关必要的执法权。但是，税务机关必须严格按规定的条件和程序执行，严禁随意行使。如果税务机关滥用职权，违法采取税收保全措施或采取税收保全措施不当，使纳税人、扣缴义务人或者纳税担保人的合法权益遭受损失，应当依法承担赔偿责任。

税收保全措施在于促使纳税人依法及时足额缴纳税款，因此，纳税人在规定的期限内缴纳税款的，税务机关必须立即解除税收保全措施。如果税务机关未立即解除保全措施，使纳税人的合法权益遭受损失的，税务机关应当承担赔偿责任。

（二）税收强制执行制度

税收强制执行措施，是指当事人不履行法律、行政法规规定的义务，有关国家机关采取强制手段，强迫当事人履行义务的行为。

《税收征管法》第四十条赋予了税务机关必要的强制执行权。根据此条规定，从事生产、经营的纳税人、扣缴义务人未按照规定的期限缴纳或者解缴的税款，纳税担保人未按照规定的期限缴纳所担保的税款，由税务机关责令限期缴纳，逾期仍未缴纳的，经县以上税务局（分局）局长批准，税务机关可以采取下列强制执行措施：

（1）书面通知其开户银行或者其他金融机构从其存款中扣缴税款。

（2）扣缴、查封、依法拍卖或者变卖起价值相当于应纳税款的商品、货物或者其他财产，以拍卖或者变卖所得抵缴税款。个人及其所抚养家属维持生活所必需的住房和用品，不在强制执行措施的范围内。

税务机关采取强制执行措施时，对上述所列纳税人、扣缴义务人、纳税担保人未缴纳的滞纳金同时强制执行。但是，税务机关在采取强制执行措施时，要有确切的证据并严格按法律规定的条件和程序进行，决不能随意行使强制执行权。

（三）欠税清缴制度

欠税是指纳税人未按照规定期限缴纳税款，扣缴义务人未按照规定期限解缴税款的行为。欠税清缴制度包括：

（1）阻止出境。《税收征管法》第四十四条规定，欠缴税款的纳税人或者他的法定代表人需要出境的，应当在出境前向税务机关结清应纳税款或者提供担保。未结清税款、滞纳金，又不提供担保的，税务机关可以通知出境管理机关阻止其出境。

（2）改制纳税人欠税的清缴。《税收征管法》第四十八条规定："纳税人有合并、分立情形的，应当向税务机关报告，并依法缴清税款。纳税人合并时未缴清税款的，应当由合并后的纳税人继续履行未履行的纳税义务；纳税人分立时未缴清税款的，分立后的纳税人对未履行的纳税义务应当承担连带责任。"

（3）大额欠税处分财产报告。根据《税收征管法》第四十九条和《细则》第七十七条的规定：欠缴税款数额在 5 万元以上的纳税人，在处分其不动产或者大额资产之前，应当向税务机关报告。这一规定有利于税务机关及时掌握欠税企业处置不动产和大额资产的动向。税务机关可以根据其是否侵害了国家税收，是否有转移资产、逃避纳税义务的情形，决定是否行使税收优先权，是否采取税收保全措施或者强制执行措施。

（4）行使代位权、撤销权。税务机关可以对欠缴税款的纳税人行使代位权、撤销权，即对纳税人的到期债权等财产权利，税务机关可以依法向第三者追索以抵缴税款。《税收征管法》第五十条规定了在哪些情况下税务机关可以依据《中华人民共和国合同法》行使代位权、撤销权。税务机关代表国家，拥有对欠税的债权，是纳税人应该偿还国家的债务。

（5）欠税公告。根据《税收征管法》第四十五条和《细则》第七十六条规定：税务机关应当对纳税人欠缴税款的情况，在办税场所或者广播、电视、报纸、期刊、网络等新闻媒体上定期予以公告。定期公告是指税务机关定期向社会公告纳税人的欠税情况。同时税务机关还可以根据实际情况和实际需要，制定纳税人的纳税信用等级评比制度。

四、税务检查和稽查制度

（一）税务检查制度

税务检查，既有利于全面贯彻国家的税收政策，严肃税收法纪，加强纳税监督，查处偷税、漏税和逃骗税等违法行为，确保税收收入足额入库，也有利于帮助纳税人端正经营方向，促使其加强经济核算，提高经济效益。

税务检查的内容主要包括以下几个方面：

（1）检查纳税人执行国家税收政策和税收法规的情况。

（2）检查纳税人遵守财经纪律和财会制度的情况。

（3）检查纳税人的生产经营管理和经济核算情况。

（4）检查纳税人遵守和执行税收征收管理制度的情况，查其有无不按纳税程序办事和违反征管制度的问题。

税务机关进行税务检查，一般采用以下三种方法：①税务查账，它是对纳税人的会计凭证、账簿、会计报表以及银行存款账户等核算资料所反映的纳税情况所进行的检查。这是税务检查中最常用的方法。②实地调查，是对纳税人账外情况进行的现场调查。③税务稽查，是对纳税人的应税货物进行的检查。

根据《税收征管法》的规定，税务机关有权进行下列税务检查：

（1）检查纳税人的账簿、计账凭证、报表和有关资料；检查扣缴义务人代扣代缴、代收代缴税款账簿、计账凭证和有关资料。税务机关在检查上述纳税资料时，可以在纳税人、扣缴义务人的业务场所进行，必要时经县以上税务局（分局）局长批准，也可以将纳税人、扣缴义务人以前年度的账簿、凭证、报表以及其他有关资料调出检查，但须向纳税人、扣缴义务人开付清单，并在3个月内完整归还。

（2）到纳税人的生产、经营场所和货物存放地检查纳税人应纳税的商品、货物或其他财产；检查扣缴义务人与代扣代缴、代收代缴税款有关的经营情况。

（3）责成纳税人、扣缴义务人提供与纳税或者代扣代缴、代收代缴税款有关的文件、证明材料和有关资料。

（4）询问纳税人、扣缴义务人与纳税或者代扣代缴、代收代缴税款有关的问题和情况。

（5）到车站、码头、机场、邮政企业及其分支机构检查纳税人托运、邮寄应纳税的商品、货物或者其他财产的有关单据、凭证和有关资料。

(6) 经县以上税务局（分局）局长批准，凭全国统一格式的检查存款账户许可证明，查询从事生产、经营的纳税人、扣缴义务人在银行或其他金融机构的存款账户。税务机关在调查税收违法案件时，经设区的市、自治州以上税务局（分局）局长批准，可以查询案件涉嫌人员的储蓄存款。税务机关查询所获得的资料，不得用于税收以外的用途。

税务机关对从事生产、经营的纳税人以前纳税期的纳税情况依法进行税务检查时，发现纳税人有逃避纳税义务行为，并明显地转移、隐匿其纳税的商品、货物以及其他财产或者应纳税的收入迹象的，可以按照《税收征管法》规定的批准权限采取税收保全措施或者强制执行措施。

税务机关依法进行上述税务检查时，纳税人、扣缴义务人必须接受检查，如实反映情况，提供有关资料，不得拒绝、隐瞒；税务机关有权向有关单位和个人调查纳税人、扣缴义务人和其他当事人与纳税或者代扣代缴、代收代缴税款有关情况，有关部门和个人有义务向税务机关如实提供有关材料及证明材料。税务机关调查税务违法案件时，对与案件有关的情况和资料，可以进行记录、录音、录像、照相和复制。但是，税务人员在进行税务检查时，必须出示税务检查证，并有责任为被检查人保守秘密；未出示税务检查证和税务检查通知书的，纳税人、扣缴义务人及其他当事人有权拒绝检查。

(二) 税务稽查制度

税务稽查是税收征收管理工作的重要步骤和环节，是税务机关代表国家依法对纳税人的纳税情况进行检查监督的一种形式。税务稽查的依据是具有各种法律效力的各种税收法律、法规及各种政策规定。税务稽查具体包括日常稽查、专项稽查和专案稽查。

税务稽查的范围，包括税务法律、法规、制度等的贯彻执行情况，纳税人生产经营活动及税务活动的合法性，偷、逃、抗、骗、漏税及滞纳情况。

税务机关在实施税务稽查之前，应当先全面了解被查对象的有关情况，确定稽查办法，然后向被查对象发出书面通知，告知其稽查时间和需要准备的材料等。但是，对于被举报有税收违法行为的，税务机关有根据认为被查对象有税收违法行为的，预先通知有碍稽查的，不必事先通知。

如果税务稽查人员与被查对象有近亲属关系、利害关系和可能影响公正执法的其他关系，应当自行回避，被查对象也有权要求他们回避。

实施税务稽查应当 2 人以上，并出示税务检查通知书和税务检查证。

实施税务稽查可以根据需要和法定程序采取询问、调取账簿资料和实地稽查等手段。税务稽查需要跨管辖区域稽查的，可以采取发函调查和异地调查两种方式。

在税务稽查结束的时候，税务稽查人员应当将稽查的结果和主要问题向被查对象说明，核对事实，听取意见。

对于立案查处的案件，税务稽查完毕，稽查人员应当制作《税务稽查报告》，连同《税务稽查底稿》和其他证据，提交审理部门审理。

对于不需要立案查处的一般税收违法案件，税务稽查完毕，可以按照简易程序，由稽查人员直接制作《税务处理决定书》，按照规定报经批准之后执行。

对于经过稽查没有发现问题的，如果没有立案查处，由稽查人员制作《税务稽查结论》报批；如果已经立案查处，由稽查人员制作《税务稽查报告》，连同有关稽查资料，提交审理部门审理。

五、税收救济

（一）税务行政处罚听证

税务行政处罚听证是税务机关做出重大行政处罚决定之前，在税务机关派出专门人员或者机构的主持下，由直接参与案件调查取证的税务人员或部门为之一方，被认为违法的当事人为一方，有关证人等共同参加，由税务人员提出当事人违法的事实、证据和行政处罚建议，当事人进行申辩和质证，以进一步澄清事实，核实证据的法定程序。

税务行政处罚听证遵循合法、公正、公开、及时和便民的原则。

税务机关对公民做出 2 000 元以上（含本数）罚款或者对法人或其他组织做出 10 000 元以上（含本数）罚款的行政处罚之前，应当向当事人送达税务行政处罚事项告知书，告知当事人已经查明的违法事实、证据、行政处罚的法律依据和拟将给予的行政处罚，并告知当事人有要求举行听证的权利。

要求听证的当事人，应当在《税务行政处罚事项告知书》送达后 3 日内向税务机关书面提出听证；逾期视为放弃听证权利。

（二）税务行政复议

税务行政复议是指当事人（纳税人、扣缴义务人、纳税担保人及其他税务当事人）不服税务机关及其工作人员做出的税务具体行政行为，依法向上一级税务机关（复议机关）提出申请，复议机关经审理对原税务机关具体行政行为依法做出维持、变更、撤销等决定的活动。

税务机关受理行政复议的范围：

（1）税务机关做出的征税行为：①征收税款、加收滞纳金；②扣缴义务人，受税务机关委托的征收单位做出的代扣代缴、代收代缴行为。

（2）税务机关做出的责令纳税人提供纳税担保行为。

（3）税务机关做出的税收保全措施：①书面通知银行或者其他金融机构暂停支付存款；②扣押、查封商品、货物或其他财产。

（4）税务机关未及时解除税收保全措施，使纳税人的合法权益遭受损失的行为。

（5）税务机关做出的税收强制执行措施：①书面通知银行或者其他金融机构从其存款中扣缴税款；②拍卖扣押、查封的商品、货物或其他财产。

（6）税务机关做出的税务行政处罚行为：①罚款；②没收非法所得；③停止出口退税权。

（7）税务机关不予依法办理或答复的行为：①不予审批减免税或出口退税；②不

予抵扣税款；③不予退还税款；④不予颁发税务登记证、发售发票；⑤不予开具完税凭证和出具票据；⑥不予认定为增值税一般纳税人；⑦不予核准延期申报、批准延期缴纳税款。

（8）税务机关做出的取消增值税一般纳税人资格的行为。

（9）税务机关做出的通知出境管理机关阻止出境行为。

（10）税务机关做出的其他税务具体行政行为。

申请人可以在得知税务机关做出具体行政行为之日起60日内提出行政复议申请。因不可抗力或者被申请人设置障碍等其他正当理由耽误法定申请期限的，申请期限自障碍消除之日起继续计算。

（三）税务行政诉讼

税务行政诉讼是指公民、法人和其他组织认为税务机关及其工作人员的具体税务行政行为违法或者不当，侵犯了其合法权益，依法向人民法院提起行政诉讼，由人民法院对具体税务行政行为的合法性进行审查并做出裁决的司法活动。

税务行政诉讼案件的受案范围除受《行政诉讼法》有关规定的限制外，也受《征管法》及其他相关法律、法规的调整和制约。具体说来，税务行政诉讼的受案范围与税务行政复议的受案范围基本一致，包括：

（1）税务机关做出的征税行为：一是征收税款、加收滞纳金；二是扣缴义务人、受税务机关委托的单位做出代扣代缴、代收代缴行为及代征行为。

（2）税务机关做出的责令纳税人提交纳税保证金或者纳税担保行为。

（3）税务机关做出的行政处罚行为：一是罚款；二是没收违法所得；三是停止出口退税权；四是收缴发票和暂停供应发票。

（4）税务机关做出的通知出境管理机关阻止出境行为。

（5）税务机关做出的税收保全措施：一是书面通知银行或者其他金融机构冻结存款；二是扣押、查封商品、货物或者其他财产。

（6）税务机关做出的税收强制执行措施：一是书面通知银行或者其他金融机构扣缴税款；二是拍卖所扣押、查封的商品、货物或者其他财产抵缴税款。

（7）认为符合法定条件申请税务机关颁发税务登记证和发售发票，税务机关拒绝颁发、发售或者不予答复的行为。

（8）税务机关的复议行为：一是复议机关改变了原具体行政行为；二是期限届满，税务机关不予答复。

第十七章 对外贸易法

第一节 概述

一、对外贸易的概念

对外贸易亦称“国外贸易”或“进出口贸易”，简称“外贸”，是指一个国家（地区）与另一个国家（地区）之间的商品、劳务和技术的交换活动。这种贸易由进口和出口两个部分组成。对输入商品、技术或劳务的国家（地区）来说，就是进口；对输出商品、技术或劳务的国家（地区）来说，就是出口。对外贸易在国家经济活动中占有重要地位，是国家经济活动不可缺少的重要组成部分。

二、对外贸易的分类

根据不同的标准，对外贸易主要可以进行如下分类：

(1) 根据贸易的对象的不同，可分为货物贸易、技术贸易和服务贸易。

(2) 根据贸易对象转移方向的不同，可分为进口贸易、出口贸易和过境贸易。

其中，过境贸易是指别国出口货物通过本国国境，未经加工改制，在基本保持原状条件下运往另一国的贸易活动。

(3) 根据生产国和消费国是否直接进行交易，可分为直接贸易、间接贸易和转口贸易。

直接贸易就是生产国与消费国直接进行交易，不通过第三方的；间接贸易就是商品的生产国把商品卖给第三国（或地区）的商人，然后第三国（或地区）的商人再把商品卖给真正的商品消费国。就是说生产国和消费国没有直接的贸易关系；转口贸易是指在间接贸易中，第三国（或地区）购进生产国（或地区）的商品，然后转卖给消费国的商人的贸易行为。

(4) 根据贸易方式的不同，可分为一般贸易、加工贸易和补偿贸易。

一般贸易是指单边输入关境或单边输出关境的进出口贸易方式；加工贸易是指一国通过各种不同的方式，进口原料、材料或零件，利用本国的生产能力和技术，加工成成品后再出口，从而获得以外汇体现的附加价值；补偿贸易是以产品偿付进口设备、技术等费用的贸易方式。

三、对外贸易法概述

《中华人民共和国对外贸易法》（以下简称《对外贸易法》）已由中华人民共和国第八届全国人民代表大会常务委员会第七次会议于1994年通过，自1994年7月1日起施行。1994年5月12日，《中华人民共和国对外贸易法》获第八届全国人大常委会第七次会议通过，7月1日生效。《中华人民共和国对外贸易法》的颁布，不仅为对外贸易的经营与管理提供了必要的法律依据，而且有利于建立公平、自由的对外贸易机制，有利于我国对外贸易的经营管理与国际接轨。2001年，中国成功加入WTO，入世既为我国经济快速融入全球打开了大门，也为我国外贸法律制度的完善提供了良机。2004年，我国对《对外贸易法》进行了重新修订。2016年11月7日第十二届全国人民代表大会常务委员会第二十四次会议通过《全国人大常委会关于修改〈中华人民共和国对外贸易法〉等十二部法律的决定》，对《中华人民共和国对外贸易法》做了部分修订，2016年11月7日施行。

四、对外贸易基本原则

（一）对外贸易制度统一原则

对外贸易制度统一，是指我国的对外贸易领导权和管理权由国家统一行使，即由国家制定统一的对外贸易方针、政策和法律，设立专门的对外贸易管理机构，采取各种管理措施，对全国的对外贸易发展进行指导、控制和调节。

（二）平等互利原则

平等互利是指国家不论大小强弱，不论政治与经济制度是否相同，在对外贸易中都应当处于平等地位，并做到对双方经济发展有益。

（三）最惠国待遇原则

最惠国待遇是指在对外贸易中，一国给予外国或外国国民的待遇，不低于或者少于现在或将来给予任何第三国或者第三国国民的待遇。

（四）国民待遇原则

国民待遇是指一国给予在本国境内的外国国民的待遇和给予本国国民的待遇相同。

（五）对等原则

对等原则是指在对外贸易中他国或其他地区对本国采取歧视或限制等措施时，本国可以采取相应的措施，它是一个国家保护本国对外贸易利益的重要措施。

五、对外贸易经营者

（一）对外贸易经营者的含义

对外贸易经营者是指依法开展对外贸易经营活动的法人、其他组织和个人。在我国，对外贸易经营者主要是外贸企业，包括生产型外贸企业和外贸流通公司。对外贸易经营者必须依法办理工商登记或者其他执业手续，依照有关法律、行政法规的规定从事对外贸易经营活动。

（二）对外贸易经营者备案

根据我国现行《对外贸易法》的规定，依法成立的对外贸易经营者在开展货物进出口贸易和技术进出口贸易业务前，应当向国务院对外贸易主管部门或者其委托的机构办理备案登记，未按照本办法办理备案登记的，海关不予办理进出口的报关验放手续。

1. 备案机关

国家商务部是全国对外贸易经营者备案登记的主管机关，商务部可以委托符合条件的地方对外贸易主管部门负责办理本地区对外贸易经营者备案登记手续；受委托的备案登记机关不得自行委托其他机构进行备案登记。目前，商务部主要委托省市两级商务主管部门办理对外贸易经营者备案登记工作，个别地方已委托至区县一级商务主管部门。

2. 备案程序

（1）领取《对外贸易经营者备案登记表》。对外贸易经营者可以通过商务部政府网站下载，或到所在地备案登记机关领取《登记表》。

（2）填写《登记表》。对外贸易经营者应按《登记表》要求认真填写所有事项的信息，并确保所填写内容是完整的、准确的和真实的；同时认真阅读《登记表》背面的条款，并由企业法定代表人或个体工商负责人签字、盖章。

（3）提交有关备案登记材料。对外贸易经营者须向备案登记机关提交《备案登记表》、营业执照复印件、组织机构代码证书复印件等资料。对外贸易经营者为外商投资企业的，还应提交外商投资企业批准证书复印件。

（4）备案登记。备案登记机关应自收到对外贸易经营者提交的上述材料之日起5日内办理备案登记手续，在《登记表》上加盖备案登记印章。

六、对外贸易管理

（一）管理机构

依照《对外贸易法》及有关法律的规定，国务院对外贸易主管部门主管全国的对外贸易工作，地方对外贸易主管部门负责本地区对外贸易工作的管理监督，海关、税务、外汇管理、商检等部门在各自的职责范围内负责与对外贸易有关的其他事项的管理工作。目前，国务院对外贸易主管部门为国家商务部，地方对外贸易主管部门为地方各级商务主管部门。

（二）管理制度

1. 许可证制度

进出口许可证制度是我国对外贸易管理的重要措施之一。它是指对外贸易经营者进口或者出口限制进出口的货物或者技术，必须取得进口或出口许可证，方可进出口的制度。

2. 配额制度

对外贸易配额管理，是指国家对属于限制进出口的货物的进出口规定一定的数量限制，在限额之内，允许进出口，如超过限额，则不准进口或出口。此外，根据《对外贸易法》的相关规定，国家对部分进口货物可以实行关税配额管理，即将征收关税与进口配额相结合，在配额以内进口的商品，给予低税或免税待遇（一般为优惠税率），对超过配额的进口商品征收较高的关税（一般为普通税率），或者征收进口附加税或罚款。

3. 海关监管制度

进出境货物的海关监管制度是指海关依法对进出境货物实行监督管理的制度。我国对进出境货物的海关监管制度是我国对外贸易管理制度的重要措施之一。海关通过对进出境货物实行监督管理，实现对进出口的有效控制，从而维护国家主权，实现国家的政治和经济目的。

现行《中华人民共和国海关法》（以下简称《海关法》）于 1987 年 1 月 22 日经全国人大常委会通过，2000 年 7 月 8 日经全国人大常委会修正，自 2001 年 1 月 1 日起施行，2016 年 11 月 7 日第十二届全国人民代表大会常务委员会第二十四次会议决定对《中华人民共和国海关法》再次进行部分修订，并于 2016 年 11 月 7 日施行。根据《海关法》的规定，中华人民共和国海关是国家的进出关境的监督管理机关，国务院设立海关总署，统一管理全国海关，国家在对外开放的口岸和海关监管业务集中的地点设立海关。海关的主要职责是依照有关法律、行政法规，监管进出境的运输工具、货物、行李物品、邮递物品和其他物品，征收关税和其他税、费，查缉走私，并编制海关统计和办理其他海关业务。

4. 外汇管理制度

进出口商品的外汇管理制度是指国家外汇管理部门依法对进出口商品所使用的外汇实行监督管理的制度，也是我国对外贸易管理制度的重要措施之一。

现行的《中华人民共和国外汇管理条例》（以下简称《外汇管理条例》），于 1996 年 1 月 29 日颁布施行，并于 2008 年 8 月 1 日经国务院常务会议修订通过，自 8 月 5 日起施行。根据《外汇管理条例》的相关规定，国务院外汇管理部门及其分支机构依法履行外汇管理职责，进出口商品的外汇管理主要包括外贸出口收汇核销监管和贸易进口付汇核销监管。

5. 进出口商品检验制度

进出口商品检验制度是指国家专门的进出口商品检验机构和其他指定的机构，依照法律、法规或者对外贸易合同的规定，对进出口商品的品质、规格、数量、包装等进行各种分析与测定，并出具检验证书的制度。进出口商品检验制度是随着对外贸易的产生和发展而发展起来的，是对外贸易中不可缺少的重要环节。

现行《中华人民共和国进出口商品检验法》于 1989 年 2 月 21 日经全国人大常委会通过，2002 年 4 月 28 日经全国人大常委会修订通过，自 2002 年 10 月 1 日起施行，2013 年 6 月 29 日第十二届全国人民代表大会常务委员会第三次会议对《中华人民共和国进出口商品检验法》进行部分修订，并于2013年6月29日起施行。根据该法规定，国务院设立进出口商品检验部门，主管全国进出口商品检验工作。国家商检部门设在各地的进出口商品检验机构管理所辖地区的进出口商品检验工作。我国进出口商品检验分为强制检验、委托检验两种情形。强制检验是国家基于保护人类健康和安全、保护动物或者植物的生命和健康、保护环境、防止欺诈行为、维护国家安全的原则，由国家商检部门制定、调整必须实施检验的进出口商品目录并公布实施。必须检验的进口商品未经检验的，不准销售、使用；出口商品未经检验合格的，不准出口。委托检验是指经国家商检部门许可的检验机构，可以接受对外贸易关系人或者外国检验机构的委托，办理进出口商品检验鉴定业务。

七、对外贸易秩序

在对外贸易中，经营者应当自觉依法经营，维护公平自由的贸易秩序。不得违反反垄断有关法律、法规的规定，实施垄断行为，危害对外贸易秩序；不得实施倾销商品、串通招投标、商业贿赂等行为危害对外贸易秩序；不得有伪造、变造进出口货物原产地标记、证书，伪造、变造进出口许可证、配额证明等文件；不得走私、骗取出口退税；不得违法进行进出口商品认证、检验和检疫；不得违反外汇管理规定，等等。

八、对外贸易调查

为了维护对外贸易秩序，国务院对外贸易主管部门可以自行或者会同国务院其他有关部门，依照法律、行政法规的规定对有关事项进行调查，调查可以采取书面问卷、召开听证会、实地调查、委托调查等方式进行，有关单位和个人应当对对外贸易调查给予配合、协助。

九、对外贸易救济

国家根据对外贸易调查结果，可以采取适当的对外贸易救济措施。比如：针对我国市场的倾销行为和进口商品的专项补贴行为，国家可以采取反倾销、反补贴措施，消除或者减轻这种损害或者损害的威胁或者阻碍。国家还可以针对其他损害国内企业合法利益，危害国内有关产业安全的其他国际贸易行为采取相宜救济措施，以维护内企业合法利益和国内有关产业安全。

第二节　货物进出口贸易

一、货物进出口贸易的含义

货物进出口贸易也称为有形（商品）进出口贸易（Tangible Goods Trade），其用于交换的商品主要是以实物形态表现的各种实物性商品。有形贸易的进出口必须办理海关手续，能够在海关统计中反映出来，是贸易国家国际收支经常项目的重要内容。

为了规范货物进出口管理，维护货物进出口秩序，促进对外贸易健康发展，根据《中华人民共和国对外贸易法》，国务院于2001年12月10日颁布了《中华人民共和国货物进出口管理条例》，于2002年1月1日起施行。

二、货物进口管理

(一) 禁止进口的货物

禁止进口的货物一般涉及国家安全、社会公共利益或人的健康或者安全等，一旦进入国内，则可能会对其造成危害。因此，我国现行货物贸易法律规范明确规定，对可能危及国家安全、社会公共利益或人的健康或者安全等货物，国家可以禁止该类货物的进口。禁止进口的货物目录由商务部会同国务院有关部门制定、调整并公布。列入禁止进口目录的货物，任何单位和个人不得进口。

(二) 限制进口的货物

国家基于国家安全、社会公共利益或人的健康或者安全等原因，也可以限制某些货物的进口，商务部会同国务院其他有关部门，制定、调整并公布限制进口的货物目录。国家对实施数量限制进口的货物，实行配额管理，实行配额管理的限制进口货物，由商务部进行管理。其他限制进口货物，实行许可证管理。

(三) 自由进口的货物

除禁止和限制进口的货物外，属于自由进口的货物，允许自由进口，不受限制。国家为了监测货物进口，掌握货物进口的有关情况，商务部和其他部门可以按照国务院规定的职责划分，对部分属于自由进口的货物实行自动进口许可管理。《自动进口许可管理货物目录》由商务部会同海关总署等有关部门确定和调整，并由商务部以公告形式发布，其内容包括具体货物名称、海关商品编码等。进口属于自动进口许可管理的货物，收货人（包括进口商和进口用户）在办理海关报关手续前，应向所在地或相应的发证机构提交自动进口许可证申请，并取得《自动进口许可证》。

(四) 关税配额管理的货物

国家对部分进口货物实行关税配额管理。实行关税配额管理的进口货物目录，由商务部会同国务院其他有关管理部门制定、调整并公布。属于关税配额内进口的货物，按照配额内税率缴纳关税；属于关税配额外进口的货物，按照配额外税率缴纳关税。

三、货物出口管理

(一) 禁止出口的货物

为了维护国家安全、社会公共利益或者公共道德，为了保护人的健康或者安全，保护动物、植物的生命或者健康，保护环境，为有效保护可能用竭的自然资源等目的，国家可以禁止有关货物的出口。禁止出口的货物目录由商务部会同国务院有关部门制定、调整并公布，属于禁止出口的货物，不得出口。

（二）限制出口的货物

基于上述原因，国家也可以限制有关货物的出口。此外，由于输往国家或者地区的市场容量有限，或者出口经营秩序出现严重混乱等原因，需要限制出口的，国家也可以限制相关货物的出口。限制出口的货物目录由商务部会同国务院有关部门制定、调整并公布。国家规定有数量限制的出口货物，实行配额管理，其他限制出口货物，实行许可证管理。商务部会同海关总署制定、调整和发布年度《出口许可证管理货物目录》。商务部负责制定、调整和发布年度《出口许可证管理货物分级发证目录》。

四、对外贸易促进

对外贸易促进，是指为发展对外贸易，便利对外贸易经营者从事对外贸易经营活动而采取的在法律法规政策实施、信息支持、市场开拓、人员培训等方面的服务和支持行为。改革开放以来，为推进我国中小企业出口贸易发展，国家在政策支持与相关服务环境的培育上推出了一些举措，进一步完善了我国中小企业对外贸易的环境，推动了我国外贸企业的发展。

第三节　技术进出口贸易

一、技术进出口贸易的含义

技术进出口贸易是指中华人民共和国关境外向中华人民共和国关境内，或者从中华人民共和国关境内向中华人民共和国关境外，通过贸易、投资或者经济技术合作的方式转移技术的行为，包括专利权转让、专利申请权转让、专利实施许可、技术秘密转让、技术服务和其他方式的技术转移。

《中华人民共和国技术进出口管理条例》于 2001 年 10 月 31 日经国务院第四十六次常务会议通过，自 2002 年 1 月 1 日起施行。该条例是一部规范和调整我国技术进出口秩序和行为的最直接、最重要的行政法规。

二、技术进口管理

（一）禁止进口

根据《对外贸易法》的有关规定，属于禁止进口的技术，不得进口。基于维护国家安全、社会公共利益或者公共道德，保护人的健康或者安全，保护动物、植物的生命或者健康，保护环境等原因，需要禁止相关技术进口的，以及根据我国缔结或者参加的国际条约、协定的规定，需要禁止进口有关技术的，国家可以禁止其进口。禁止进口技术目录由商务部会同有关部门制定、调整并公布。

（二）限制进口

同样，基于上述原因和情形，国家可以限制有关技术的进口。此外，为建立或者加快建立国内特定产业，以及保障国家国际金融地位和国际收支平衡，需要限制技术进口的，可以限制其进口。限制进口技术目录由商务部会同有关部门制定、调整并公布。对限制进口技术，实行许可证管理，未经商务主管部门许可，不得进口。进口属于限制进口的技术，应填写《中国限制进口技术申请书》（以下简称《申请书》）并附有关文件，报送省级商务主管部门履行进口许可手续。申请技术进口项目需经有关部门批准的，还应当提交有关部门的批准文件。省级商务主管部门收到技术进口申请之日起 30 个工作日内，组织技术和贸易专家对申请进口的技术进行技术和贸易审查，并决定是否准予进口。技术进口经许可的，由省级商务主管部门颁发技术进口许可证。技术进口合同自技术进口许可证颁发之日起生效。

（三）自由进口

不属于禁止或限制进口的技术为自由进口技术，国家对自由进口的技术，允许自由进口。我国对自由进口技术实行合同登记管理。经营者进口自由进口技术，应当持技术进口合同登记申请书、技术进口合同副本等文件办理登记手续，由商务主管部门颁发登记证书。申请人凭技术进口合同登记证，办理外汇、银行、税务、海关等相关手续。技术进口合同登记后主要内容发生变更的，还应当进行变更登记。

（四）对技术进口合同的限制规定

订立技术进口合同，应当遵循公平、合法原则，应当有利于技术进步。不得利用技术优势，强制搭售、限制竞争，垄断市场。比如：要求受让人接受并非技术进口必不可少的附带条件，包括购买非必需的技术、原材料、产品、设备或者服务；要求受让人为专利权有效期限届满或者专利权被宣布无效的技术支付使用费或者承担相关义务；等等。

三、技术出口管理

（一）禁止出口

根据《对外贸易法》的有关规定，同禁止进口技术的原因一样，国家基于维护国家安全、社会公共利益或者公共道德，保护人的健康或者安全，保护动物、植物的生命或者健康，保护环境等需要，可以禁止有关技术的出口。禁止出口技术的目录由商务部会同国家有关部门制定、调整和公布。列入禁止出口目录的技术，不得出口。

（二）限制出口

与禁止出口技术的原因和情形一样，国家基于维护国家安全、社会公共利益或者公共道德，保护人的健康或者安全，保护动物、植物的生命或者健康，保护环境等需要，可以对相关技术限制进口。出口限制出口的技术，实行许可证管理。经营者应当向商务部申请，商务部应当会同科技部对申请出口的技术进行审查，决定是否批准。技术出口申请经批准的，由商务部发给技术出口许可意向书。申请人取得技术出口许可意向书后，方可对外进行实质性谈判，签订技术出口合同。申请人签订技术出口合同后，应当向商务部部申请技术出口许可证，商务部对技术出口合同的真实性进行审查，并做出许可或者不许可的决定。技术出口经许可的，由商务部颁发技术出口许可证。技术出口合同自技术出口许可证颁发之日起生效。

（三）自由出口

对非禁止和限制的技术，允许自由出口。对自由出口的技术实行合同登记管理。经营者应当向对外贸易主管那部门提交技术出口合同登记申请书、技术出口合同副本、签约双方法律地位的证明文件等办理登记，对外贸易主管部门登记后发给登记证书。申请人凭技术出口合同登记证办理外汇、银行、税务、海关等相关手续。技术出口合同登记后主要内容发生变更的，还应当进行变更登记。

四、技术进出口合同登记管理

（一）登记范围

根据技术进出口相关法律规定，国家对自由进出口技术合同实行登记管理。技术进出口合同包括专利权转让合同、专利申请权转让合同、专利实施许可合同、技术秘密许可合同、技术服务合同和含有技术进出口的其他合同。

（二）登记机关

商务主管部门是技术进出口合同的登记管理部门。商务部负责对《政府核准的投资项目目录》和政府投资项目中由国务院或国务院投资主管部门核准或审批的项目下的技术进口合同进行登记管理。各省、自治区、直辖市和计划单列市商务主管部门负责商务部登记以外的自由进出口技术合同进行登记管理。

（三）登记程序

技术进出口合同签订后，经营者应当应登录商务部政府网站上的“技术进出口合同信息管理系统”进行合同登记，并持技术进（出）口合同登记申请书、技术进（出）口合同副本（包括中文译本）和签约双方法律地位的证明文件，到商务主管部门履行登记手续。商务主管部门在收到上述文件起 3 个工作日内，对合同登记内容进行核对，并向技术进出口经营者颁发技术进口合同登记证或技术出口合同登记证。

（四）登记内容

技术进出口合同登记主要内容包括：合同号、合同名称、技术供方、技术受方、技术使用方、合同概况、合同金额、支付方式、合同有效期等。

第四节 对外服务贸易

一、服务贸易的定义

目前，关于服务贸易的定义有多种，其中，比较有权威和代表性的定义是世界贸易组织在《服务贸易总协定》中的定义。《服务贸易总协定》认为：服务贸易既指从一成员境内向任何其他成员境内提供服务，又包括在一成员境内向任何其他成员的服务消费者提供服务，也包括一成员的服务提供者在任何其他成员境内以商业存在提供服务，还包括一成员的服务提供者在任何其他成员境内以自然的存在提供服务。其中，“服务”包括任何部门的任何服务，但在行使政府权限时提供的服务除外。

通俗地讲，服务贸易即劳务贸易，指国与国之间互相提供服务的经济交换活动。服务贸易有广义与狭义之分，狭义的服务贸易是指一国以提供直接服务活动形式满足另一国某种需要以取得报酬的活动。广义的服务贸易既包括有形的活劳动，也包括服务提供者与使用者在没有直接接触下交易的无形活动。服务贸易一般情况下都是指广义的。

二、基本方式

（一）跨境交付（Cross-border Supply）

跨境交付是指一成员服务提供者在其境内向在任何其他成员境内服务消费者提供服务，以获取报酬。这种方式是典型的“跨国界贸易型服务”。它的特点是服务的提供者和消费者分处不同国家，在提供服务的过程中，就服务内容本身而言已跨越了国境。它可以没有人员、物资和资本的流动，而是通过电信、计算机的联网实现，如一国咨询公司在本国向另一成员客户提供法律、管理、信息等专业性服务，以及国际金融服务、国际电信服务、视听服务等。也可以有人员或物资或资金的流动，如一国租赁公司向另一国用户提供租赁服务以及金融、运输服务等。

（二）境外消费（Consumption Abroad）

境外消费指在一成员境内向任何其他成员的服务消费者提供服务。一个人到国外留学或就医、旅游，消费外国人提供的服务资源，这对出国者的母国来说是服务业的进口，对东道国来说是服务业的出口。出国留学、就医、旅游，是消费别国的教育、医疗和旅游资源，是境外消费。

（三）商业存在（Commercial Presence）

商业存在指一成员的服务提供者在任何其他成员境内以商业存在提供服务。三资企业是商业存在在服务领域的表现形式。就当今服务贸易发展的内涵而言，跨境交付、境外消费所占贸易量是很小的，主要集中在第三种方式。美国 AIG（友邦）保险公司、John Hancock（恒康）保险公司、苏黎世保险集团、英国的太阳保险公司，在中国设合资或分支保险机构的时候，他们必须要有商业存在来提供服务。又如美国的贝尔公司在中国搞电信终端服务，必须在中国相应地设立合营或电信公司。

（四）自然人的流动（Movement of Natural Persons）

自然人的流动指一成员的服务提供者在任何其他成员境内以自然的存在提供服务。这是发展中国家比较关心的一个问题，因为发展中国家劳动力资源比较充分，且是廉价劳动力。例如中国每年向外输出大批的劳动力，如泥瓦工、厨师和渔工等。自然人流动使发展中国家大量低劳动力成本输出，能够赚一些外汇，也能解决大量低素质劳动力就业问题。

三、国际服务贸易禁止或限制

同国际货物贸易一样，国家为维护国家安全、社会公共利益或者公共道德，为保护人的健康或者安全，保护动物、植物的生命或者健康，保护环境，或者根据法律、法规的规定，以及根据我国缔结或者参加的国际条约、协定的规定，需要禁止的，可以禁止或限制有关的国际服务贸易。

此外，国家对与军事有关的国际服务贸易，以及与裂变、聚变物质或者衍生此类物质的物质有关的国际服务贸易，可以采取任何必要的措施，维护国家安全。在战时或者为维护国际和平与安全，国家在国际服务贸易方面可以采取任何必要的措施。

四、服务贸易统计

为准确掌握服务贸易发展状况，为国家经济决策提供可靠依据，商务部建立了全国服务贸易统计制度，对全国服务贸易进出口量、对外承包工程业务、外派劳务人员数量、软件出口和服务外包等进行统计。

五、服务外包

服务外包是指企业将其非核心的业务外包出去，利用外部最优秀的专业化团队来承接其业务，从而使其专注核心业务，达到降低成本、提高效率、增强企业核心竞争力和对环境应变能力的一种管理模式。它包括商业流程外包（BPO）、信息技术外包（ITO）和知识流程外包（KPO）三种形式。WTO 的《服务贸易总协定》将服务分为 12 个部门，即商务服务、通信服务、建筑和相关工程服务、分销服务、教育服务、环境服务、金融服务、健康服务、旅游服务、娱乐文化和体育服务、运输服务、其他服务。服务外包可以按这 12 个部门进行分类。

目前，为促进服务外包产业的发展，国家商务部、财政部、海关总署等部门出台了一系列规定，在资金、税收、业务统计等方面加强扶持和监管。

第五节 加工贸易

一、加工贸易的含义

加工贸易是指从境外保税进口全部或部分原辅材料、零部件、元器件、包装物料，经境内企业加工或装配后，将制成品复出口的经营活动，包括来料加工和进料加工。

来料加工是指进口料件由外商提供，即不需付汇进口，也不需用加工费偿还，制成品由外商销售，经营企业收取加工费的加工贸易。

进料加工是指进口料件由经营企业付汇进口，制成品由经营企业外销出口的加工贸易。

二、加工贸易的监管

根据《国务院关于促进加工贸易创新发展的若干意见》《国务院关于促进外贸回稳向好的若干意见》两个文件精神的要求，2016 年 8 月 25 日，我国商务部、海关总署发布联合公告，取消商务主管部门对加工贸易合同审批和加工贸易保税进口料件或制成品转内销审批，即从 2016 年 9 月 1 日起各级商务主管部门不再签发加工贸易业务批准证、联网监管企业加工贸易业务批准证和加工贸易保税进口料件内销批准证、加工贸易不作价设备批准证。海关特殊监管区域管委会不再签发出口加工区加工贸易业务批准证和出口加工区深加工结转业务批准证。商务主管部门和海关特殊监管区域管委会变事前审批为事中事后监管，着力建立健全事中事后监管机制。因此，取消商务主管部门对加工贸易合同审批业务后，商务部门对加工贸易的监管主要表现在以下两个方面：

（1）调整、公布《加工贸易禁止类商品目录》和《加工贸易限制类商品目录》。为保持外贸稳定增长、优化进出口商品结构，国家商务部会同国家海关总署每年对《加工贸易禁止类商品目录》和《加工贸易限制类商品目录》进行调整并予以公布，用以指导加工贸易企业从事加工贸易业务。地方各级商务主管部门应依据相关目录加强对本地区加工贸易企业进行监管。

（2）加工贸易企业经营状况和生产能力核查。各级商务主管部门要严格执行加工贸易企业经营状况和生产能力核查制度，加强对加工贸易企业经营状况和生产能力核查，并根据核查结果为企业出具《加工贸易企业经营状况和生产能力证明》。开展加工贸易业务的企业，凭商务主管部门或海关特殊监管区域管委会出具的有效期内的《加工贸易企业经营状况和生产能力证明》到海关办理加工贸易手（账）册设立（变更）手续。涉及禁止或限制开展加工贸易商品的，企业应在取得商务部批准文件后到海关办理有关业务。

参考文献

[1] 周友苏. 新公司法论 [M]. 北京：法律出版社，2006.

[2] 江平. 新编公司法教程 [M]. 北京：法律出版社，1994.

[3] 王宝树. 中国公司法修改草案建议稿 [M]. 北京：社会科学文献出版社，2004.

[4] 赵旭东. 公司法学 [M]. 北京：高等教育出版社，2003.

[5] 漆多俊. 中国公司法教程 [M]. 成都：四川人民出版社，1994.

[6] 施天涛. 公司法论 [M]. 北京：法律出版社，2005.

[7] 柯芳枝. 公司法论 [M]. 北京：中国政法大学出版社，2004.

[8] 徐燕. 公司法原理 [M]. 北京：法律出版社，1997.

[9] 赵威. 经济法 [M]. 北京：中国人民大学出版社，2012.

[10] 黄果天. 经济法 [M]. 成都：四川大学出版社，2006.

[11] 高晋康. 经济法 [M]. 成都：西南财经大学出版社，2004.

[12] 崔建远. 合同法 [M]. 5 版. 北京：法律出版社出版，2010.

[13] 李永军. 合同法 [M]. 3 版. 北京：中国人民大学出版社，2012.

[14] 刘春天. 知识产权法 [M]. 北京：中国人民大学出版社，2000.

[15] 杨紫烜. 经济法 [M]. 4 版. 北京：北京大学出版社，高等教育出版社，2010.

[16] 刘文华. 经济法 [M]. 4 版. 北京：中国人民大学出版社，2012.

[17] 曾咏梅，王峰. 经济法 [M]. 武汉：武汉大学出版社，2012.

[18] 张思明. 经济法概论 [M]. 北京：机械工业出版社，2012.

[19] 吴国平，邢亮. 经济法概论 [M]. 厦门：厦门大学出版社，2009.

[20] 罗安成，贾眉中，李永荣. 新编经济法教程 [M]. 北京：北京大学出版社，2010.

[21] 张万春. 简明经济法 [M]. 北京：首都经济贸易大学出版社，2009.

[22] 张守文. 经济法学 [M]. 北京：中国人民大学出版社，2012.

[23] 会计专业技术资格考试辅导丛书编委会. 经济法 [M]. 上海：立信会计出版社，2012.

[24] 王传丽. 国际贸易法 [M]. 北京：法律出版社，1998.

[25] 黄东黎. 国际贸易法学 [M]. 北京：法律出版社，2004.

[26] 张武超，周晖. 财经法律法规 [M]. 北京：清华大学出版社，2017.

[27] 财政部会计资格评价中心. 经济法 [M]. 北京：经济科学出版社，2017.

[28] 蔡昌，李梦娟. 税法 [M]. 北京：中国人民大学出版社，2017.

[29] 赵威. 经济法 [M]. 5 版. 北京：中国人民大学出版社，2017.